이슈&
시사상식 | **vol.209**

이슈&시사상식은 대한민국 상식도서의 대표 브랜드입니다.

편집부 통신

최근 흥미로운 흐름이 눈에 띕니다. 바로 국립중앙박물관 올해 상반기 관람객이 270만명을 넘어서며 2005년 이후 최다기록을 세웠다는 사실인데요. 여기에 더해 박물관 문화상품을 뜻하는 '뮷즈(MU:DS)' 매출이 역대 최대치인 115억원에 달했다고 합니다. 전통을 소재로 한 디자인 상품이 젊은 세대의 호응을 얻고, 박물관이 살아있는 문화체험의 장으로 자리매김하고 있는 것이죠.

이처럼 일상 속에서 과거와 마주하는 방식이 점점 다양해지고 있는 가운데 올해 광복 80주년이라는 뜻깊은 시간을 맞이했는데요. 전국 곳곳에서 우리가 지나온 시간을 되돌아볼 수 있는 전시와 행사가 이어지고 있습니다. 현재 서울시립미술관에서는 광복 80주년 기념 특별전 '서시 : 별을 노래하는 마음으로'가 진행 중입니다. 이 전시는 일제강점기와 전쟁, 분단의 시간을 지나 평화를 향한 염원에 이르는 한국 현대사를 예술과 시를 통해 되짚어보는 자리가 되고 있습니다.

그렇다면 이번 여름은 서서히 우리 곁에 스며든, 아니 이미 자리하고 있는 우리 역사에 눈을 돌려보는 건 어떨까요? 그 속에서 우리는 오늘을 더욱 풍요롭게 만들 지혜를 얻고, 다가올 미래를 위한 단단한 뿌리내림을 경험할 수 있을 것입니다. 이 글을 읽는 지금, 잠시라도 우리가 걸어온 시간에 대해 생각해볼 수 있기를 바랍니다.

내지디자인	장성복, 임창규, 김휘주, 고현준, 이다희	편집/기획	김준일, 이세경, 남민우, 우지영, 류채윤	인쇄	미성아트	편저	시사상식연구소
발행인	박영일	표지디자인	김지수	마케팅홍보	오혁종	책임편집	이해욱	발행일	2025년 8월 5일	발행처	(주)시대고시기획
동영상강의	조한	홈페이지	www.sdedu.co.kr	창간호	2006년 12월 28일	주소	서울시 마포구 큰우물로 75[도화동 538번지 성지B/D] 9F
대표전화	1600-3600	등록번호	제10-1521호

※ 이 책은 저작권법에 의해 보호를 받는 저작물이므로 동영상 제작 및 무단전재와 복제를 금합니다.
※ 잘못된 책은 구입하신 서점에서 바꾸어 드립니다.

HOT - 취업트렌드

2025 상반기 신입·경력 채용 여부
자료/대한상공회의소

82% 경력사원만 채용

15.4% 신입, 경력 모두 채용

2.6% 신입사원만 채용

기업 82% "경력만 채용해"

대한상공회의소가 6월 24일 발표한 '상반기 채용시장 특징과 시사점 조사' 결과에 따르면 민간 채용플랫폼에 올라온 상반기 채용공고는 이날 기준 14만 4,181건으로 이 가운데 경력사원만을 원하는 기업은 82%에 달했다. 신입사원만을 채용하는 기업은 전체의 2.6% 수준에 불과했으며, 신입 또는 경력을 뽑는 기업은 15.4%였다.

취업을 위한 중고신입 전략 고려 여부
자료/캐치

70% 고려한 적 있다

30% 고려한 적 없다

Z세대 구직자 70% "중고신입 고려해봐"

한편 지난 2월 상위권 채용플랫폼 '캐치'가 Z세대 취준생 1,953명을 대상으로 조사한 결과 응답자의 70%가 희망하는 기업에 취업하기 위해 중고신입 전략을 고려해봤다고 응답하기도 했다. 그리고 이들 중 63%는 타 기업 취업 후 희망기업으로 이직하는 방식으로 중고신입 전략을 생각해봤다고 응답했다.

근무경력이 있는데도 기업에 신입사원으로 지원하는 사람들을 '중고신입'이라고 한다. 이 중고신입이라는 용어가 취업시장 전면에 등장한 지도 꽤 오래됐다. 중고신입 덕분에 경력을 쌓을 길 없는 '진짜 신입'들의 하소연도 그치지 않고 있다. 그런데 대한상공회의소가 2025년 상반기 채용시장 특징을 조사한 결과 여전히 대부분의 기업들은 완전 신입이 아닌 중고신입을 선호하는 것으로 나타났다. 이번 호에서는 중고신입에 대한 이모저모를 짚어보도록 하겠다.

중고신입 전성시대

나 같은 신입은 어디서 경력을 쌓나?

중고신입이 유리한 점은?

중고신입이 불리한 점은?

직무 이해도와 실무경험
이전 직장에서의 경험 덕분에 업무파악이 빠르고 실무 적응력이 높아 회사 입장에서도 완전 신입보다 리스크가 적다.

1

나이 및 연차
기존 신입보다 나이가 많은 경우 조직문화에 어울리기 어려울 수 있고, 부서 내 선임보다 나이가 많을 경우 조직 내 위화감이 생기기도 한다.

조직생활 적응력
직장생활 경험이 있기 때문에 기본적인 커뮤니케이션, 보고체계, 업무태도 등을 잘 알고 있어서 새로운 조직에 적응이 비교적 빠르다.

기존 경력과의 연결성 부족
전직 경력과 지원하는 직무가 다른 경우 면접에서 "왜 그 직무를 떠나 이 직무를 선택했나"라는 질문에 대한 답변이 설득력이 부족하면 감점요소가 될 수 있다.

책임감과 성숙함
이전 직장 등에서 쌓은 사회경험을 통해 태도나 마인드가 더 성숙한 경우가 많아서 조직 내에서 신뢰 받기 쉽다.

연봉 등 기대치 괴리
본인은 경력이 있으니 연봉 등에서 어느 정도 대우 받기를 기대하는데, 회사는 신입에 걸맞은 대우를 하려 하면 조율이 어려울 수 있다.

교육 비용 및 시간 절감
회사 입장에서는 완전 신입보다 적게 가르쳐도 되니 업무 관련 교육에 드는 시간과 자원을 아낄 수 있다. 또 경력직의 경우 높은 연봉을 지급해야 하지만, 중고신입은 신입 연봉으로도 신입보다 나은 업무성과를 기대할 수 있다.

'중고'에 대한 편견
기업 입장에서는 "왜 이전 회사에 오래 못 있었을까", "끈기가 부족하거나 문제가 있었던 것은 아닐까"라는 선입견을 가질 수 있다. 이때 퇴사사유에 대한 답변이 어려울 경우 감점요소가 될 수 있다. 특히나 경력이 비교적 짧은 중고신입의 경우 더욱 그렇다.

공모전·대외활동·자격증 접수/모집 일정

8 August

SUN	MON	TUE	WED	THU	FRI	SAT
					1 공 경기 더드림 재생 경진대회 마감 공 대학생 인문미디어 창작전 마감	**2** 자 지역난방안전 필기 실시 자 서울경제진흥원 필기 실시
3 공 2025 탄소중립 기후테크 캠프 마감 공 UNDP Data Dive 해커톤 마감	**4** 대 금호아트홀 서포터즈 마감 공 블레이버스 MVP 개발 해커톤 마감	**5** 공 해양관광섬 아이디어 공모전 마감 공 친환경 자원순환센터 영상콘텐츠 공모전 마감	**6** 공 장애인미디어 콘텐츠 공모전 마감	**7**	**8** 대 현대차증권 대학생 서포터즈 마감 공 소방안전 빅데이터활용 및 아이디어 경진대회 마감	**9** 자 한국에너지공단 필기 실시 자 전기산업기사 필기 실시
10 자 독학사 3과정 필기 실시	**11** 공 전국 대학생 증권·마생상품 경시대회 마감 공 예체문화유산 발굴 공모전 마감	**12**	**13** 대 금천구 청년도전지원 사업 마감 공 전북특별자치도 가상현실 공간 창작 공모전 마감	**14** 공 INNOCEAN S.O.S 공모전 마감	**15** 대 한국미래일보 기자단 마감 공 국제평화안보포럼인 전 영상콘텐츠 공모전 마감	**16**
17 공 로코 대학생 주거시설 건축공모전 마감 자 KBS한국어능력시험 필기 실시	**18** 공 전마포문 대학(원)생 논문 공모전 마감 공 데이트xBDA 학습지 수료 예측 AI 경진대회 마감	**19**	**20** 공 한국은행 화폐사용 콘텐츠 공모전 마감	**21** 공 사과 마케팅 공모전 마감	**22** 공 다시 태어난 종이백 : 새활지(紙) 디자인/콘텐츠 공모전 마감	**23**
24 대 엡스테이지 AI Ambassador 마감 공 청소년건강 인식개선 아이디어 공모전 마감	**25** 공 공익영상 공모전 (안전드림) 마감	**26**	**27**	**28**	**29** 공 대학생 홈페이지 제작 공모전 마감 공 충남건축문화제에 대한 생 설계 공모전 마감	**30** 자 손해평가사 2차 필기 실시

대외활동 Focus 8일 마감

현대차증권

현대차증권 대학생 서포터즈
현대차증권의 브랜드 홍보를 위한 대학생 서포터즈를 모집한다. 온·오프라인 콘텐츠 제작을 수 활동으로 하지만 금연, 증권업 현직자와의 대화, 금융상품 기초교육 등도 예정돼 있다.

채용 Focus 9일 실시

한국에너지공단

한국에너지공단
한국에너지공단이 채용형 인턴 형식으로 정규직 신입직원을 선발한다. 서류·필기·면접 총 3단계를 통한 전형이 이루어지며, 직군별 중복지원은 불가하다. 일부에 한해 채용경쟁이 있다.

9
September

SUN	MON	TUE	WED	THU	FRI	SAT
8/31 [채] 대학(원)생 국제법 논문경시대회 마감 [공] 무빙들림 대학생 여행 공모전 마감	1	2	3 [공] 금융감독원 금융공모전 마감	4	5 [대] 경기 생물다양성탐사 참여 [공] 충북 공공디자인 공모전 마감	6 [자] 소방시설관리사 2차 필기 실시 [자] 관광통역안내사 필기 실시
7 [공] 에너지초저화 디자인 공모전 마감 [자] 도로교통사고감정사 필기 실시	8 [공] 대학언론 우수보도상 공모전 마감	9	10 [공] 충남 공공디자인 공모전 마감 [공] 지역·대학 동반성장 방안 연구 공모전 마감	11	12 [공] 보조기기 아이디어 공모전 마감	13 [자] 한국은행 필기 실시 [자] TOPIK 한국어능력시험 필기 실시
14 [공] 경북대 전국 로스쿨 논문 공모전 마감	15	16 [공] 차세대문화공간 공모전 마감	17	18	19 [공] 건축친환경설비기술 공모전 마감	20 [자] 수산물품질관리사 2차 필기 실시 [자] 맞춤형화장품 조제관리사 필기 실시
21 [공] 국가보훈 논문·아이디어 공모전 마감	22 [공] 철화분청청사기 신업이디어 공모전 마감	23	24 [공] 경기건축대전 공모전 마감	25	26 [공] 전기사랑 미디어콘텐츠 대전 마감 [공] KUDAF 대학생 디지털 광고제 마감	27 [공] 일반행정사 2차 필기 실시 [자] 정수시설운영관리사 필기 실시
28 [공] 팩트체킹 공모전 마감	29	30 [공] 농식품모태펀드 논문 경진대회 마감 [공] 잡지 미디어콘텐츠 공모전 마감				

[대] 대외활동 [채] 채용 [공] 공모전 [자] 자격증

공모전 FOCUS 3일 마감
금융감독원 금융공모전
금감원이 국민의 금융이해도를 높이기 위해 금융공모전을 개최한다. 대학(원)생 등 금융제도 · 상품에 대한 제안 등이 주제이며, 성인부에서는 경험을 통한 금융의 중요성 등이 주제다.

자격시험 FOCUS 27일 실시
일반행정사
행정사는 행정기관에 제출하는 서류의 작성 · 제출대행 · 신고 등의 업무를 수행한다. 일반행정사 시험은 1 · 2차에 걸쳐 필기시험을 치르며, 경력에 따라 일부 과목을 면제받을 수 있다.

※ 일정은 향후 조율될 수 있습니다. 참고 용으로 사용한 뒤 상세일정은 관련 누리집을 직접 확인해주세요.

2025 이슈&시사상식

VOL.209

CONTENTS

HOT ISSUE

1위 실용주의 선언 … 제21대 대통령 이재명	10
2위 이스라엘–이란 무력충돌 … 이란 직접 타격한 미국	16
3위 새 정부 첫 부동산정책은 고강도 대출규제	20
4~30위 최신주요뉴스	24

간추린 뉴스		66
포토뉴스	협력 순풍 이어질까? … 한일 수교 60주년	74
팩트체크	소방차 막는 불법주차 강제로 못 옮긴다?	76
뉴스픽!	새로운 수익모델일까? … 지자체 케이블카	78
이슈평론	"돈 냈는데 청소해야 되나요?" … 펜션 뒷정리로 와글와글	82
세계는 지금	역사적 앙금 위에 되풀이되는 태국–캄보디아 국경분쟁	84
찬반토론	퇴직연금 의무화 / 구글에 정밀지도 제공	86
핫이슈 퀴즈		90

필수 시사상식

시사용어브리핑	94
금융상식 실전문제	100
시사상식 기출문제 이데일리 / 한국경제 / 부산일보 / 한국폴리텍대학 / 광명도시공사	106
내일은 TV 퀴즈왕	112

취업! 실전문제

최종합격 기출면접 ǀ S-OIL / 기술보증기금	116
기업별 최신기출문제 ǀ NH농협은행 / 한국남동발전	120
한국사능력검정시험	130
면접위원을 사로잡는 답변의 기술 ǀ 갈등관리능력에 대한 질문들!	140
합격으로 가는 백전백승 직무분석 ǀ 든든한 경영지원 … 인사관리, 재경	144
센스 있는 신입사원이 되는 비법 ǀ 날개가 아닌 덩어리로! … 구조화 표현	148
최신자격정보 ǀ 맞춤형화장품 조제관리사 소개!	150

상식 더하기

생활정보 톡톡! ǀ 푹푹 찌는 여름철 불청객 … 냉방병 주의보	154
초보자를 위한 말랑한 경제 ǀ 환경을 지키는 가격표 … 탄소세	156
유쾌한 세계사 상식 ǀ 진짜 아메리카 퍼스트맨은 바이킹	158
세상을 바꾼 세기의 발명 ǀ 거스름의 미학 … 펌프	160
지금, 바로 이 기술 ǀ 초고령사회, 돌봄 대안이 될까? … 돌봄로봇	162
잊혀진 영웅들 ǀ 내 투쟁에 한 점 후회도 없다 … 이화림 지사	164
발칙한 상상, 재밌는 상식 ǀ 갈등의 증폭, 전쟁의 촉발 … 판결의 무게	166
일상을 바꾸는 홈 스타일링 ǀ 하루의 시작과 끝을 품는 공간 … 침실	168
문화가 산책	170
3분 고전 ǀ 덕미위존(德微位尊)	172
독자참여마당	174

HOT ISSUE

최신주요뉴스	10
간추린 뉴스	66
포토뉴스	74
팩트체크	76
뉴스픽!	78
이슈평론	82
세계는 지금	84
찬반토론	86
핫이슈 퀴즈	90

1위

실용주의 선언
제21대 대통령 이재명

제21대 대한민국 대통령에 이재명 더불어민주당 후보가 당선됐다. 12·3 비상계엄 사태와 윤석열 전 대통령 파면 속에 치러진 조기대선에서 민심이 정권교체를 선택한 것이다. 대통령직 인수절차 없이 곧바로 임기를 시작한 이 대통령은 당선증을 전달받는 6월 4일 오전 국무총리 후보자를 지명하고 대통령실 비서실장을 임명하는 등 내각과 대통령실 인사를 단행했고, 6월 23일에는 11개 부처 장관 후보자를 지명하는 등 긴박한 국제정세와 국내상황을 고려해 발 빠르게 움직이고 있다.

취임선서를 하는 이재명 대통령(6월 4일)

중앙선거관리위원회(선관위)에 따르면 제21대 대통령선거 다음 날인 6월 4일 오전 5시 10분 개표율 100%를 기준으로 기호 1번 더불어민주당 이재명 후보가 1,728만 7,513표로 전체 49.42%를 득표했다. 1,439만 5,639표를 얻은 기호 2번 국민의힘 김문수 후보(41.15%)를 8.27%포인트(p) 차로 앞서며 당선을 확정지었다. 무효투표수는 255만 881표, 기권수는 915만 5,374표로 각각 집계됐다. 특히 이번 대선 투표율은 1997년 이후 가장 높은 79.4%였다.

내란극복·민주주의 회복 … 주권자로 존중받는 세상

제21대 대통령 당선이 확실시된 4일 오전 1시께 서울 여의도 국회 앞에 마련된 야외무대에서 이재명 대통령은 당시 후보 신분으로서 "민주공화국 대한민국 시민 여러분께 진심으로 감사드린다"고 인사를 한 후 "여러분들이 제게 기대하시고 맡긴 그 사명을 한순간도 잊지 않고 한 치의 어긋남도 없이 반드시, 확실히 이행하겠다"고 말했다. 이어 국민통합을 약속하며 "내란을 확실히 극복하고 다시는 국민이 맡긴 총칼로 국민을 겁박하는 군사쿠데타는 없게 하겠다. 이 나라의 민주주의를 회복하고 주권자로서 존중받는 세상을 만들겠다"는 다짐을 전했다.

선관위는 개표가 예상보다 빨리 종료됨에 따라 애초보다 40분여 빠른 4일 오전 6시 15분 대통령 당선인 결정을 위한 전체위원회의를 개최했고, 노태악(대법관) 중앙선관위원장이 오전 6시 21분 "21대 대통령 당선인은 이재명"이라고 선언하며 의사봉을 두드려 당선인을 최종확정했다. 이로써 이 대통령의 임기가 즉시 시작됐다. 당선증은 7시 정부과천청사에서 이 대통령의 대리인인 박찬대 더불어민주당 원내대표에게 교부됐다.

공직선거법에 따르면 대통령 임기는 전임 대통령의 임기만료일 이튿날 0시에 개시된다. 하지만 대통령직 궐위로 인해 치러진 대선의 경우 대통령의 임기는 당선이 결정된 때 개시된다. 궐위선거에서 선관위는 개표가 마감되는 즉시 준비절차를 거쳐 전체위원회의를 소집하는데, 이 회의에서 선관위원장이 개표결과에 따른 대통령 당선인 결정안을 의결하면 그 즉시 임기가 개시되는 것이다. 박근혜 전 대통령의 탄핵으로 인한 궐위선거였던 2017년 제19대 대선의 당선인 문재인 전 대통령도 **대통령직인수위원회***(인수위) 기간 없이 선관위에서 의결된 선거 다음 날 오전 8시 9분 곧바로 임기를 시작했다.

> **대통령직인수위원회**
>
> 대통령직 인수에 관한 법률에 따라 대통령 당선인이 대통령직의 원활한 인수를 위한 업무를 위해 구성하는 특별기구다. 인수위 활동기간은 보통 대통령선거일부터 취임일까지 2개월이며, 이 기간 동안 새롭게 선출된 대통령은 전임 대통령으로부터 인수인계를 받고 새로운 정부를 만들기 위한 준비를 한다.

간소한 취임선서 … "유연한 실용정부되겠다"

이 대통령은 임기 첫날인 4일 국회의사당 중앙홀(로텐더홀)에서 헌법 69조에 따른 취임선서를 했다. 이날 취임선서는 새 정부 국정안정의 시급성을 고려해 예포 발사나 군악대 행진 등의 별도 행사 없이 약식으로 간소하게 진행된 가운데 우원식 국회의장을 포함한 5부 요인(국회의장, 대법원장, 헌법재판소장,

국무총리, 중앙선관위원장)과 정당 대표, 국회의원, 국무위원 등 약 300명이 참석했다.

이 대통령은 취임선서 후 '국민께 드리는 말씀'을 통해 "희망의 새 나라를 위한 국민의 명령을 준엄히 받들겠다"며 "누구를 지지했든 크게 통합하라는 대통령의 또 다른 의미에 따라 모든 국민을 아우르고 섬기는 '모두의 대통령'이 되겠다"고 밝혔다. 아울러 "정쟁수단으로 전락한 안보와 평화, 무관심과 무능·무책임으로 무너진 민생과 경제, 장갑차와 자동소총에 파괴된 민주주의를 다시 일으켜 세울 시간"이라며 "위대한 빛의 혁명은 내란종식을 넘어 빛나는 새 나라를 세우라고 명령한다"고 강조했다.

특히 이 대통령은 이재명정부를 실용적 시장주의 정부라고 규정하며 "통제하고 관리하는 정부가 아니라 지원하고 격려하는 정부가 되겠다. 창의적이고 능동적인 기업활동을 보장하기 위해 규제는 네거티브 중심으로 변경하겠다"고 약속했다. 그러면서 "국민의 생명과 안전, 노동자의 정당한 권리를 위협하고, 부당하게 ==약자를 억압하며, 주가조작 같은 불공정거래로 시장질서를 위협하는 등 규칙을 어겨 이익을 얻고 규칙을 지켜 피해를 보는 것은 결코 허용하지 않겠다==" 고 덧붙였다. 외교·안보 정책과 관련해서는 "국익 중심의 실용외교를 통해 글로벌 경제·안보환경 대전환의 위기를 국익 극대화의 기회로 만들겠다"며 "굳건한 한미동맹을 토대로 한미일 협력을 다지고, 주변국 관계도 국익과 실용의 관점에서 접근하겠다"고 말했다.

이 외에도 ==AI, 반도체 등 첨단기술산업에 대한 대대적 투자·지원과 기후위기 대응을 위한 재생에너지 중심사회로의 전환, 문화산업 육성, 참사 없는 안전하고 평화로운 나라 등을 약속==했다. 북한에 대해서는 세계 5위 군사력과 한미군사동맹에 기반한 강력한 억지력으로 북핵과 군사도발에 대비하되, 북한과의 소통창구를 열고 대화협력을 통해 한반도 평화를 구축하겠다고 덧붙였다.

10·29 참사현장을 찾아 헌화한 이재명 대통령

첫 번째 행정가 출신, 네 번째 법조인 출신

이 대통령은 변호사 출신으로 성남시장과 경기도지사를 거친 정치인이다. 특히 어려운 형편 때문에 중·고등학교 대신 공장에서 일하며 검정고시를 통해 대학에 입학했고, 이후 제28회 사법고시에 합격해 인권변호사로 일했다. 2010년 성남시장 당선 후에는 성남의 재정위기 상황에서 지자체장으로는 이례적으로 '모라토리엄(채무지불유예)'을 선언했고, 재선에 성공한 후에는 '청년배당', '무상 산후조리 지원', '무상 교복 지원' 등 3대 무상복지정책을 펼치며 대중의 지지를 받았다. 이후 2017년 대선 민주당 경선, 2022년 대선에서 고배를 마셨지만, 국회의원 보궐선거(인천 계양을)에 출마해 당선되면서 재기의 발판을 마련했다.

그러나 윤석열정부 내내 '대장동·백현동 특혜', '성남FC 후원금', '쌍방울 대북송금' 등 관련 혐의로 수사와 재판을 받으며 정치적 논란의 중심에 섰다. 정치적 위기뿐만 아니라 2024년 1월 부산을 찾은 자리에서 흉기에 목을 찔리는 피습을 당하는 등 신체적 위기도 있었다. 이번 대선기간에도 살해위협, 암살위협 등의 제보가 잇따르면서 방호·방탄복과 방탄막의 도움을 받기도 했다.

한편 이 대통령이 경기도지사 출신이라는 점도 주목을 받았다. '경기도지사 출신은 대통령이 될 수 없다'는 속설이 있을 만큼 민선 1기부터 8기까지 6명 전·현직 도지사가 대권에 도전했지만 모두 실패했기 때문이다. 하지만 이번 대선은 전 정부가 초래한 ==민주주의·민생경제·기술혁명 위기 등 대내외적 복합위기에 직면한 상황에서 행정적으로 해결해야 할 사안이 시급한 만큼 민심이 '유능한 행정가' 이미지의 이 대통령을 선택==했다는 데 무게가 실렸다.

총리 등 내각과 대통령실 인사 단행

이 대통령은 취임 당일부터 내각구성에 속도를 냈다. 더불어민주당의 4선 김민석 최고의원을 국무총리로 지명했고, 3선 강훈식 의원을 대통령 비서실장에 내정했다. 또한 안보실장에는 외교부 한반도평화교섭본부장과 주미 대사관 정무공사, 주러시아 대사 등을 지낸 외교안보통 위성락 의원을, 국가정보원장 후보자에는 이종석 전 통일부 장관을 임명했으며, 경호처장에는 황인권 전 육군대장, 대변인에는 강유정 민주당 의원이 각각 발탁됐다.

23일에는 국방부 장관에 안규백 의원, 외교부 장관에 조현 전 외교부 제1차관, 통일부 장관에 정동영 의원 등 총 10명을 지명하고, 윤석열정부가 임명한 송미령 농림축산식품부 장관은 유임시켰다. 29일에는 기획재정부 장관에 구윤철 서울대 경제학부 특임교수, 교육부 장관에 이진숙 전 충남대학교 총장, 법무부 장관에 정성호 의원, 보건복지부 장관에 정은경 전 질병관리청장, 산업통상자원부 장관에 김정관 두산에너빌리티 마케팅 부문장, 행정안전부 장관에

윤호중 의원을 지명했다. 그리고 7월 11일 문화체육관광부와 국토교통부 장관에 최휘영 놀유니버스 대표와 김윤덕 의원을 각각 지명하며 19명 정부부처 인선을 마무리했다.

대통령실 인사발표(6월 23일)

이번 인선의 특징은 먼저 국회의원 출신 장관 후보자가 12명에 달한다는 점이다. 이에 강훈식 비서실장은 "우리 헌법에 내각제적 요소가 있긴 하지만, 내각제라고 부르기에는 무리가 있다"며 "인수위 없이 출범한 정부가 빠르게 호흡을 맞추는 데 불가피한 선택이 있었다"고 밝혔다. 전 정부 장관을 유임시킨 것에 대해서는 "정책의 일관성과 구조적 안정성"을 위한 선택이며, "보수·진보 구분 없이 기회를 부여하고 성과와 실력으로 판단하겠다는 이재명정부의 '실용주의' 국정철학에 기반한 인선"이라고 했다.

7월 3일 국회에서 임명동의안이 통과된 김 총리와 대통령실 인사를 제외한 부처 장관들은 국회 소관상임위원회에서 인사청문회를 거쳐야 한다. '인사청문회법'에 의하면 정부가 국회에 임명동의안을 제출하면 국회는 임명동의안을 받은 날로부터 본회의 회부·처리까지 20일을 넘길 수 없고, 인사청문회 기간은 3일 이내로 한다. 다만 총리와 달리 장관 등 국무위원은 대통령과 행정부의 고유권한 인정 차원에서

본회의 임명동의안 표결을 거치지 않기 때문에 큰 결격사유가 발견되지 않는 한 대체로 임명돼왔다.

G7 참석 … 정상외교 복원 선언

이 대통령은 당선 12일 만인 6월 16일 주요 7개국 정상회의(G7) 참석을 위해 1박 3일 일정으로 첫 해외순방에도 나섰다. G7 참석은 올해 주요 7개국 정상회의(G7) 의장국인 캐나다의 공식 초청으로 이뤄졌으며, 이 대통령은 G7 정상회의 확대세션(17일)에 참석해 에너지, AI 등 주요 글로벌 현안을 논의했다.

G7 및 초청국 정상들과의 기념촬영

아울러 캐나다, 호주, 브라질, 멕시코, 인도, 영국, 일본, 캐나다, UN, EU 등과 ==양자 정상회담을 개최해 무역과 투자, 공급망 등 우리 경제와 기업에 도움이 될 실질협력 진전방안을 집중적으로 논의==한 것으로 알려졌다. 대통령실은 이번 G7이 계기가 된 각국 정상들과의 만남으로 6개월간 멈췄던 정상외교가 완전히 복원됐으며, 무엇보다 "한국의 민주주의가 회복됐음을 전 세계에 알리는 성과"가 있었다고 평가했다.

다만 마르크 뤼터 북대서양조약기구(NATO) 나토 사무총장의 초청 시사로 관심을 모았던 나토정상회의에는 불참했다. 산적한 국정현안과 중동정세로 인한 불확실성 등을 종합적으로 고려한 것으로 알려졌다. 최근 나토가 반중·반러 블록의 상징이 되고 있는 만큼 이재명정부가 표방하는 실용외교의 포기로 비칠 수 있는 점, 국방비 증액을 요구하는 도널드 트럼프 미국 대통령의 들러리가 될 수 있는 점도 불참의 이유로 거론됐다.

대통령 신분으로 하는 첫 출근길(6월 4일)

한편 7월 3일 이 대통령은 취임 30일을 맞아 청와대 영빈관에서 첫 기자회견을 열었다. '대통령의 30일, 언론이 묻고 국민에게 답하다'라는 제목의 기자회견에서 이 대통령은 모두발언을 통해 "지난 30일은 국난의 파도를 함께 건너고 계신 국민 여러분의 간절한 열망을 매 순간 가슴에 새기며 하루하루 치열하게 달려온 시간이었다"고 소회를 밝혔다. 아울러 "민생의 고통을 덜어내고 다시 성장·도약하는 나라를 만드는 것이 최우선 과제"라며 "무엇보다 무너진 민생회복에 전력을 다하는 중"이라고 말했다. 그러면서 ==국민의 권한을 위임받은 권력기관들에 대한 개혁도 속도감 있게 추진==하겠다"고 강조했다. 이후 기자회견은 사전조율 없는 기자들의 자유로운 질의에 답하는 형식으로 2시간 가까이 동안 진행됐다. 주 4.5일제, 민생지원금, 대북정책, 지역불균형, 관세협정 등 다양한 국내외 현안에 대한 질문과 대통령의 입장이 오갔다.

2위

이스라엘-이란 무력 충돌
이란 직접 타격한 미국

이스라엘이 6월 13일(현지시간) 이란의 핵시설을 겨냥한 대규모 미사일 공격을 감행하며 중동정세가 격랑에 휩싸였다. 여기에 미국 트럼프행정부가 군사력을 동원해 이란 핵시설에 초유의 기습공격을 가하면서 상황은 더욱 악화되는 듯 보였다. 그런데 트럼프 대통령이 직접타격 이틀 후 6월 23일(현지시간) SNS 트루스소셜에서 이스라엘과 이란이 휴전에 합의했다고 깜짝 발표를 내놨다. 당사국인 이스라엘과 이란 지도부도 트럼프 대통령의 발표 이후 차례로 공식입장을 내놓고 휴전합의를 확인했다.

이스라엘의 선제공격, 이란 핵시설 파괴

이스라엘이 6월 13일(현지시간) 이란 핵시설 등에 대한 선제공격을 전격 감행하며 중동정세가 격랑에 빠져들었다. 이스라엘 발표와 현지매체 보도에 따르면 이스라엘군은 이날 새벽 3시께 전투기 200여 기를 동원해 이란 중부 나탄즈 핵시설과 군 고위직 은신처, 탄도미사일 생산기지 등 각지의 군사 목표물 100여 곳에 폭탄 330발 이상을 퍼부었다. 이스라엘이 이란을 직접 겨눈 사상 최대규모 공격이었다. 이날 모하마드 바게리 이란군 참모총장, 호세인 살라미 이슬람혁명수비대*(IRGC) 총사령관 등 이란군부 수뇌부들이 사망하고, 이란 핵과학자도 최소 6명 숨진 것으로 전해졌다.

이란 수도 테헤란에 발생한 폭격

이슬람혁명수비대

1979년 발생한 이란혁명 이후 창설된 부대다. 이슬람체제를 지키기 위해 만들어졌으며, 이란 정규군과 이원조직인 것이 특징이다. 병력은 12만 5,000명 정도로 알려져 있고, 육·해·공군과 정보·특수 부대를 보유하고 있다. 특수부대는 쿠드스라고 부르며 해외 군사작전을 담당한다. 이슬람체제 수호를 목적으로 하기 때문에 군 최고통수권자는 이란 대통령이 아닌 이슬람 최고지도자인 아야톨라 알리 하메네이다.

베냐민 네타냐후 이스라엘 총리는 성명에서 "이스라엘은 '일어서는 사자(Rising Lion)' 작전을 개시했다"며 "이는 이스라엘 생존에 대한 위협을 격퇴하기 위한 작전으로 며칠이 걸리든 필요한 만큼 계속될 것"이라고 말했다. 그는 "지난 몇 년간 이란은 핵폭탄 9기를 만들 수 있는 고농축 우라늄을 생산했다"고 주장하며 이란 핵무기 프로그램의 심장부 등을 공격했다고 밝혔다. 이에 이란은 즉각 보복으로 다량의 미사일을 동원한 대규모 공습을 벌였다. 이스라엘군은 이날 오후 9시께 이란에서 날아오는 미사일 수십기를 포착해 이스라엘 각지에 공습경보 사이렌을 울렸고, 공군전력이 위협을 제거하기 위해 요격작전을 수행했다고 밝혔다.

도널드 트럼프 미국 대통령은 공습을 먼저 당한 이란에 다음 공격은 "더 잔혹할 것"이라면서 더 늦기 전에 미국과 핵합의에 나설 것을 촉구했다. 이스라엘의 공격에 대해서는 "훌륭했다고 생각한다"고 평가하면서도 앞으로 더 많은 공격이 올 수 있다고 경고했다. 앞서 이란 핵 프로그램의 핵심인 우라늄 농축시설을 둘러싸고 교착에 빠진 이란과 미국의 핵협상은 6월 15일 재개될 예정이었지만, 이스라엘의 공습감행으로 상황은 알 수 없게 됐다. 트럼프행정부는 핵탄두 원료를 추출할 토대가 되는 자체 우라늄 농축을 포기하라고 요구했지만, 이란은 이를 거부하고 자국 내에 새로운 농축시설을 추가로 건립하겠다며 정면으로 맞선 바 있다. 이후 이스라엘과 이란은 갈등을 해소할 돌파구를 마련하지 못한 채 요인암살과 미사일 공격을 주고받으며 무력공방을 이어갔다.

미국도 이란 공격 ··· 초유의 상황

그런데 트럼프행정부가 6월 21일(미 동부시간 기준, 이란 시간 기준 22일 오전) 미 군사력을 활용해 이란의 핵시설을 직접 타격하면서 긴장감이 최고조에 올랐다. 이스라엘-이란의 분쟁에 직접 개입한 것으로 1979년 이란 이슬람혁명 이후 미국의 이란에 대한 폭격은 처음이다. 이란에 대한 직접 타격을 고심하던 트럼프 대통령이 6월 19일 '향후 2주 내에 이란에 대한 공격 여부를 결정하겠다'며 협상시한을 부여하는 듯한 발언을 한 지 이틀 만에 나온 기습공격이었다. 트럼프 대통령은 백악관에서 행한 대국민연설에서 군사작전이 "극적인 성공"이라며 "이란의 주요 핵 농축시설은 완전히 전적으로 제거됐다"고 밝혔다.

이란 공격 후 대국민연설을 하는 트럼프 대통령

아울러 미국은 이날 이란과의 외교접촉에서 핵시설 공격이 미국 계획의 전부이며, 이란의 정권교체는 계획에 없다는 뜻을 전달했다. 그러나 트럼프 대통령은 6월 22일(현지시간) 트루스소셜에 올린 글에서 "'정권교체'라는 용어를 사용하는 게 정치적으로 올바르지 않지만, 만약 현 이란정권이 이란을 다시 위대하게 만들지 못한다면 왜 정권교체가 없겠느냐"고 하기도 했다. 앞서 트럼프 대통령은 이란·이라크 등의 정권교체를 주장하는 미국 공화당의 네오콘(신보수주의자) 세력을 비판하면서 미국 외 국가의 일에 참견하지 않겠다는 '미국 우선주의' 원칙을 천명해왔다. 그러나 트럼프 대통령은 지지층의 반대를 무릅쓰고 이란 공습을 감행한 데 이어 이란 정권교체 가능성도 처음으로 거론하면서 압박수위를 전에 없이 높이고 있는 것이다.

미국의 직접타격 이틀 후 돌연 휴전합의 발표

반전은 또 있었다. 트럼프 대통령이 직접타격 이틀 후인 6월 23일(미 동부시간) 트루스소셜에 "이스라엘과 이란 사이에 완전하고 전면적인 휴전을 하기로 하는 완전한 합의가 이뤄졌다"고 쓴 것이다. 트럼프 대통령이 밝힌 휴전합의는 약 6시간 이내에 양국이 최종 작전수행을 마친 후 이란의 12시간 휴전(공격행위 중단)과 이스라엘의 12시간 휴전으로 이어지는 '3단계 종전안'이었다. 결국 이란이 휴전이 돌입한 시점으로부터 24시간 후에 전쟁이 공식적으로 끝날 것이라고 트럼프 대통령은 설명했다. 이란 국영방송도 휴전발효를 보도하며 사실상 이를 공식화했다. 네타냐후 총리도 성명을 통해 "이스라엘은 트럼프 대통령의 양국 휴전안에 동의했다"며 "이스라엘은 핵과 탄도미사일이라는 즉각적이고 실존적인 위협 두 가지를 제거했다"고 발표했다.

전면적 무력충돌이 이렇게 일단락됨으로써 미국과 이스라엘은 이란의 핵 프로그램을 상당부분 파괴하며 이란의 핵무기 보유 시간표를 늦췄다는 점을 성과로 평가하는 모양새다. 한편 수세에 몰렸던 이란은 휴전을 통해 이스라엘이 노리는 하메네이정권 붕괴를 피하는 동시에 이미 생산해 보유 중이던 고농축우라늄 등 이번 공격에 파괴되지 않은 잔존 핵 역량이나마 지켜내면서 시간을 벌겠다는 계산으로 분석됐다. 다만 ==이란이 핵무기 보유 의지를 접지 않는 한 이란 핵문제를 둘러싼 충돌은 상존할 것이기에 중동상황이 안정화할 것으로 속단하기는 어려울 것==으로 전망됐다. 실제로 6월 25일(현지시간) 이란의회는 자국 핵시설에 대한 미국과 이스라엘의 폭격에 맞대응하기 위해 국제원자력기구(IAEA)에 대한 협력을 잠정 중단하는 내용의 법안을 가결시켰고, 7월 2일 공포됐다.

HOT ISSUE 3위

새 정부 첫 부동산정책은 고강도 대출규제

이재명정부가 6월 27일 역대 가장 강력한 수준의 대출규제정책을 발표하면서 하늘 높은 줄 모르고 치솟던 서울 집값에 제동이 걸렸다. 특히 서울 강남 3구(강남·서초·송파)와 마포, 용산, 성동구 등 단기 과열 양상을 보인 '한강벨트' 아파트 가격이 '숨 고르기'에 들어갈 것으로 전망됐다. 한편 이재명 대통령이 7월 3일 취임 첫 기자회견에서 주택공급 속도를 높이겠다는 부동산정책의 방향을 추가로 제시함에 따라 공급확대책 마련 움직임도 빨라질 전망이다.

수도권 주담대 6억원으로 제한, 강도 높은 금융규제

이재명정부의 이번 첫 부동산대책(6·27 대책)은 서울 강남3구에서 시작된 아파트값 상승세가 인근지역으로 번지고, 마포·성동구 아파트 가격이 일주일새 1% 가까이 오르며 역대 최고 상승률을 기록한 시점에서 나왔다. 이재명 대통령이 대선기간 중 "세금으로 집값 잡지 않겠다"고 여러 차례 밝혀 세제를 통한 수요억제를 일단 배제한 상황에서 '대출 조이기'가 가장 빠르고 효과적인 집값안정의 수단이라고 판단한 것으로 보인다.

규제 타깃은 '실수요가 아닌 대출'로 규정했다. 수도권에서 주택담보대출(주담대)을 받았다면 6개월 이내 전입의무를 부과해 '갭투자'를 틀어막았다. 또 수도권에서 2주택 이상 보유자가 추가로 주택을 구입하거나, 1주택자가 기존 주택을 처분하지 않고 추가로 주택을 구입할 때는 주담대를 아예 받지 못하게 했다. 다주택자 규제를 강화한 것이다.

다만 수도권 주택담보대출 한도를 일괄적으로 6억원으로 제한하는 전례 없는 규제가 도입됨으로써 실수요자의 '영끌' 매입은 어려워졌다. 서울 아파트 평균 매매가격은 지난 4월 기준으로 13억 5,543만원이다. 대출제한으로 단순히 계산해도 7억원 이상을 쥐고 있어야 집을 살 수 있게 된 것이다. 연봉이 1억원인 사람이 LTV*(주택담보대출비율)를 끝까지 채워 주담대를 받는 상황을 가정한다면 LTV 70%인 비규제지역에서는 8억 5,000만원, 50%인 규제지역인 서울 강남3구와 용산에서는 12억원 이상인 집을 사기 어려워진다. 이로 인해 30~40대의 이른바 '상급지' 갈아타기와 '똘똘한 한 채' 선호현상에는 제동이 걸릴 수 있다. 서울 마포구, 성동구, 강동구처럼 실거주 중산층이 선호하는 지역은 대출규제 영향을 가장 크게 받을 수 있는 곳으로 꼽힌다.

LTV

'주택담보대출비율'을 말하며 흔히 LTV라고 부른다. 집을 담보로 은행에서 돈을 빌릴 때 집의 자산가치를 평가하는 비율이다. 주택의 종류 및 주택의 소재 지역에 따라 담보자산의 시가 대비 처분가액 비율이 달라질 수 있다. 이는 과도한 부동산 담보대출을 억제하고 부동산 투기를 막는 데 효과가 있다. 보통 기준시가가 아닌 시가의 일정비율로 정한다.

전문가들은 강력한 대출규제에 따라 단기적으로 집값이 안정될 것으로 보고 있다. 채상욱 커넥티드그라운드 대표는 "지금까지 정부가 발표한 수요정책 중 가장 강력한 정책이 나왔고, 단기 과열은 빠른 속도로 종료될 것"이라며 강세장 종료를 예상했다. 그러나 시간이 지나며 6억~8억원대에서 매입할 수 있는 노원·도봉·강동과 금천·관악·구로 등 서울 외곽지역으로 풍선효과가 나타날 가능성이 있다. 동시에 현금이 풍부한 자산가들에게는 대출규제의 영향이 제한적이라 강남집값에는 영향이 크지 않을 거란 관측도 나왔다. 정부는 "시장안정을 위해 활용 가능한 모든 수단을 동원할 계획이며, 필요시 규제지역 추가지정 등 시장안정조치도 배제하지 않고 적극 강구해나갈 계획"이라고 강조했다.

이 대통령 "대출규제 이어 주택공급 나설 것"

이 대통령은 7월 3일 취임 후 첫 기자회견에서 주택공급 속도를 높이겠다는 부동산정책 방향을 제시하기도 했다. 집권 후 첫 부동산대책으로 강력한 대출규제방안을 내놨으나 구체적인 공급확대책이 병행되지 않으면 시장의 불안심리 안정이 어렵다는 판단으로 보인다. 이 대통령이 이날 회견에서 주택공급 확대와 관련해 밝힌 내용은 '기존 신도시 활용'과 '공급 속도전'으로 요약된다.

그는 "공급도 다양한 방법이 있다. 얼마든지 실행 가능하다"며 "기존에 계획된 신도시가 많이 남아 있다. 상당한 규모인데 아직은 공급이 실제로 안 되고 있다. 기존에 계획돼 있는 것을 그대로 하되, 대신 속도를 빨리할 생각"이라고 말했다. 이 대통령은 대선 경선후보 시절에 '교통이 편리한 4기 스마트 신도시'를 개발해 무주택자들에게 양질의 주택을 공급하겠다는 구상을 밝히기도 했다.

취임 30일 기자회견을 하는 이재명 대통령

그러나 추가 신도시 개발은 택지 발표 이후 입주까지 10년 가까운 긴 시간이 걸려 신속한 공급확대책으로는 적절하지 않다는 시각이 일반적이다. 게다가 이미 수도권에는 1기 신도시 재건축 등 여전히 진행 중인 사업들도 있어 추가 신도시 건설은 수도권 집중을 심화할 가능성도 제기된다. 이 대통령도 이날 수도권 주택문제와 관련해서 "수도권 집중 때문에 주택문제가 생기는데, 수도권에 새로 신도시를 만들면 또 수도권 집중을 불러오지 않느냐는 말이 맞지 않나(타당하지 않나)"라면서 추가 신도시 건설을 "목이 마르다고 해서 소금물을 계속 마시는 것"에 비유하며 우려를 나타냈다.

6·27 대책 이후 서울 주택 가격·거래량 둔화세

6·27 대책 발표 열흘째인 7월 6일 서울 부동산시장에서는 거래 및 집값 상승폭 둔화가 일부 감지됐다. 특히 집값 상승 진원지로 지목된 강남권의 상승폭이 크게 둔화됐다. 과거 문재인정부 초기에 부동산정책도 시장안정 측면에서 단기적인 효과가 있었다는 점에서 이번 대책의 효과도 시간이 지날수록 더 분명해질 것이란 전망이 나왔다.

가격 상승세 둔화에 이어 거래량도 급감하는 조짐을 보였다. 국토교통부 실거래가 공개시스템에 따르면 6·27 대책 전 일주일(6월 20~26일) 서울 아파트 거래건수는 총 1,629건이었으나 이후 일주일(6월 27일~7월 3일)은 577건으로 3분의 1 수준이었다. 아파트 실거래가 신고기간이 한 달이라는 점을 고려할 때 이후 숫자가 더 늘어날 여지는 있으나 매수심리 위축에 따른 관망세가 나타나기 시작했다는 것이 전문가들의 분석이다.

박원갑 KB국민은행 수석부동산전문위원은 "이번 6·27 대책이 아직 시세에 반영되지는 않았으나 선행지수 격인 거래가 급격히 줄고 있어 곧 정책적 효과가 나타나며 상승폭이 급격히 둔화될 것"이라고 말했다. 정부가 추가대책을 시사한 것도 부동산가격 상승세 둔화 흐름을 가속화할 것으로 보인다. 함영진 우리은행 부동산리서치랩장은 "대출규제로 단기 과열된 시장수요를 억제해놨고, 중장기적으로는 공급정책과 지역균형발전을 통한 수요분산으로 갈 수밖에 없다"고 평가했다.

한편 6·27 대책 발표 후 한국은행(한은) 금융통화위원회는 7월 10일 기준금리를 연 2.50%로 유지한다고 밝혔다. 최근 수개월간 수도권 집값이 뛴 가운데 연속으로 금리를 낮추면 치솟는 가계대출·주택가격에 기름을 부을 수 있다고 판단한 것이다. 이날 회의에 앞서 박정우 노무라증권 이코노미스트 역시 "최근 정부의 가계대출규제와 마찬가지로 금융안정에 초점을 맞춰 한은도 금리를 동결할 것"이라고 예상했다.

HOT ISSUE

이재명정부 첫 추경안 통과 …
전국민 소비쿠폰 지급

이재명정부의 첫 추가경정예산(추경)안이 7월 4일 국회를 통과했다. 국회는 6월 임시국회 마지막 날인 이날 밤 본회의에서 31조 7,914억원 규모의 추경안을 처리했다. 이재명정부가 출범(6월 4일)한 지 30일, 정부가 국회에 추경안을 제출(6월 23일)한 지 11일 만이다. 투표결과 재석의원 182명 가운데 찬성 168명, 반대 3명, 기권 11명으로 가결됐다.

국회 본회의를 통과한 추가경정예산안

31.8조원 규모 추경안 통과, 소비쿠폰 7월 지급

올해 들어 두 번째인 추경안은 애초 30조 5,000억원 규모로 정부안이 편성됐다. 이후 국회 심사과정에서 약 1조 3,000억원 순증됐다. 전체적으로 2조 4,000억원이 증액됐고, 일부 사업에서 1조 1,000억원이 감액됐다. 특히 추경안에는 민생회복 소비쿠폰 예산 12조 1,709억원이 반영됐다.

이에 따라 전 국민(15만~50만원, 정부안)은 소득에 따라 차별화한 소비쿠폰을 받는다. 여기에 비수도권과 인구감소지역에 거주하는 주민은 소비쿠폰을 정부안보다 3만원씩 더 받는다. 이에 따라 비수도권 주민은 15만~50만원에서 18만~53만원으로, 인구감소지역(농어촌) 주민은 17만~52만원에서 20만~55만원으로 지원금액이 각각 늘어난다. 소비쿠폰은 전 국민에게 7월 안에 1차 지급을 끝내고, 관계부처 태스크포스(TF) 준비 등을 거쳐 2개월 안에 건강보험료 등을 기준으로 하위 90% 국민에게 10만원을 추가로 지급한다.

국민의힘 표결 불참 … 소비쿠폰 등 두고 충돌

이재명 대통령은 앞선 6월 26일 취임 후 첫 국회 시정연설에서 '현재 한국경제가 엄중한 상황'이라며 위기탈출의 첫 단계인 추경안에 대한 국회의 협조를 당부했다. 이어 소비진작 예산 11조 3,000억원, 경기 활성화를 위한 투자촉진 예산 3조 9,000억원, 소상공인·취약계층 지원 민생안정 예산 5조원 등 추경안의 상세한 내용을 설명하기도 했다.

국회 시정연설을 하는 이재명 대통령

그러나 국민의힘은 민생회복 소비쿠폰 지급에 따른 재정건전성 악화와 대통령실 특수활동비* 복원에 대한 여당의 사과 등을 요구하며 추경안 표결에 불참했다. 앞서 추경안 심사를 위한 국회 예산결산특별위원회에서도 여야는 전방위로 설전을 벌였다. 대규모 추경편성이 국가 재정건전성에 미칠 영향과 주요 추경 지원사업 항목의 형평성 논란 등을 두고 치열한 공방이 벌어졌다.

> **특수활동비**
>
> 정부 부처나 기관이 기밀유지가 필요한 특수활동을 수행할 때 사용하는 예산항목을 말한다. 주로 정보수집, 수사, 국가안보, 외교활동, 대테러활동 등 공개하기 어려운 업무에 쓰인다. 목적상 영수증 없이 집행할 수 있어 사용처를 공개하지 않아도 되는 경우가 많다. 그러나 그 성격상 사용처를 파악하기 어려워 부정사용 등의 문제가 꾸준히 제기돼왔다.

이강일 더불어민주당 의원은 "추경으로 '물가가 오른다, 나랏빚만 늘어난다' 이렇게 얘기하는 사람이 있어 걱정"이라며 "긴축정책을 했던 이전 정부는 나랏빚이 줄었느냐. 물가가 안정됐느냐"고 물었다. 이 의원은 또 "우리가 비교하는 일본의 국가채무비율이 260%, 미국이 120%, 프랑스와 영국도 100% 내외로 국가채무가 그렇게 걱정할 수준이 아니"라고 강조했다. 같은 당 정진욱 의원도 "국민의힘은 민생경제를 회복시키고 소비를 진작시키는 민생회복 소비쿠폰, 지역사랑상품권을 당선잔치라고 왜곡한다"고 주장했다.

민주당은 코로나 피해 소상공인·취약계층 등을 대상으로 부채를 탕감하는 '특별 채무조정 패키지'에 대해서도 방어막을 폈다. 정 의원은 "채무조정 프로그램은 지원대상이 명확하기에 의도적 연체 가능성을 찾기 어렵다"며 "이걸 도덕적 해이라고 하면 코로나 시기 국가가 가게 문을 닫으라고 했을 때 문 닫은 사람은 바보겠느냐"고 반문했다.

반면 임종득 국민의힘 의원은 "가장이 일을 해서 돈 벌어올 생각은 안 하고 빚내서 잔치를 벌이겠다고 하면 그 빚은 누가 책임져야 하느냐"고 따졌다. 임 의원은 특별 채무조정에 대해서도 "성실 채무자에 대한 역차별을 넘어 게임의 룰을 바꿔버렸다"며 "빚을 안 갚아도 된다는 생각이 일반화하고 있다"고 비판했다. 같은 당 김대식 의원 역시 "부채 탕감으로 도덕적 해이가 발생할 우려가 매우 크다"고 맞섰다. 이런 비판을 의식한 듯 이 대통령은 대전에서 열린 타운홀미팅('충청에서 듣다, 충청 타운홀미팅')에서 "갚을 능력이 되는데 빚을 탕감해줄지 모르니 7년 신용불량으로 살아보시겠냐"고 되묻기도 했다.

HOT ISSUE 5위

3대 특검 본격 시동 … 윤석열 전 대통령 다시 구속

더불어민주당 주도로 국회를 통과한 이른바 '3대 특별검사법안(내란특검법, 김건희특검법, 채상병특검법)'이 6월 10일 오전 이재명 대통령이 주재한 국무회의에서 의결됐다. 이에 따라 윤석열 전 대통령의 위헌·위법적인 비상계엄 선포 사태를 비롯해 윤 전 대통령의 배우자 김건희 여사 의혹 등 윤석열정권 당시 제기된 각종 의혹사건을 수사할 '3중 특검' 정국이 본격화됐다.

윤 전 대통령 두 번째 구속돼

'12·3 비상계엄' 관련 내란·외환 사건을 수사하는 조은석 특검팀은 7월 6일 윤 전 대통령에 대한 구속영장을 청구했다. 6월 18일 수사를 개시한 지 3주도 되지 않아 의혹의 정점인 윤 전 대통령 신병확보에 나서며 '승부수'를 띄웠다. 특검팀은 ==윤 전 대통령의 혐의가 중대한데도 두 차례의 대면조사에서 이를 전면 부인해 공범들과의 말맞추기 등 증거인멸 우려가 있다고 판단==했다.

김용현 전 국방부 장관, 여인형 전 국군방첩사령관, 문상호 전 국군정보사령관 등 윤 전 대통령 지시로 내란행위에 가담한 혐의를 받는 공범들이 추가구속된 점도 영향을 끼친 것으로 보인다. 특히 특검팀은 비화폰* 삭제 지시, 사후 국무회의 문서 부서 등의 행태가 증거를 삭제하거나 사후에 조작·작출하는 행위라는 점에서 그 자체로 증거인멸 정황을 보여주는 중대사안이라고 판단했다.

> **비화폰**
> '비밀화된 전화기'의 줄임말이다. 도청이나 감청을 방지하기 위해 통화내용을 암호화하는 전화기를 말한다. 통화내용을 실시간으로 암호화해서 중간에 도청해도 내용을 알 수 없게 하고, 일반 전화망이 아닌 별도의 보안망 또는 암호화된 통신채널을 사용한다. 주로 정부나 정보기관 등에서 기밀보호용으로 사용된다.

윤 전 대통령은 일단 올해 1월 3일 고위공직자범죄수사처의 체포영장 집행 시도 당시 대통령경호처(경호처)를 동원해 막은 혐의를 받는다. 계엄선포 나흘 뒤인 지난해 12월 7일 경호처에 곽종근 전 육군 특수전사령관, 이진우 전 수도방위사령관 등의 비화폰 정보 삭제를 경호처에 지시한 혐의도 있다. 여기에 계엄선포 직전 열린 국무회의에서 정족수(11명)를 채우려고 특정 국무위원만 소집함으로써 통보받지 못한 이주호 부총리 겸 교육부 장관 등 국무위원들의 계엄선포 심의권 행사를 방해한 혐의를 추가했다. 이에 구속영장을 심사한 서울중앙지법은 특검팀의 청구를 받아들여 7월 10일 윤 전 대통령의 구속영장을 발부했다.

김건희특검·채상병특검도 본격 시동

한편 김 여사와 관련한 각종 의혹을 수사하는 민중기 특검팀도 7월 3일 삼부토건에 대한 전격 압수수색에 나섰다. 특검팀은 서울 종로구 삼부토건 본사와 중구에 있는 옛 삼부토건 사무실, 삼부토건 최대주주였던 디와이디 사무실 등 회사 6곳과 관련 피의자 주거지 7곳 등 총 13곳에 수사인력을 보내 컴퓨터에 저장된 각종 파일과 문건 등을 확보했다.

김건희특검팀 현판식에서 발언하는 민중기 특검

이번 압수수색은 2023년 5~6월 발생한 삼부토건 주가조작에 김 여사가 개입했는지를 확인하기 위한 것으로 보인다. 그동안 주가조작 등 여러 의혹에도 수사망에서 제외돼온 김 여사를 겨냥한 본격적인 수사의 신호탄인 셈이다. 특검팀은 첫 강제수사 대상으로 삼부토건을 정한 이유에 대해 "가장 먼저 준비됐고, 국민적 관심사가 가장 큰 사건이 주요 기준이 됐다"고 설명했다.

한편 채상병 사망사건을 수사하는 순직해병특검은 수사개시 첫날인 7월 2일 핵심 수사대상인 임성근 전 해병대 1사단장을 소환해 조사했다. 특검팀은 이날 조사에서 실종자 수색작전과 관련 안전대책 수립을 지시하지 않고 안전장비 등 준비여건을 보장하지 않은 점, 현장지도를 하던 중 부하에게 수색을 재촉하며 위험성 평가를 방해한 점 등을 근거로 과실치사 혐의를 집중적으로 추궁했다. 또한 해병대원 순직 사건 조사기록의 민간경찰 이첩을 보류하라는 김계환 전 해병대사령관의 지시에 항명했다는 혐의로 국방부 검찰단(군 검찰)에 의해 기소돼 재판을 받고 있던 박정훈 해병대 수사단장(대령)의 항명죄 사건과 관련해 항소취하를 결정했다. 이에 해병대사령부는 박정훈 대령을 7월 11일부로 해병대 수사단장으로 재보직했다.

HOT ISSUE 

댓글조작·역사왜곡 '리박스쿨' … '정치·종교 편향' 획책 의혹

지난 대선기간 댓글조작 정황이 폭로된 '리박스쿨'이 늘봄학교 프로그램 개발 및 강사 파견에 참여했다는 것이 알려지면서 윤석열정부와 당시 교육부와의 관련성에 수사가 집중되고 있다.

교육위 청문회 … 관련자들 모두 혐의 부인

7월 10일 국회 교육위원회는 최근 댓글여론조작과 역사왜곡교육 논란을 빚은 리박스쿨에 대한 청문회를 열었다. 이날 청문회에서는 리박스쿨의 불법 댓글조작과 위장 단체침투 의혹, 교육부와 유관기관의 연루 의혹, 교육부의 책임규명 등 주요현안을 종합적으로 검증했다. 청문회 증인으로는 이주호 사회부총리 겸 교육부 장관, 손효숙 리박스쿨 대표, 이수정 전 교육부 정책자문관, 장신호 서울교대 총장 등이 참석했다.

리박스쿨은 초등학교 늘봄학교 강사 자격증 발급을 미끼로 '자손군(일명 댓글로 나라를 구하는 자유손가락 군대)'이라는 댓글팀을 모집·운영하며 지난 대선 당시 이재명 더불어민주당 후보를 공격하고 김문수 국민의힘 후보를 지지하는 댓글공작을 펼쳤다는 의혹을 받고 있다. 청문회는 그 외 리박스쿨이 정치적으로 편향된 강사들을 조직적으로 육성해 교육당국과 공모해 현장에 배치하려 했는지 여부를 핵심 쟁점으로 삼았다.

국회 청문회에서 선서하는 이주호 부총리와 증인들

손효숙 리박스쿨 대표는 이날 청문회에서 "역사를 왜곡하지 않았다. 대한민국의 역사적 정통성과 자유민주주의를 지향하고 이야기했을 뿐"이라고 의혹을 부인했다. 또한 '전두환 씨의 국민 학살'에 대한 질의에는 "대통령마다 공과가 있다. 학살 여부에 대해서는 제가 판단하기 어렵다"고 구체적 답변을 피했다. 이주호 장관을 비롯한 관련자들도 "개인적 인연 없다", "리박스쿨 활동에 대해서는 전혀 알지 못했다"며 관련성을 부인했다.

댓글조작팀 운영 … 늘봄학교가 수익모델

리박스쿨의 존재가 알려진 것은 5월 30일 독립언론 '뉴스타파'가 '댓글공작 리박스쿨 잠입취재' 보도를 하면서부터다. 뉴스타파는 수백개 시민단체에 대한 사회관계망분석(SNA)을 통해 자유연대, 자유언론국민연합, 리박스쿨 등 17개가 넘는 보수성향의 단체들이 한 주소지를 두고 활동하는 사실을 포착, 잠입취재를 통해 이들이 '댓글단(자손군, 자유손가락군대)'을 모집해 여론조작 댓글팀을 운영하고 있다고 보도했다. 이어서 한겨레, SBS, MBC 등이 2020년 제21대 총선, 2022년 제20대 대선, 2025년

제21대 대선 당시 리박스쿨과 특정 정당의 유착이 의심되는 사진들을 공개하며 의혹은 더 커졌다. 특히 주소를 공유하는 이들 단체들이 이명박·박근혜 정권 때 국정원과 대기업의 돈을 받아 정권을 지지하는 관제데모를 주도했던 애국단체총협의회에 뿌리를 두고 있으며, 윤석열정부에서 '아스팔트 우파'를 자처하며 각종 집회를 열었다는 것도 알려졌다.

무엇보다 큰 충격은 리박스쿨의 수익모델이 윤석열정부 교육부의 역점사업이었던 늘봄학교라는 점에 있다. 리박스쿨은 서울교대와 업무협약을 맺고 서울에서만 10개 초등학교에 프로그램을 공급했으며, 총 5회(20시간) 교육과 댓글조작을 조건으로 늘봄학교 강사 자격증을 발급해 학교현장에 투입했다. 이렇게 급조된 늘봄강사들은 학교에서 '기후위기는 사기극', '독도는 일본땅', '이승만·박정희는 영웅', '5·18은 북한소행' 등 왜곡된 인식을 가르치며 미래세대를 소위 '자유우파'로 키우려 했다고 한다.

서울 종로구에 위치한 리박스쿨 사무실

경찰은 리박스쿨에 대한 수사에 속도를 내고 있다. 일단 댓글조작 행위가 선거법 위반으로 처벌을 받으려면 선거개입을 목적으로 여론조작이 조직적으로 이뤄졌는지, 금전이나 혜택 등 대가성이 있었는지를 입증해야 한다. 매크로 프로그램*을 이용한 경우에는 컴퓨터 등 업무방해 혐의로 처벌받을 수 있다. 또한 경찰은 향후 수사가 손 대표 개인의 일탈인지, 혹은 국민의힘이나 교육부 등 기관과의 연계가 있었는지로 확대될 가능성도 배제하지 않고 있다.

매크로 프로그램

여러 개의 키보드 및 마우스 동작을 미리 설정해 한 번의 클릭으로 반복실행되도록 하는 프로그램이다. 주로 반복적인 작업을 자동화해 작업효율성을 높이거나 특정작업을 간편하게 처리하는 데 사용된다. 그러나 암표행위를 목적으로 한 입장권 사재기나 검색어 상위권 노출을 목적으로 한 조회·댓글 수 늘리기 등에 악용되고 있다.

한편 교육부는 10일 '리박스쿨 강사현황 2차 전수조사 결과'를 발표했다. 조사결과 116명의 늘봄강사가 리박스쿨 관련 단체인 생명과학교육연구회에서 자격증을 받았고, 올해 241개 초등학교에 출강한 것으로 확인됐다. 앞서 1차 조사 때 파악된 리박스쿨 관련 늘봄강사는 57개교에 출강한 43명이었다. 이들은 리박스쿨을 포함해 총 6개 단체의 자격증을 취득했다. 교육 당국은 이들이 활동한 241개 학교를 대상으로 추가 현장점검을 실시할 예정이다.

HOT ISSUE 7위

"8월부터 25% 상호관세" … 한미 '3주 끝판협상' 총력

도널드 트럼프 미국 대통령이 7월 7일(현지시간) 우리나라와 일본을 비롯한 14개국에 25~40%의 국가별 상호관세*를 적시한 '관세서한'을 보내 이를 8월 1일부터 부과하겠다고 통보했다. 상호관세 유예가 연장된 것이다. 이에 정부는 3주가량 미국과 '끝판협상'을 예고했다.

상호관세

자국 수출품에 외국이 부과하는 관세와 동일한 수준의 관세를 그 국가에서 생산된 수입품에 부과하는 무역정책이다. 최근 관세전쟁으로 인해 자주 언급된다. 트럼프 대통령은 2기 행정부 출범 이후 상호관세 정책을 발표하며 미국제품에 외국이 부과하는 무역장벽에 대응해 같은 수준의 관세를 부과하겠다는 의지를 보였다.

"품목별 관세와 별도로 부과"… 관세조정 가능성도

트럼프 대통령은 본인이 운영하는 소셜미디어 트루스소셜에 한일 정상을 수신자로 한 관세서한을 연이어 공개했다. 현지시간으로 오후 12시 18분에 먼저 이시바 시게루 일본 총리에게 보낸 서한을 공개하고, 1분 뒤 이재명 대통령에게 보낸 서한을 올렸다. 이어 SNS에 한일 양국에 보낸 서한이 공개된 시점에 열린 백악관 대변인 브리핑에서 캐롤라인 레빗 대변인도 해당 서한을 기자들 앞에서 잇달아 펼쳐 보였다.

관세서한을 공개하는 캐롤라인 레빗 미국 백악관 대변인

주요내용은 7월 9일부터 적용될 예정이었던 25% 상호관세의 관세율은 유지한 채 부과시점을 3주 뒤로 미룬다는 것이었다. 앞서 상호관세 부과를 90일 유예한 뒤 지금까지 기본관세 10%만 부과한 상태로 무역협상을 진행해왔는데, 앞으로 한미 간에 새로운 합의가 이뤄지지 않은 채로 8월 1일이 되면 원래대로 25%를 부과하겠다고 한 것이다.

하지만 이번 통보를 상호관세율 25%를 관철하겠다는 것이라기보다는 사실상 협상시간을 더 확보하겠다는 의도로 보는 시각이 더 많다. 그간 우리 정부가 탄핵과 조기대선 등의 이유로 90일 유예기간 내에는 협상을 타결하기가 현실적으로 어렵다는 점을 들어 유예기간 연장을 요청해왔는데, 이번 서한에서 트럼프 대통령은 '한국과 계속 협상하겠다'는 입장을 시사했기 때문이다. 트럼프 대통령은 서한에서 "관세는 당신 나라와 우리의 관계에 따라서 위로든 아래로든 조정될 수 있다. 당신은 결코 미국에 실망하지 않을 것"이라고 덧붙여 협상의 여지를 강조했다. 더불어 '한국이 미국에 관세로 보복하지 말아야 한다'고 경고하기도 했다.

도널드 트럼프 미국 대통령

트럼프, '지렛대' 최대화… 전략적으로 접근 필요

이번 서한은 상호관세 유예만료를 앞두고 '협상이 타결되지 않은 나라들에 대해서는 관세율을 적시한 서한을 일방적으로 발송하겠다'고 한 트럼프 대통령 발언과 무관하지 않다. 일본과 더불어 우리나라가 첫 서한 발송대상에 포함된 것도 '동맹'이 최우선 표적이 됐다는 점에서 불편한 대목이다. 이에 뉴욕타임스(NYT)는 트럼프 대통령이 '미국의 가장 가까운

동맹인 한국과 일본을 표적으로 삼았다'면서 '벼랑끝 전술'의 부활을 보여줬다고 평가했다.

서한 통보시점에 관세문제에 대한 협의를 위해 여한구 산업통상자원부 통상교섭본부장과 위성락 대통령실 국가안보실장이 잇달아 워싱턴DC를 방문하고 있었다는 점도 주목받았다. 한국을 첫 번째 통보대상으로 택함으로써 한국사회가 받을 충격을 극대화해서 미국과 서둘러 합의를 해야 한다는 여론이 조성되는 효과를 노렸다는 것이다.

정부는 미국이 제기하는 '한국의 대미 무역흑자 축소 요구'에 일부 부응하는 한편 대미투자를 포함한 한미 산업협력 강화를 강조하며 관세율을 최대한 낮추기 위한 방안을 검토 중이다. 또한 정부는 상호관세율을 최저치(기본관세율인 10%)로 낮추고 자동차(25%), 철강 및 알루미늄(각 50%) 관세를 면제받거나 최소한 경쟁상대국보다 불리하지 않은 수준으로 만드는 것을 목표로 하고 있다.

HOT ISSUE 8위

여야 새 지도부 구성 … 당권경쟁 점화

여당이 된 더불어민주당과 야당이 된 국민의힘이 새 지도부 구성에 나섰다. 각 당의 원내대표가 새로이 이름을 올렸고, 차기 당대표 선출을 위한 전국당원대회*(전당대회) 준비에 들어갔다. 이와 함께 차기 당권을 두고 각 당 중진의원들의 경쟁도 본격적으로 점화됐다.

> **전국당원대회**
> 정당의 전국단위 당원들이 참여하는 대규모 회의로 보통 전당대회라고 불린다. 당 대표 및 최고위원을 선출하거나 당헌(정당헌법) 개정, 대선후보 확정을 비롯해 중요 정책노선 결정 등을 진행한다. 전국의 대의원 또는 책임당원 대표가 참여하며 일반국민 여론조사나 당원투표를 반영해 의사결정을 하기도 한다.

민주당 차기 당 대표, 정청래·박찬대 2파전

민주당은 3선인 김병기 의원을 6월 13일 새로운 원내대표로 선출했다. 김 신임 원내대표는 이재명정부의 첫 집권여당 원내사령탑으로서 새 정부 초기의 개혁동력을 뒷받침하기 위한 여당과 정부·대통령실 간 협력과 함께 여대야소 지형에서 다른 야당과의 협치를 이끌어야 하는 중책을 맡게 됐다.

더불어민주당 정청래 의원(왼쪽)과 박찬대 의원

아울러 차기 당 대표를 뽑는 선거는 친명(친이재명)계 인사들의 양자대결로 치러지게 됐다. 4선의 정청래 의원이 한발 먼저 당 대표 선거출마를 선언한 데 이어 3선의 박찬대 의원이 6월 23일 출사표를 던지며 차기 당권경쟁의 윤곽이 잡혔다. 두 후보는 집권여당의 첫 당 대표로서 이재명 대통령과 원활히 소통하고 안정적인 당정관계를 만들 수 있다는 점을 강조하고 나섰다.

이들은 공식 후보등록을 하루 앞둔 7월 9일 나란히 '당원주권 정당'을 내걸며 당심(黨心) 잡기에 주력했다. 내년 지방선거 공천에서 당원의 직접참여 등 당원 권한확대를 강조하며 이번 선거에서 55%가 반영되는 약 150만명의 권리당원 표심을 공략한 것이다. 민주당은 8월 2일 전당대회를 열고 차기 당 대표를 선출하기로 했다.

국민의힘 신임 원내대표는 3선 송언석

국민의힘 새 원내대표에는 기획재정부 2차관 출신인 3선의 송언석 의원이 6월 16일 선출됐다. 송 신임 원내대표는 107석 제1야당의 원내 사령탑으로서 거대 여당의 각종 입법 드라이브에 맞서야 하는 동시에 차기 지도부 선출을 위한 전당대회 준비 등 대선패배 이후 당내 수습이라는 과제를 안게 됐다.

당의 전통적 텃밭인 TK(대구·경북)에 지역구를 둔 송 원내대표는 계파색이 비교적 옅다는 평가를 받지만, 윤석열정부 당시 범친윤계로 분류됐다. 이번 선거에서도 옛 친윤계 등 구(舊)주류와 TK 의원의 지지를 중심으로 과반득표를 한 것으로 분석됐다. 그는 당내 안정적 리더십 구축을 위해 전당대회를 조속히 개최해야 한다는 입장을 표명했다.

송 원내대표가 전당대회 준비를 위한 새 비상대책위원회(비대위)를 꾸리기로 하면서 차기 당권경쟁에도 시선이 쏠렸다. 우선 김문수 전 대선후보와 한동훈 전 대표, 나경원·안철수 의원 등이 당권도전에 나설 수 있다는 이야기가 나왔다. 당권경쟁이 본격화하면 내부 쇄신방안과 지도체제 변화 여부가 논의의 중심으로 떠오를 것으로 보인다.

하지만 당 혁신을 위한 혁신위원회(혁신위) 구성은 녹록지 않은 상황이다. 혁신위원장을 맡았던 안철수 의원이 '비대위가 지난 대선 때 당 후보교체 논란의 핵심 책임자 2명에 대한 인적청산을 거부했다'는 이유로 7월 8일 사퇴했다. 닻을 올리기도 전에 사실상 좌초한 셈이다. 안 의원의 사퇴배경이 된 ==인적청산을 두고 당 지도부, 옛 친윤계, 친한(친한동훈)계 등 계파 간 대치구도가 또다시 수면 위로== 떠올랐다. 당 지도부는 안 의원 사퇴 이틀 후 윤희숙 여의도연구원장을 후임으로 임명했다.

HOT ISSUE 9위

트럼프발 초강도 부자감세법안 결국 미국의회 통과

도널드 트럼프 미국 대통령의 역점 추진사항을 담은 법안이 상원에 이어 7월 3일(현지시간) 하원을 가까스로 통과했다. 이로써 대규모 감세를 비롯해 강경한 이민정책 등 트럼프 대통령의 핵심정책에 대한 법적 근거가 마련됐다.

저소득층 복지 대신 고소득층에 혜택

트럼프 대통령의 집권 2기 국정과제 실현의 핵심 내용을 담은 '하나의 크고 아름다운 법안(OBBBA, BBB ; One Big Beautiful Bill Act)'이 7월 3일 미

국민의힘 송언석 신임 원내대표

국 연방의회 문턱을 최종적으로 넘었다. 하원은 이날 상원에서 일부 수정돼 가결처리된 후 하원으로 다시 넘어온 BBB를 표결에 부쳐 찬성 218표, 반대 214표로 통과시켰다.

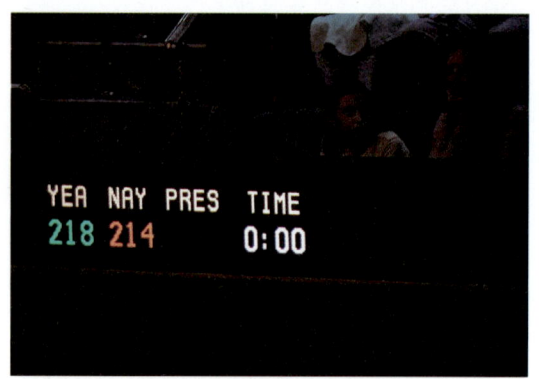

찬성 218, 반대 214로 가결된 BBB

야당인 민주당은 의원 212명이 전원 반대했지만, 공화당 이탈표가 2표에 그치면서 법안 통과를 막지 못했다. 당초 법안에 반대했던 공화당 의원들이 이날 표결에서 대부분 찬성으로 돌아선 데는 법안 내용 자체는 수정하지 못하지만, 이들이 문제 삼는 조항의 시행방식을 조정하거나 소속 지역구에 다른 방법으로 혜택을 줄 수 있다는 트럼프 대통령과 당 지도부의 설득이 주효했던 것으로 풀이된다.

트럼프 대통령은 독립기념일인 이튿날 4일 백악관 사우스론에서 서명식을 열고 해당 법안에 곧바로 서명했다. 트럼프 대통령은 서명 전 연설에서 "우리는 트럼프 감세를 영구화했다. 이는 역사상 가장 큰 감세"이며, "법률이 시행되면 우리 경제는 로켓처럼 성장할 것"이라고 말했다. 그러면서 "우리는 건국 250주년을 맞이하는 정확히 1년 후 중산층을 부유하게 하는 경제, 주권을 지키고 안전한 국경, 세계 어디와도 비교할 수 없는 군대를 갖춘 국가를 건설할 것"이라고 밝혔다.

감세법 후폭풍 … 10년간 정부부채 4,640조원 ↑

BBB는 트럼프 대통령 집권 1기 때인 2017년 시행해 올해 말 종료될 예정인 개인소득세율 인하, 법인세 최고세율 인하 등 각종 감세조처를 영구화하는 내용을 담고 있다. 트럼프 대통령의 대선공약인 팁과 초과근무 수당에 대한 면세내용도 들어갔다. 이런 세제 관련 내용 외에도 나머지 대선공약 실현을 위한 각종 정책을 법안 하나에 모두 집어넣었다는 의미로 법안 명칭에 '하나(One)'라는 표현이 쓰였다.

최대 대선공약이었던 불법이민자 차단·추방을 위한 국경장벽 및 구금시설 건설비용, 적국의 탄도미사일 등으로부터 미국 본토를 방어하기 위한 '골든돔' 구축을 비롯한 국방비 확대 등도 포함됐다. 또한 연방정부 부채한도를 5조달러(약 6,775조원)로 상향하고, 신생아에게 제공하는 1,000달러(약 136만원) 예금계좌 제공 내용도 담겼다.

BBB 법안에 서명한 트럼프 미국 대통령

대신 관련 비용을 상쇄하기 위해 **메디케이드***(취약계층 대상 공공의료보조, Medicaid), 푸드스탬프(저소득층 식료품 지원, Food Stamp) 등 복지예산 감축과 청정에너지 세액공제 폐지, 전기차 구입 세액공제 종료 등 바이든행정부가 중점추진한 정책 관련 예산을 삭감하는 조처가 포함됐다.

메디케이드

미국의 국민의료보조제도로 1965년 7월 30일에 제정됐다. 시민권자나 등록된 외국인으로서 소득과 재원이 부족한 65세 미만 저소득층과 장애인에게 건강보험을 제공한다. 연방정부와 주정부가 공동으로 재정을 보조하고 운영은 주에서 맡는다. 모든 주가 의무적으로 참여해야 하는 프로그램은 아니지만, 1982년 애리조나가 마지막으로 참여한 이후 현재 모든 주가 참여하고 있다.

이 때문에 저소득층에게는 피해를 주고 최상위 고소득층에게는 혜택을 몰아주고 있다는 지적이 쏟아지고 있다. 영국 일간 가디언은 트럼프 대통령이 BBB를 통해 '역(逆) 로빈후드' 정책을 추진하고 있다고 비판했다. 법이 시행될 경우 얻을 수 있는 감세의 이득과 복지혜택 폐지·축소 등으로 인한 손실을 종합적으로 고려한 결과 저소득층의 손실을 바탕으로 고소득층이 이익을 보게 된다는 의미다.

실제로 미국 의회예산국(CBO)이 BBB 시행 시 영향을 분석한 결과에 따르면 미국의 소득하위 10% 국민은 감세의 혜택은 받지 못하고, 각종 복지혜택 축소로 오히려 연간 1,600달러(약 220만원) 소득이 감소하는 타격을 받게 된다.

이 법안이 연방정부의 재정건전성과 미국 국채시장에 악영향을 미칠 것이라는 경고도 나왔다. CBO가 내놓은 '고소득층에 혜택을 몰아주는 대가로 국가는 앞으로 10년간 3조 3,000억달러의 재정적자를 부담해야 한다'는 분석결과가 근거다. 국제통화기금(IMF)도 법안이 '중기적으로 재정적자를 줄여야 한다는 IMF의 권고와 반대된다'는 반응을 내놨다.

HOT ISSUE — 10위

100년 만의 귀환 …
'관월당'이 돌아왔다

일제강점기 1920년대에 일본으로 건너갔던 한국 건축물 관월당(觀月堂)이 돌아왔다. 100여 년 만의 귀환이다. 해외에 반출된 우리나라 건물 전체가 돌아온 것은 이번이 처음이다.

기증 약정 … 건물 부재 5,000점 양도받아

국가유산청과 국외소재문화유산재단은 일본 가마쿠라의 사찰 고토쿠인과 약정을 체결해 관월당 부재를 정식으로 양도받았다고 6월 24일 밝혔다. 일본 소장자로부터 소유권을 양도받은 셈이다. 최응천 국가유산청장은 "오랜 기간에 걸친 협의와 한·일 양국의 협력을 통해 이뤄낸 뜻깊은 성과"라며 "소장자의 진정성 있는 기증과 양국 전문가들의 노력이 있었기에 가능했다"고 밝혔다.

해체하기 전 관월당(일본 가마쿠라현 가마쿠라시 고토쿠인 경내)

관월당 귀환에 대한 논의는 불교계를 중심으로 먼저 이뤄졌다. 대한불교조계종 총무원은 2010년 5월 당시 총무원장이던 자승 스님이 일한불교교류협회장을 대신해 방한한 니오카 료코 일본 천태종 전 종무원장과 관월당 반환에 합의했다고 밝혔다. 당시 조계종 측은 "한국과 일본 불교계가 1977년부터 30여 년간 교류하면서 처음으로 건물을 돌려받는 성과를 거두게 됐다"고 의미를 부여했다. 하지만 충분한 논의나 협의가 이뤄지지 않은 상황에서 언론보도를 통해 내용이 공개되면서 논란이 됐다. 특히 일본 내 보수 우익단체를 중심으로 한 반발이 컸다.

2019년에도 기회는 있었다. 게이오대 민족학고고학 교수이자 관월당이 위치한 고토쿠인의 주지인 사토 다카오가 국가유산청(당시 문화재청)에 먼저 연락을 해온 것이다. 이를 기회로 한·일 양측은 학술조사를 거쳐 공동심포지엄을 여는 것에 합의했다. 그러나 코로나19 사태가 심각해지면서 또다시 연기되고 말았다.

해체·훈증·반입 … 반발 우려한 조용한 진행

오랜 기다림 끝에 2022년 사토 주지가 직접 한국을 찾아 협의를 재개했고, 이후 한국과 일본에서 양국 연구자들이 참여하는 학술행사가 총 3차례 열렸다. 그 결과 고토쿠인 측은 지난해 관월당 건물을 해체했으며 국가유산청, 국외소재문화유산재단과 협의하며 기와와 석재부재를 한국으로 옮겼다. 나무부재의 경우 훈증절차를 거쳐 최근 국내 반입을 마무리한 것으로 알려졌다. 또한 일본 내 반발을 의식해 작업은 국가유산청과 재단 내 일부 담당자만 공유하는 등 '입단속'을 철저히 했다. 이와 관련해 한 관계자는 논의가 무산됐던 과거 경험이 있는 만큼 다시 실패할 수 없다는 게 모두의 뜻이었다며 "충분한 협의와 보안에 거듭 신경 썼다"고 말했다.

관월당은 정면 3칸, 측면 2칸 맞배지붕의 단층 목조 건물이다. 애초 서울 지역에 있다가 1924년 조선왕실이 담보로 내줘 조선식산은행*이 소유하게 됐다고 전해지며, 그 뒤 야마이치증권 초대사장 스기노 기세이에게 증여했다고 추정된다. 스기노는 건물을 뜯어 도쿄 메구로 집으로 옮겼으며, 1930년대 고토쿠인에 기증했다. 이후 관월당은 절 경내 청동대불 뒤편으로 이전한 이래 관음보살상을 봉안한 기도공간으로 90여 년간 쓰여왔다.

> **조선식산은행**
>
> 조선총독부가 1918년에 공포한 '조선식산은행령'을 근거로 기존 6개 농공은행을 강제합병해 만든 특수은행이다. 식민지 조선의 개발·수탈에 필요한 자금을 동원하고 배분하기 위해 설립했다. 설립 초기에는 농업분야에, 후반에는 군수공업과 광공업 금융분야 수탈에 주력하며 조선총독부 경제정책을 뒷받침했다. 해방 뒤 일본으로부터 자본도입이 소멸된 탓에 은행업무를 제대로 수행하지 못하면서 해체됐다.

돌아온 관월당은 추후 연구를 거쳐 제 모습을 찾을 전망이다. 최응천 국가유산청장은 "관월당의 귀환은 오랜 기간에 걸친 협의와 양국의 협력을 통해 이뤄낸 뜻깊은 성과"인 만큼 향후 보존·활용을 위한 방안을 신중히 검토하겠다고 밝혔다.

관월당 부재 기증협약식(국가유산청)

HOT ISSUE

11위

코스피 3,200 돌파…
국내증시 3년 침묵 깼다

국내증시가 긴 조정국면을 끝내고 오랜만에 박스권을 돌파했다. 반도체 업황 회복 기대와 시총 상위주의 강세, 새 정부의 증시 활성화 정책에 대한 기대감이 투자심리를 빠르게 개선시킨 결과다.

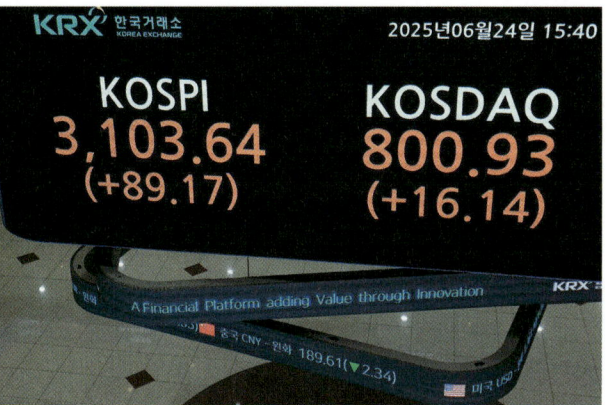

경기부양 기대에 힘입어 상승세 지속

코스피가 연일 상승세를 이어가며 7월 14일 전 거래일 종가 대비 0.83포인트가 상승해 3,200선을 돌파했다. 종가 기준 3,200선을 넘어선 것은 2021년 9월 27일 이후 약 3년 10개월 만이다. 앞서 6월 20일 3,000선을 돌파한 뒤 불과 20여 일 만에 200포인트 이상이 오르며 상승세에 속도가 붙었다. 새 정부의 증시 활성화 정책과 경기부양 기대가 맞물리면서 박스권 돌파의 동력이 됐다.

7월 8일에는 도널드 트럼프 미국 대통령이 이재명 대통령 앞으로 보낸 서한에서 "8월 1일부터 우리는 미국으로 보낸 모든 한국산 제품에 25%의 관세를 부과할 것"이라고 밝혀 국내 투자심리가 흔들리기도 했다. 하지만 국내증시 개장 직전 트럼프 대통령이 해당 조치가 무역협상 결과에 따라 변경될 수 있다는 입장을 내놓으며 불안감은 다소 완화됐다. 8월 1일로 예고된 관세부과 시한 역시 조정될 가능성이 언급되면서 실제 조치까지는 시간이 남았다는 점에서 시장에는 안도하는 분위기가 이어졌다.

SK하이닉스 시가총액 200조원 돌파

이런 분위기에서 6월 24일 SK하이닉스 시가총액(시총)이 사상 처음 200조원을 돌파했다. 이로써 곽노정 최고경영자(CEO)가 지난 2023년 초 CES 2024에서 밝힌 '시총 200조 달성' 목표가 약 1년 6개월 만에 현실이 됐다. 이스라엘과 이란 간 휴전발표로 지정학적 불확실성이 완화된 가운데 반도체 업황 회복 기대와 고대역폭 메모리(HBM) 시장에서의 기술 우위가 투자심리를 크게 끌어올렸다.

2012년 SK그룹에 편입된 하이닉스는 당시 시총이 약 13조원 수준이었지만 2021년 1월에는 100조원, 같은 해 3월에는 110조원까지 오르며 고속성장세를 보였다. 이후 메모리 업황 침체로 2023년 3월에는 시총이 55조원대까지 줄었으나, AI 수요확대에 발맞춰 HBM 중심의 고부가 포트폴리오로 전환하며 반등에 성공했다. 특히 엔비디아 등 글로벌 고객사의 수요증가와 맞물린 HBM 공급확대가 기업가치 회복의 핵심동력이 됐다.

이처럼 국내증시가 상승흐름을 이어가고 있지만 우리나라 MSCI 선진국지수* 편입은 올해도 무산됐다. 6월 25일 MSCI는 '한국을 선진국 지수 후보군인 관찰대상국에도 포함하지 않겠다'고 발표했다. 이에 따라 한국증시의 선진국지수 편입 도전은 최소 2026년 이후로 미뤄지게 됐다. MSCI는 한국시장에 대해 "불공정거래 관행에 대한 감독이 강화됐고 공매도 관련 규제도 개선됐지만, 여전히 갑작스러운

최신주요뉴스 **35**

규제변화에 대한 우려와 운영부담이 남아 있다"고 지적했다. 특히 외환시장 개방, 영문공시 확대, 외국인 투자자 접근성 등 전반적인 구조개혁이 실질적으로 이행돼야 선진시장 편입 논의가 가능하다는 기존 입장을 유지했다.

> **MSCI 선진국지수**
>
> 미국 투자은행 모건스탠리캐피털인터내셔널(MSCI ; Morgan Stanley Capital International Inc.)이 만들어 발표하는 글로벌 주가지수다. 매년 전 세계 주요증시를 선진시장, 신흥시장, 프론티어시장, 독립시장으로 분류하고 있다. 미국계 펀드의 95%가 이 지수를 기준으로 삼을 정도로 글로벌 펀드를 운용하는 데 중요한 기준이 되며, MSCI 선진국지수에 편입된 국가는 명실상부한 '선진시장'으로 인정받는다.

선진국지수에 편입하기 위해서는 먼저 관찰대상국에 1년 이상 올라 있어야 한다. 우리나라는 지난 1992년 신흥시장에 편입됐고 2008년 관찰대상국에 올랐지만, 진전을 보이지 못해 2014년 제외됐다. 이에 정부와 한국은행은 이달 주요 금융사들과 함께 외국인 계좌 개설요건 완화 등 외환시장 선진화를 위한 로드맵을 마련한 상태다.

HOT ISSUE 12위

때 이른 폭염 또다시 기록경신 … 이상고온에 펄펄 끓는 북반구

스페인 일부 지역에서 한때 기온이 46°C까지 치솟는 등 유럽 낮 기온이 40°C를 훌쩍 넘는 폭염현상이 심화하고 있다. 과학자들은 미국과 유럽을 동시에 강타한 폭염의 원인으로 열돔(Heat Dome)을 꼽았다.

기록적 폭염에 휴교령·야외근로 제한

뉴욕타임스(NYT), 워싱턴포스트(WP) 등에 따르면 6월 29일 포르투갈 도시 모라의 기온이 46.6°C까지 올라 6월 기준 역대 최고기록을 경신했다. 기존 최고기록은 바로 전날 수립된 45.4°C였다. 하루 만에 기록을 갈아치운 것이다. 스페인 남부 엘그라나도에서도 수은주가 46°C를 찍어 6월 역대기록을 갈아치웠다. 바르셀로나 역시 6월 평균기온이 26°C로 2003년의 25.6°C를 넘어섰다. 7월 1일 스페인 기상청은 100년 넘은 관측 이래 가장 더운 6월을 기록했다고 밝혔다.

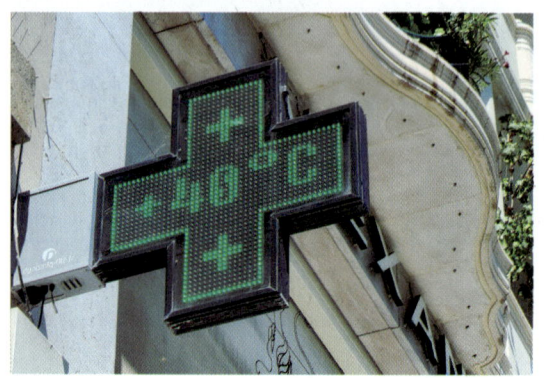

40°C를 기록한 프랑스 파리 샹젤리제 외부 온도계

프랑스도 7월 1일 유럽 본토 96개 권역 중 16곳에 폭염 적색경보, 68곳에 주황색 경보를 발령했다. 수도 파리는 ==낮 최고기온이 연일 40°C를 기록하면서 1,350곳의 공립학교가 전체 또는 부분 휴교했고, 남부에서는 폭염의 영향으로 원자로가 가동을 중단==했다. 원자로를 식힌 뒤 배출되는 냉각수가 이미 폭염의 영향으로 달궈진 강의 수온을 더욱 높여 생태계에 악영향을 끼칠 수 있다는 우려가 제기돼서다.

폭염으로 인한 사망사고도 곳곳에서 발생했다. 야외에서 일하던 근로자들이 열사병으로 현장에서 사망하는가 하면 퇴근길에 쓰러져 병원으로 이송됐으나 사망하는 일도 있었다. 밤 최저기온이 30°C를 넘는 이른바 **초열대야*** 현상도 유럽 각 지역에서 나타나고 있다. 미국 또한 최근 1주일 새 3,000곳이 넘는 지역에서 역대 최고기온을 기록하며 6월 최고 기온을 경신했다.

> **초열대야**
> 밤 최저기온이 30℃ 밑으로 떨어지지 않는 현상이다. 열대야 이상의 더위를 표현하기 위해 미디어에서 활용되고 있다. 열대야는 오후 6시부터 이튿날 오전 9시까지 최저기온이 25℃ 아래로 떨어지지 않는 현상을 말한다. 본래 정식 기상용어가 아니었지만, 일본의 기상 수필가 쿠라시마 아츠시가 1966년에 출판한 '일본의 기후'에서 사용한 이래 일본 기상청이 기상용어로 흡수하면서 널리 사용되기 시작했다.

WMO "폭염은 함께 살아가야 할 새로운 현실"

과학자들은 최근 지구 대류권을 도는 빠르고 좁은 공기흐름인 제트기류의 변화에서 이런 극단적 기상현상의 원인을 찾고 있다. 열돔은 뚜껑이나 모자로 덮은 것처럼 대기가 뜨거운 공기를 가둬 극심한 열을 발생시키는 기상현상이다. 주로 여름철 고기압과 약해진 제트기류가 합쳐지면서 발생하는데, 영국 왕립기상학회에 따르면 강한 고기압과 저기압 사이로 제트기류가 흐르면 그리스 문자 오메가(Ω)와 유사한 형태의 대기흐름을 방해하는 차단막을 형성하고, 오메가 문자 가운데 해당하는 고기압대 영역에 대기가 정체하면서 장기간 무더운 날씨가 이어진다.

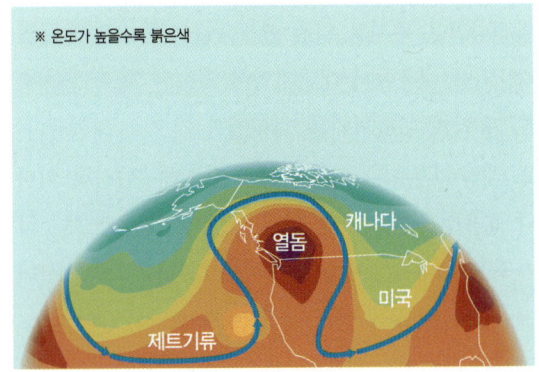

열돔현상이 발생하는 오메가(Ω) 블록
※ 온도가 높을수록 붉은색

이렇게 형성된 열돔이 현재 북아프리카부터 남부 유럽까지 영향을 끼치고, 그 세력을 북유럽까지 확장하고 있다는 것이다. 열돔의 발원지와 가까운 북아프리카의 모로코와 알제리는 이미 극심한 가뭄을 겪고 있으며, 이 때문에 식수가 고갈된 지역을 중심으로 난민이 급증하고 있다.

한편 지구온난화가 가속화됨에 따라 열돔현상이 이전보다 더 자주 나타날 가능성이 크다는 연구결과가 잇달아 발표되는 가운데 유엔 산하 세계기상기구(WMO)는 이른 폭염은 이제 일시적 기상이변이 아닌 새로운 기후현실이라며 '인류는 폭염과 함께 살아가는 법을 배워야 한다'고 경고했다. 클레어 눌리스 WMO 대변인은 스위스 제네바 사무소에서 열린 브리핑에서 "보통 7월이 북반구에서 가장 무더운 시기지만 올해는 여름 초입부터 극심한 더위가 시작됐다"고 지적하고, "인간이 유발한 기후변화로 인해 극심한 폭염이 더 자주, 더 강하게 나타나고 있다. 우리는 폭염과 함께 살아가는 법을 배워야 한다"고 덧붙였다.

HOT ISSUE 13위

이재명 대통령 타운홀미팅 순회 … 대국민 직접소통 행보

이재명 대통령이 특유의 '소통능력'을 앞세워 임기 초 국정동력 강화에 나서고 있다. 이 대통령은 7월 4일 오후 대전컨벤션센터에서 **타운홀미팅***(Town Hall Meeting)을 열어 충청권 주민들의 각종 민원을 청취했다. 전날 취임 한 달 기자회견에 이어 연이틀 대국민 소통 강행군을 소화한 것이다. 타운홀미팅 형식으로 현지에 직접 내려가 지역주민들과 대화를 나눈 것은 광주·전남 행사에 이어 두 번째다.

타운홀미팅

시민들과 정치인, 기업의 리더, 혹은 기관의 책임자가 직접 만나 자유롭게 의견을 나누는 공개토론 형식의 회의다. 17~18세기 미국 식민지 시대에 마을회관(Town Hall)에 모여 주민들이 자치문제를 토론하던 전통을 시초로 본다. 공개 질의응답과 토론, 발표 등 자유로운 방식으로 진행되며 정부와 시민, 기업과 소비자 등 간의 자유로운 소통과 의견수렴, 정책설명 등이 이뤄진다.

광주 타운홀미팅 후 군 공항 이전 TF 출범 박차

직접소통은 이 대통령이 강점을 가진 영역이기도 하다. 이 대통령은 과거 각종 소셜미디어를 활용하며 때로는 '사이다 화법'으로 지지를 얻었고, 때로는 그들의 요구를 시·도 행정에 곧바로 적용함으로써 유능한 행정가의 이미지를 얻었다. 이런 의미에서 타운홀미팅은 국정 최고책임자로서 국민의 목소리를 직접 듣고 '설득할 것은 설득하고, 필요한 것은 행정에 곧바로 반영'함으로써 국민이 느낄 '정치적 효능감'을 극대화하려는 이 대통령의 의중이 표현된 것으로 볼 수 있다.

'광주시민·전남도민 타운홀미팅'을 진행하는 이재명 대통령

먼저 이 대통령은 6월 25일 광주 국립아시아문화전당을 찾아 '광주시민·전남도민 타운홀미팅' 행사를 열고 지역민 등 약 100여 명을 초청해 대화를 나누는 시간을 가졌다. 특히 이날은 호남지역 대표적인 난제로 꼽혔던 민·군 공항 통합이전 문제를 두고 이를 찬성하는 광주시와 반대하는 무안군 양측의 의견을 동시에 들어보는 자리가 마련됐다. 이 대통령은 양측의 의견을 들은 뒤에 "대통령실에 국방부, 기재부, 국토부 등이 참여하는 '6자 태스크포스(TF)'를 만들고, 실제조사도 하고 주민도 참여시키는 등 최대한 해결에 속도를 내겠다"고 약속했다.

이 대통령이 TF를 만들기로 함에 따라 광주시와 전남도도 곧바로 준비에 들어갔다. 전남도는 이 대통령의 발언 내용을 중심으로 TF 참여를 준비하는 한편 중앙정부 등과 협의를 하기로 했다. 이전 대상지인 무안군 역시 지역민의 요구사항 등을 체계적으로 정리하는 등 TF 참여를 준비할 계획이다. 대통령실 직속 TF가 출범함에 따라 이전이 속도감 있게 진행될 것으로 지자체들은 기대하고 있다. 이전에 걸림돌로 지목된 비행기 소음문제도 대통령이 직접 조사를 지시한 만큼 객관적인 자료가 나올 것으로 기대하고 있다.

광주와 울산에 이어 충청민심 경청

이 대통령은 앞서 6월 20일에는 울산을 찾아 'AI 고속도로'를 언급하며 대대적인 지원을 약속한 바 있다. 그리고 광주에 이어 7월 4일에는 전통적으로 '민심의 풍향계'로 불리는 충청지역을 찾아 과학기술 발전방안을 주제로 일선 연구자들의 목소리를 들었다. 지난 대선에서 대전지역에 약속한 '과학기술 수도' 공약의 이행의지를 재확인한 것으로 해석됐다. 또 해양수산부의 부산 이전과 관련해 "상징적 의미나 효율성을 따져보면 여기(세종)에 있는 것보다 국가적 입장에서는 훨씬 효율이 크다"며 "그렇다고 대전, 세종, 충청에 엄청 손해 보게 하지는 않겠다"고 양해를 구하기도 했다.

충청지역 타운홀미팅에서 시민의 질의를 받는 이재명 대통령

다만 이날 타운홀미팅에서는 대부분의 참석자가 선착순으로 입장한 탓에 발언내용 등에 대해 사전조율이 되지 않아 개인고충에 대한 민원이 쏟아지는 모습이 연출되기도 했다. 행사 초반에는 자영업자들의 채무문제 해결요구와 함께 연구자들의 과학기술 정책개선 제안이 이뤄졌지만, 점차 주제에서 벗어난 하소연이 쏟아지기 시작했다. 분위기가 과열되자 이 대통령은 직접 제지하며 신속한 진행에 나섰다. 이날 행사는 이 대통령과 참석자들 간의 질의응답이 길어지면서 예정된 시간(1시간 30분)보다 1시간가량 더 넘겨서야 종료됐다.

HOT ISSUE 14위

원화 스테이블코인 경쟁 본격화 … "금융시장 위험요인" 경고 이어져

원화 스테이블코인 도입에 대한 기대가 커지면서 은행권·플랫폼 업계가 상표권 출원에 앞다퉈 나서고 있다. 이 때문에 기대심리와 맞물려 관련 기업의 주가가 요동치는 등 스테이블코인에 따른 변동성도 뒤따라 국내외 주요 금융기관들이 우려를 표하고 보완 방안을 고심하고 있다.

상표권 출원 경쟁 속 카카오페이 10% 급락

7월 1일 정보통신기술 업계에 따르면 6월 네이버페이, 카카오페이, 토스 등 주요 핀테크 기업들이 잇따라 원화 스테이블코인 관련 상표를 출원했다. 네이버페이와 카카오페이는 각각 5개, 6개의 원화 스테이블코인 상표를 출원했다. 모바일 금융서비스 '토스'를 운영하는 비바리퍼블리카도 총 8개의 상표를 출원하며 핀테크 업계 전반으로 원화 스테이블코인 대비 움직임이 확산하는 모양새다. 토스는 "원화 스테이블코인에 대한 구체적인 계획은 없지만, 면밀하게 검토 중"이라며 "검토과정에서 상표권 출원을 진행했다"고 전했다.

은행권에서도 스테이블코인 시장에 선제적으로 대응하기 위한 상표권 출원이 이어지고 있다. KB국민은행은 최근 특허청에 총 17개 상표를 9류(암호화폐 소프트웨어 등)와 36류(암호화폐 금융거래 업무 등) 등 2개의 상품분류로 나눠 총 32건의 상표권을 출원했다. 하나은행도 16개 상표를 출원 신청하고, 오픈블록체인·DID협회에 가입해 스테이블코인 협의체에도 참여할 예정이라고 밝혔다. 인터넷전문은행 케이뱅크도 스테이블코인 관련 12건의 상표권을 출원했다고 밝혔다.

이런 가운데 카카오페이는 주식 매매거래 정지가 해제된 6월 27일 주가가 10%대 급락하면서 전장 대비 10.23% 내린 8만 4,200원으로 거래를 마쳤다. 카카오페이는 새 정부 출범 이후 원화 스테이블코인 도입기대가 커지면서 직전 거래일인 25일까지 주가가 148% 급등했다. 이에 한국거래소는 카카오페이를 투자경고종목으로 지정해 24일 매매거래를 정지한 데 이어 26일 다시 투자위험종목으로 지정하고 하루 매매거래를 정지했다.

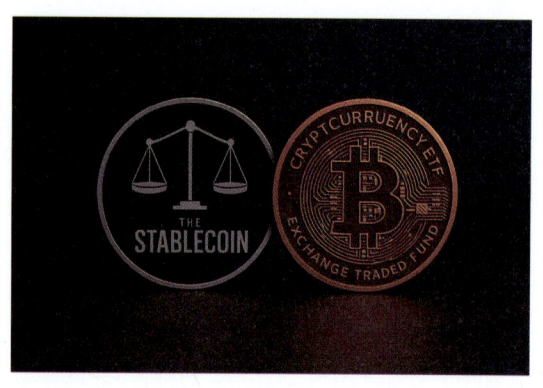

기술오류·범죄악용·자본유출·변동성 확대 우려

한편 시장에서 정책 불확실성에 대한 경계심이 커지는 가운데 한국은행(한은)과 국제결제은행*(BIS)에서 스테이블코인 확산이 코인런(대규모 코인인출 사태)에 따른 금융시장 불안, 외환시장 충격 등 다양한 위험을 초래할 수 있다는 경고가 나왔다.

국제결제은행

중앙은행 간 통화결제 또는 예금수신 등을 담당하는 국제협력기구다. 세계 각국의 중앙은행들이 회원으로 있으며 국제금융의 안정을 목표로 한다. 은행의 안정성과 건전성 유지를 위한 최소 자기자본비율에 대한 국제기준인 BIS 자기자본비율을 결정하며, 금융위기 발생 시 금융안정을 위한 자금을 제공하는 역할도 수행한다. 본부는 스위스 바젤에 있다.

한은은 '2025년 상반기 금융안정 보고서'에서 스테이블코인의 가치 안정성·준비자산에 관한 신뢰가 훼손될 경우 디페깅(스테이블코인의 가치가 연동자산의 가치와 괴리되는 현상)과 대규모 상환요구가 발생하면서 '코인런'으로 이어질 수 있다고 했다. 특히 스테이블코인은 예금보험이나 중앙은행의 최종대부자 기능처럼 코인런 발생을 방지할 수 있는 안전장치가 미비하기 때문에 시장신뢰 하락에 더 취약하다는 게 한은의 설명이다.

한은은 블록체인 관련 제도나 인프라가 충분히 갖춰지지 않은 탓에 기술적 오류가 발생하거나 범죄에 악용될 가능성 등 결제·운영 측면에서의 위험도 내재해 있다고 지적했다. 또한 비기축통화국에서 외화 기반 스테이블코인이 광범위하게 활용되는 경우 환율변동성·자본유출입 확대 등 외환 관련 위험이 커지면서 금융시스템의 불안요인으로 작용할 수 있다고 우려했다. 이와 함께 스테이블코인의 사용이 보편화할 경우 통화의 신뢰성 저하, 은행의 신용창출 약화 등으로 이어지면서 통화정책의 유효성을 제약할 가능성도 제기된다.

'중앙은행의 중앙은행'으로 불리는 BIS도 스테이블코인 확산에 경고 메시지를 냈다. 로이터 통신 등에 따르면 BIS는 6월 29일 발간한 연례보고서 초안에서 '스테이블코인이 통화주권을 약화할 가능성과 투명성 문제, 신흥국에서의 자본유출 위험 등에 관해 우려'를 나타냈다. 그러면서 스테이블코인이 가져올 불안을 막으려면 각국 중앙은행이 중앙은행 준비금과 상업은행 예금, 정부채권을 통합한 토큰화된 '통합 원장'을 도입해야 한다고 했다. 이를 통해 중앙은행이 발행하는 법정화폐가 글로벌 결제의 주요수단으로 유지되며, 전 세계의 통화·채권이 동일한 '(프로그래밍할 수 있는) 플랫폼'에 효과적으로 통합될 수 있다는 것이다.

HOT ISSUE 15위

'케이팝 데몬 헌터스' 열풍 …
K-콘텐츠, 소재를 넘어 장르로

넷플릭스에서 6월 20일 공개한 미국 애니메이션 '케이팝 데몬 헌터스(KPop Demon Hunters)'가 화제다. 여러 나라의 넷플릭스 영화 부문 1위에 올랐을 뿐 아니라 최근에는 OST 수록곡 7곡이 빌보드 싱글 차트인 핫 100차트에 진입했다.

한국 전통문화와 팬덤문화의 결합

'케이팝 데몬 헌터스'는 전 세계적으로 인기를 얻고 있는 K-팝 걸그룹 헌트릭스가 악령 사냥꾼으로 활약하며 벌어지는 일을 그린 작품이다. 한국계 캐나다인 매기 강 감독과 미국 출신 크리스 아펠한스 감독이 함께 연출을 맡았고, '스파이더맨 : 뉴 유니버스' 등을 만든 소니픽쳐스 애니메이션이 제작했다. 안효섭, 이병헌 등 한국 배우도 주요 배역의 목소리 연기에 참여했다.

2025년 6월 1일 넷플릭스 영화 순위

이 작품이 눈길을 끄는 이유는 저승사자, 도깨비, 호랑이 귀신 등 한국 무속신앙과 K-팝 팬덤문화를 중요한 요소로 다룬다는 점이다. 또한 남산타워, 기와집 같은 건축물과 음식, 생활습관 등 한국인이라면 금세 눈치챌 만한 세세한 부분까지 사실적으로 묘사했다. 이에 강 감독은 "어렸을 적부터 다양한 아시아문화를 배경으로 한 영화를 보면서 한국문화를 보여주는 애니메이션 영화를 보고 싶었다"고 기획의도를 설명했다.

이렇듯 한국적 색채가 뚜렷한 작품이지만, '케이팝 데몬 헌터스'는 발표 하루 만인 21일부터 사흘간 넷플릭스 글로벌차트에서 정상을 기록하며 뜨거운 호응을 얻고 있다. 1위를 기록한 국가는 21일 17개국에서 22일 26개국, 23일에는 31개국으로 늘었다. 베트남, 싱가포르, 태국 등 한국문화에 비교적 익숙한 아시아권뿐만 아니라 미국, 프랑스, 독일, 스위스 등 북미와 유럽에서도 승승장구 중이다. '톱 10' 안에 든 나라는 93개국에 달한다. 이런 인기에 대해 강 감독은 "영화만큼 배경과 언어에 상관없이 우리가 모두 얼마나 비슷한 지점이 많은지를 보여주는 것은 없는 것 같다"고 말했다.

뮤지컬과 오컬트 장르 융합된 새로운 장르

시청자들은 '케이팝 데몬 헌터스'의 가장 큰 매력으로 캐릭터의 비주얼과 영상미를 꼽는 분위기다. 주인공들의 개성이 뚜렷하고 무대 위에서 펼치는 퍼포먼스 역시 사실감 있게 표현돼 이들을 보는 것만으로도 시청할 가치가 있다는 것이다. 여기에 유명 프로듀서 테디가 참여한 K-팝이 어우러져 듣는 재미까지 더했다.

전 세계적으로 인기 있는 K-팝을 소재로 내세웠지만, 스토리는 뻔하지 않다는 것도 흥행요인 중 하나로 꼽힌다. 뮤지컬과 오컬트 장르를 융합한 신선한 장르 역시 시청 포인트다. 윤성은 영화평론가는 "연습생을 스타 아이돌로 키우는 전형적인 이야기나 진부한 음악영화가 아니라 어울리지 않을 것 같은 두 가지 장르를 섞은 게 신선하게 다가갔다고 본다. 기획력의 승리"라고 분석했다.

한편 '케이팝 데몬 헌터스' 열풍은 한국 전통문화에 대한 관심으로 이어지고 있다. 악령과 맞서 싸우는 무기가 조선시대 궁중과 민간에서 재앙을 막고 귀신을 물리치는 용도로 쓰인 '사인참사검'을, 호랑이 캐릭터와 까치 캐릭터가 조선시대 민화 '작호도*(鵲虎圖)'를 원천으로 하고 있는 등 다양한 한국의 전통문화를 보여주고 있기 때문이다.

> **작호도**
>
> 조선후기 민화의 대표양식으로 까치와 호랑이를 한 화면에 배치한 상징회화다. 중국 원나라와 명나라 시대의 회화양식이 기원이며 임진왜란 전후로 우리나라에 전해졌다. 이후 단순한 계승이 아닌 완전히 독자적인 형식으로 변형·전개됐고, 조선후기에 이르러서는 조선 민중의 감각과 미의식에 따라 형태가 점차 도식화되고 해학적으로 표현되기 시작했다. '호작도(虎鵲圖)', '까치와 호랑이'로도 불린다.

이런 관심은 국립중앙박물관 '뮷즈'(뮤지엄과 굿즈를 합친 단어) 매출의 수직상승으로도 이어졌다. 특히 영화 속 감초처럼 등장한 '호랑이(작중명 더피)'와 '갓을 쓴 까치(수씨)' 캐릭터가 인기를 끌면서 이들의 디자인을 따온 '작호도', '갓' 등에 대한 관심이 높아져서다. 김미경 국립박물관문화재단 상품기획본부장은 "영화 속 캐릭터와 비슷하다는 입소문이 나면서 '까치 호랑이 배지' 등이 순식간에 동났다"며 "애니메이션 공개 이전 하루 평균 7,000명이던 온라인 숍 방문자 수도 26만명으로 37배 이상 늘었고, 매출도 3배 늘었다"고 했다. 그 외 등장인물들이 먹은 라면도 특수를 누리고 있다.

조선후기 민화 '작호도'를 소재로 한 국립중앙박물관 배지(오른쪽)

HOT ISSUE # 16위

해수부 부산 이전 가시화 … 부산, 해양수도 위상강화 기대감

정부가 올해 하반기 중 해양수산부(해수부)를 부산으로 이전하겠다는 계획을 발표하면서 부산이 해양 물류 중심지로 자리매김할 가능성이 제기되고 있다. 정책·행정 기능과 현장 물류망이 한곳에 모이면 해양육성 전략의 실효성에 긍정적인 영향이 있을 것으로 예상된다.

해수부 이전 소식에 지역경제 기대감 고조

새 정부의 해수부 부산 이전 정책이 급물살을 타면서 부산지역 해양수산업계가 기대감을 드러냈다. 해수부 이전은 이재명 대통령이 대선기간 제시한 대표적인 균형발전 공약으로 북극항로* 시대에 대비한 전략적 기지로 부산을 육성하겠다는 계획의 일환이다. 이 대통령이 지난 7월 3일 "해양수산부 이전지로 부산이 적정하다"고 재차 밝히면서 해수부의 부산 이전은 더욱 구체화되는 분위기다. 이 대통령의 이 같은 발언은 사실상 이전방침을 확정한 것으로 해석되며, 부산시는 즉각 환영입장을 내놨다.

> **북극항로**
>
> 북극해를 통하는 해상경로로 아시아와 유럽을 잇는다. 과거에는 거대한 해빙으로 연중 운항이 불가능했으나 기후변화로 얼음이 녹으면서 운항이 가능한 시간이 점차 늘고 있다. 아시아와 유럽 노선의 경우 수에즈운하를 거치면 약 2만 2,000km를 달려야 하지만, 북극항로를 통하면 1만 5,000km까지 줄어든다. 운송시간과 비용을 모두 단축할 수 있어 상업적 활용 가능성이 높아지고 있다.

결국 해수부는 7월 10일 임시청사로 부산시 동구에 있는 IM빌딩과 협성타워 두 곳을 임차해 사용하기로 결정했다고 밝혔다. 박형준 부산시장은 이날 오후 자신의 SNS에 "해수부의 빠른 결정을 환영한다"며 "해수부가 빠르게 임시청사 위치를 결정한 만큼 부산시도 연내 이전이 이뤄지도록 협력하고 지원하겠다"고 말했다.

해수부 이전과 함께 대선공약으로 제시된 HMM(현대상선, Hyundai Merchant Marine) 본사의 부산 이전도 다시 주목받고 있다. 국내 최대 컨테이너 선사인 HMM이 부산으로 이전하면 부산항과의 시너지, 해양금융 활성화, 일자리 창출 등 지역경제에 활력을 불어넣을 것으로 예상된다.

==부산 입장에서는 해수부와 국적선사인 HMM의 본사가 나란히 이전하게 될 경우 해양산업의 전략적 거점으로서의 위상이 한층 강화될 수 있다==는 기대감도 커지고 있다. 다만 본사 이전을 둘러싼 내부갈등이 변수로 작용하고 있다. 선원 중심의 해원노조는 부산 이전에 찬성 입장을 보이는 반면 사무직이 주축인 육상노조는 강하게 반발하는 등 노조 내 입장이 엇갈리고 있다.

부산 이전 반대 목소리도 커져

한편 대전, 세종, 인천 등 중부권 지자체들은 해수부의 부산 이전에 강하게 반발하고 있다. 세종시는 해수부가 세종으로 이전한 지 10년도 채 되지 않았다는 점을 들어 '이번 결정이 국가균형발전이라는 정책기조를 무너뜨린다'고 지적했다. 세종시 관계자는 "해수부는 수산과 해양 업무 외에도 세종의 행정기능을 구성하는 핵심부처"라며 유감을 나타냈다. 대전광역시 역시 "행정수도권의 기능분담 구조를 흔드는 조치"라고 비판했다. 수도권 집중을 피하려 추진해온 외청 이전정책이 지역 간 갈등만 부추긴다는 지적도 나온다.

전국공무원노동조합의 해수부 이전 반대 기자회견

여기에 해수부 내부에서도 이전 결정에 대한 반대 목소리가 만만치 않다. 전국공무원노동조합 해양수산부지부는 7월 7일 종로구 국정기획위원회 앞에서 기자회견을 열고 정부의 해수부 부산 이전 추진을 중단하라고 촉구했다. 이들은 ==“해수부 부산 이전은 행정 비효율을 높이고, 공무원 노동자의 생존권을 침해한다”==며 그럼에도 아무런 의견수렴이나 타당성검토 없이 일방적으로 추진되고 있다고 비판했다.

이들은 세종에 안정적으로 자리 잡은 조직과 인력들이 다시 대규모 이동을 해야 하는 현실적 부담을 호소하며, 조직내부의 갈등과 사기저하 문제를 우려하고 있다. 이와 함께 현장과의 소통부족, 이주비용, 가족생활의 불안정성 등 다양한 어려움도 제기되고 있다.

HOT ISSUE **17위**

시리아 제재 공식 해제 …
21년 만에 국제사회 개방

도널드 트럼프 미국 대통령의 대(對)시리아 제재 해제방침에 따라 미국 재무부와 국무부가 6월 23일(현지시간) 시리아에 대한 제재를 해제하는 첫 조치를 공식적으로 발표했다. 반면 바이든행정부가 완화했던 쿠바에 대한 제재는 강화했다.

시리아에 대한 "신규 투자·경제거래 허용"

재무부 산하 해외자산통제국(OFAC)은 이날 성명을 통해 시리아에 '일반허가 25(GL25 ; General License 25)'를 발급했다고 밝혔다. 성명은 "GL25 발급은 시리아 제재규정에 따라 금지됐던 거래를 허용하는 것으로 사실상 시리아에 대한 제재를 해제하는 것"이라며 "GL25는 대통령의 '미국 우선 전략'에 부합하는 신규투자 및 민간부문의 활동을 가능하게 할 것"이라고 설명했다.

트럼프 대통령(오른쪽)과 아메드 알샤라 시리아 임시대통령

이는 시리아에 대한 신규투자, 금융 및 기타 서비스 제공, 석유 및 관련 제품 거래 등이 가능해진다는 의미다. 다만 GL25는 테러조직, 인권유린 및 전쟁범죄자, 마약밀매업자, 바샤르 알아사드 전 독재정권과 관련된 제재는 완화하지 않아 관련 거래는 여전히 허용되지 않으며, 아사드 전 정권의 지지국이었던 북한, 러시아, 이란 등에 이익이 되는 거래도 금지된다. 아사드 전 정권은 14년간의 내전 끝에 지난해 12월 반군에 의해 축출됐다.

미국 국무부는 '시저 시리아 민간인 보호법*(Caesar Act)'에 따른 제재를 180일간 유예하는 조치를 발표했다. 마코 루비오 국무장관은 180일간 유예조치를 통해 "제재가 (시리아에 대한) 투자에 걸림돌이 되지 않도록 하고, 전기·에너지·수자원·위생 서비스 제공과 인도적 지원을 촉진할 것"이라고 밝혔다. 이어 "오늘의 조치는 시리아와 미국 사이의 새로운 관계에 대한 대통령의 비전을 실현하기 위한 첫걸음"이라고 평가했다.

> **시저 시리아 민간인 보호법**
>
> 시리아의 정부 및 관련 인물들에 대한 제재를 규정하는 미국 법률로 2019년 12월 트럼프 대통령이 서명해 2020년 6월 17일부터 시행됐다. 아사드정권과 거래하는 개인 및 단체를 제재할 뿐 무고한 시리아 국민에게는 해를 가하지 않고 보호하겠다는 의미를 담고 있지만, 실제로는 시리아 재건을 위한 해외원조를 위축시킴으로써 시리아 국민들의 인권을 침해했다는 비판을 받아왔다.

시리아에게는 기회를, 쿠바에게는 압박을

이번 조치는 트럼프 대통령이 앞선 6월 13일 사우디아라비아 리야드에서 열린 사우디·미국 투자포럼 연설에서 "시리아에 중대한 기회를 주기 위해 시리아를 상대로 한 제재중단을 지시하겠다"며 시리아에 대한 미국의 경제제재 해제를 약속하면서 전격적으로 이뤄졌다. 이어 6월 30일 행정명령에서는 "2004년 5월 11일 발효된 행정명령 13338호(시리아 특정 개인의 재산동결 및 특정물품 수출금지)에서 선포된 국가비상사태를 종료하며 해당 명령을 폐지한다"고 밝히고, 시리아에 대한 추가제재들도 7월 1일부터 모두 폐지했다. 이런 분위기 속에서 영국도 14년 만에 시리아와의 외교관계를 복원했다.

경제제재로 인한 전력난으로 블랙아웃이 심각한 쿠바

하지만 트럼프 대통령은 같은 날 쿠바에 대해서는 제재강화를 지시했다. 그러면서 제재수위에 대한 이번 검토가 "쿠바의 정부·군대·정보기관·안보기관에 과도하게 이익이 돌아가면서 쿠바 국민에게 피해를 주는 금융거래를 제한하는 데 초점을 맞춰야 한다"고 강조했다. 또 미국에서 쿠바로의 관광을 중단하고 교육목적의 여행도 미국 국민이 조직·운영하는 단체로만 제한하는 방안을 모색하도록 했다. 이에 워싱턴포스트(WP)는 "트럼프가 이전부터 민주당 대통령이었던 버락 오바마와 조 바이든 재임시절 완화된 대쿠바 제재 및 처벌을 철회할 계획이라고 밝혀왔다는 점에서 놀라운 조치는 아니다"라고 평가했다.

한편 미겔 디아스카넬 쿠바 대통령은 소셜미디어 엑스에 "해당 국가(미국)의 다수 국민을 대표하지 못하고 협소한 이익만 좇는 경제봉쇄"라고 비판하고, "우리 국민에게 가능한 가장 큰 고통을 입히는 게 목표로 보이는데, 실제 그 영향은 있겠지만 우리는 굴복하지 않을 것"이라고 밝혔다. 그러나 미국의 제재로 이미 심각한 상태인 경제난과 전력부족은 더욱 악화할 것으로 전망된다. 특히 연료수입이 더 어려워지는 데다가 전력수요가 늘어나는 여름을 맞아 전력난에 대한 우려가 커지고 있다.

HOT ISSUE **18위**

공동개발협정 기로 놓였던 7광구 … 일본은 종료 당분간 보류

1978년 6월 22일 발효돼 올해 6월 22일 연장과 폐지의 기로에 놓였던 한일 대륙붕 공동개발협정(JDZ협정)에 대해 일본정부가 즉각적인 협정종료를 보류하기로 했다.

국제법 판례 변경에 일본의 협정종료 단행 전망도

JDZ 협정의 내용에 따르면 유효기간(50년) 만료를 정확하게 3년 앞둔 시점부터 어느 일방이 '3년 뒤 협정종료'를 선언할 수 있다. 협정 31조 3항은 '일방 당사국은 타방 당사국에 3년 전에 서면통고를 함으

한일 공동개발구역 7광구

로써 최초 50년 기간의 종료 시에 혹은 그 후 언제든지 본 협정을 종료시킬 수 있다'고 규정하고 있다.

이 협정은 7광구 전체 및 인접한 제주 남쪽해역을 공동개발구역(JDZ)으로 지정하고 양국이 함께 개발한다는 내용을 담고 있다. 하지만 과거 두 차례 공동탐사에서 경제성을 갖춘 유정이 발견되지 않자 일본은 더는 조광권자(자원 탐사·채취를 허가받은 자)를 지정하지 않으면서 사실상 공동개발에서 발을 뺀 상태를 유지했다.

지난해 9월 한일은 협정종료 선언 가능시점을 앞두고 일본 도쿄에서 7광구 공동개발을 위한 실무적 차원의 회의를 39년 만에 개최했지만, 구체적 성과를 내지 못했다. 그러자 일본이 JDZ 협정의 중단을 선언할 수 있다는 관측이 나오기 시작했다. 아울러 협정체결 때와 달리 일본에 유리한 방향으로 국제법 판례가 변경된 상태여서 일본이 협정을 끝내거나 재협상을 통해 자국에 유리하도록 현상을 변경하려 할 유인이 커졌다는 분석도 나왔다.

1974년 협정체결 때는 '**대륙붕 연장론***'이 국제법적으로 널리 인정됐다. JDZ 대부분을 차지하는 7광구는 한반도에서 상대적으로 멀고, 일본 오키나와 해구 앞에 위치했음에도 '우리 땅이 바닷속으로 이어졌다'는 대륙붕 연장론에 따라 한국의 관할권을 강하게 주장할 수 있었다. 하지만 1980년대 국제사법재판소(ICJ)의 '리비아-몰타 판결' 등을 계기로 '거리기준'이 보편화하면서 7광구와 가까운 일본 측 입지가 강화됐다.

대륙붕 연장론

한 국가의 대륙붕이 자국의 연안에서 훨씬 멀리까지 자연적으로 연장돼 있다면 그 범위까지 자원의 탐사개발을 할 수 있는 권리를 주장할 수 있다는 이론이다. 대륙붕은 대륙의 가장자리가 바다 밑으로 완만하게 퍼진 얕은 해저지형으로 육지의 연장으로 간주되고 석유나 가스·광물 등의 자원이 풍부하게 매장된 것으로 알려져 있다. 1982년 유엔 해양법협약(UNCLOS)은 연안국이 기본적으로 최대 200해리(약 370km)까지 배타적 경제수역(EEZ)과 대륙붕에 대한 권리를 갖도록 인정한 바 있다.

일본 측, 당분간 협상종료 결정 보류

그런데 협상종료 일방선언 기일인 6월 22일 일본 요미우리신문에서 <mark>일본정부가 JDZ 협정의 종료통보를 당분간 보류하고 신중하게 검토하기로 했다는 보도가 나왔다.</mark> 복수의 일본정부 관계자에 따르면 일본정부는 한국 측이 협정존속을 요구하는 데다 한미일 3국 간 안보협력이 중요한 점과 올해 한일국교정상화 60주년인 점 등을 고려해 즉각적인 종료통보는 하지 않고 검토를 계속하기로 했다. 신문은 "(일본정부가) 최종적으로는 이재명정부의 외교·안보 정책을 충분히 확인하면서 신중하게 검토할 것"이라고 전했다.

종료는 당분간 보류됐지만 일본에서는 협정을 끝내거나 적어도 재협상을 통해 자국에 유리하게 판을 새로 짜야 한다는 목소리가 나오고 있다. 작년 2월 가미카와 요코 당시 외무상이 중의원(하원)에서 "재교섭을 포함해 제반사정을 종합적으로 판단해 적절히 대응할 생각"이라며 "유엔 해양법 규정이나 국제판례에 비춰 중간선을 바탕으로 경계를 확정하는 게

공평한 해결이 될 것으로 여겨진다"고 말한 게 대표적이다. 일본 측 주장대로 소위 중간선을 바탕으로 한일이 다시 광구 개발권을 조정하면 일본과 상대적으로 가까운 해역인 7광구 관할권 대부분은 일본에 속하게 될 가능성이 크다.

HOT ISSUE 19위

런치플레이션 심화 … 외식품목 5년 동안 20% 이상 올라

지난 5년간 전체 소비자물가가 10%대 상승하는 동안 먹거리물가는 20% 넘게 오른 것으로 나타났다. 특히 직장인들의 점심메뉴인 외식품목 대부분이 급등하면서 '런치플레이션(런치+인플레이션, Lunchflation)'이 심화한 것으로 드러났다.

외식물가, 전체 소비자물가지수 상승률 압도

6월 15일 통계청 국가통계포털(KOSIS)에 따르면 2020년 외식부문 소비자물가지수를 100으로 했을 때 지난 5월 지수는 124.56으로 약 25% 뛰었다. 같은 기간 전체 소비자물가지수가 16% 오른 것과 비교하면 외식물가 상승속도는 1.5배에 이른다. 39개의 외식품목 중 소주 등 4개를 제외한 나머지는 전체 소비자물가지수 상승률을 한참 웃돌았다. 김밥(38%)과 햄버거(37%)가 가장 많이 올랐으며 떡볶이, 짜장면, 생선회 등을 비롯해 30% 이상 오른 품목도 9개에 이른다.

지난 5년 동안 먹거리 재료인 농축수산물이 22% 상승한 것과 비교해도 외식물가 상승률은 지나치게 가파르다. 같은 기간 가공식품도 24% 상승에 그쳤다.

외식물가가 급격히 오른 데는 우선 식자재비와 인건비 상승이 큰 요인으로 꼽힌다. 기후변화로 원재료 공급의 변동성이 커지고 환율상승으로 수입단가가 올랐는데, 특히 축산물과 수산물은 20%가량 상승했다. 밀가루, 치즈, 설탕 등 가공식품도 많이 올랐다. 배달 관련 비용도 몇 년 전부터 외식물가에 큰 영향을 미치는 요인으로 꼽힌다. 농림축산식품부(농식품부)는 배달앱 수수료 부담이 외식물가 상승요인 중 하나라고 보고 있다. 농식품부는 일부 업체에서 배달앱 수수료 때문에 매장 가격과 배달메뉴 가격을 다르게 책정하는 이중가격제(배달가격제)를 도입하고 있다고 말했다.

중장기 대책과 경기회복 절실해

전문가들은 높은 원재료 가격과 임차료, 인건비 등 비용구조를 쉽게 해결하긴 어렵다고 말한다. 일부 전문가는 이상기후 영향으로 농수산물 공급이 점점 불안정해지는 것을 우려하면서 기후변화에 강한 종자를 만드는 등 중장기적인 대응책 마련도 필요하다고 제언했다. 정부는 기후변화 대응과 함께 단기적으로 수입 원재료 가격안정을 위한 할당관세 등의 정책을 추진하는 등 기획재정부를 중심으로 물가안정을 위한 범부처 대책을 마련 중이다.

유통구조를 개선해 과도한 원재료 유통비용을 줄여야 한다는 지적도 계속 제기된다. 2023년 기준 농축산물 평균 유통비용률은 49.2%에 달했다. 1만원을 내고 농축산물을 샀다면 약 5,000원이 유통비용인 셈이다. 이상현 고려대 교수는 환율급등에 대응할 수 있도록 지원하는 시스템을 만들고 고물가시대에 취약계층의 경제적 부담을 덜어주는 **농식품바우처*** 사업을 확대하는 것도 필요하다고 제안했다.

농식품바우처

취약계층의 식품 접근성을 강화하고 균형 있는 식품섭취를 지원하는 제도다. 국산 과일류, 채소류 등 양질의 식품소비를 지원한다. 이용자 선택권 보장을 위해 바우처 형태로 지급한다는 점에서 생계급여 등 현금지원과 현물지원 등 기존 식품지원제도와 차별된다. 일부 지역을 제외한 전국에서 추진 중이며, 가구원 수에 따라 가구단위로 최저 4만원에서 최고 18만 7,000원까지 월 지원금액을 차등지원한다.

또한 고물가 · 고금리 상황에서 소비심리가 위축돼 지난해 외식업 실질 매출액이 감소한 만큼 경기를 부양하고 위축된 소비심리를 살려야 한다는 지적도 나온다. 김상효 농촌경제연구원 동향분석실장은 재료비와 인건비가 오르고 배달 수수료도 부담하게 돼 외식업 경영이 악화했다면서 "경영의 어려움이 누적됐는데 최근 경제가 안 좋아 가격을 올리지 않고서는 폐업해야 하는 상황"이라고 지적하고, "경기가 살아나 수요가 늘어나야 한다"고 말했다.

한편 외식비 부담은 직장인의 점심패턴과 소비지형까지 바꾸고 있다. 동료들과 함께 식당을 찾던 모습은 빠르게 사라지고, ==업무를 보던 자리에서 편의점 도시락이나 배달앱을 통해 주문한 간편식으로 끼니를 때우는 이른바 '데스크런치(Desk Lunch)'가 흔한 점심풍경==이 되면서 헬스 및 다이어트 관련 간편식 매출이 크게 늘었다. 또한 구내식당을 찾아 점심을 해결하고 있는 직장인들의 수도 크게 늘어 지난해 주요 급식업체 매출이 크게 성장했다.

HOT ISSUE **20위**

SPC 근로자 또 사망 … 구조적 안전문제 도마 위

잇단 사고로 사회적 물의를 빚은 SPC 계열사 제빵공장에서 또다시 근로자 사망사고가 발생했다. 중대재해처벌법 위반으로 이미 두 번이나 고발되고 과태료 처분까지 받았음에도 사망 · 부상 사고가 이어지면서 기업의 전반적인 안전관리체계에 구조적 문제가 있는 게 아니냐는 지적이 나온다.

세 번째 사망사고 … 크고 작은 사고도 잇달아

5월 19일 오전 3시께 시흥시 소재 SPC삼립 시화공장에서 50대 여성 근로자가 숨졌다. 사망한 A씨는 생산라인 컨베이어 벨트에 상반신이 끼인 것으로 전해졌다. 목격자 신고를 받고 출동한 소방당국이 현장에 도착했을 때 A씨는 기계에서 빠져나와 바닥에 있는 상태였는데, 소방당국의 발표에 따르면 당시 A씨의 두개골이 손상돼 있었고 의식이 없었다.

5월 19일 사고가 난 SPC삼립 시화공장

사고는 윤활작업 중 일어났다. 뜨거운 빵을 식히는 작업과정에서 제품이 컨베이어 벨트를 타고 이동하는데, A씨는 벨트가 잘 돌아가도록 윤활유를 뿌리는 일을 했다고 한다. 그런데 A씨가 윤활유를 컨베

이어 벨트에 뿌리던 중 갑자기 기계에 몸이 끼이는 사고가 났다는 것이다. 경찰은 공장이 이른바 '풀가동'을 할 때는 컨베이어 벨트가 삐걱대 몸을 깊숙이 넣어 윤활작업을 해야 하는 상황도 있었다는 동료 근로자 진술 등을 확보하고 구체적인 사고경위를 조사하고 있다.

또한 경찰은 국립과학수사연구원으로부터 '해당 기계의 윤활유 자동분사장치가 제 기능을 하지 못하는 상태였으며, 문제의 윤활유에서 인체에 유해한 물질이 검출됐다'는 감정결과를 받아 살펴보고 있다. 아울러 중대재해처벌법과 산업안전보건법* 위반사항, 업무상과실치사 혐의 등 입증을 위한 증거 확보를 위해 SPC삼립에 대한 압수수색을 실시, 실물과 서류 463점, 전자정보파일 1,394페이지 등을 확보해 분석하고, 대표이사와 법인, 공장 관계자들을 형사 입건하는 등 수사에 속도를 냈다.

> **산업안전보건법**
>
> 산업 안전 및 보건에 관한 기준을 확립하고 그 책임의 소재를 명확하게 해 산업재해를 예방하고 쾌적한 작업환경을 조성함으로써 노무를 제공하는 사람(근로자) 안전 및 보건의 유지·증진을 목적으로 만든 법이다. 중대재해처벌법이 산업재해를 막지 못한 사업주를 처벌하기 위한 사후처리 성격의 법률이라면 산업안전보건법은 산업재해를 사전에 예방하는 성격이 강하다.

2인 1조 근무수칙 또 위반

SPC 계열사 근로자들의 사망·부상 사고는 이번이 처음이 아니다. 평택 SPL 제빵공장에서는 2022년 10월 20대 여성 근로자가 소스 교반기에 끼어 사망했다. 이 공장에서는 50대 여성 근로자가 작업 중 손가락이 기계에 끼어 골절상을 당하거나 20대 외주업체 직원이 컨베이어가 내려앉는 사고로 머리를 다치기도 했다. 또 성남 샤니 제빵공장에서는 2023년 8월 50대 여성 근로자가 반죽기계에 끼어 숨졌다.

이 공장 역시 사망사고 외에도 근로자 손 끼임 등 사고가 잇따랐다.

SPC 공장 사고발생 주요일지

일자		피해내용	사고현장
2022년	10월 15일	사망	평택 SPL 제빵공장
	10월 23일	손가락절단	성남 샤니 제빵공장
2023년	7월 12일	손가락절단	성남 샤니 제빵공장
	8월 8일	사망	성남 샤니 제빵공장
	10월 18일	부상	평택 SPL 제빵공장
	11월 22일	손가락절단	평택 SPL 제빵공장
2025년	1월 22일	손가락절단	평택 SPL 제빵공장
	5월 19일	사망	SPC삼립 시화공장

최근 4년간 논란이 된 사건만 사망 3건, 부상 5건 등 8건에 이른다. 이 외에도 SPC 그룹의 주요 6개 계열사에서 최근 5년여간 월평균 15건이 넘는 산업재해 신청이 접수된 것으로 파악됐다. 강동석 전 SPL 대표와 법인 등 사고 책임자들은 중대재해처벌법 위반 등 혐의로 기소돼 올해 1월 수원지법 평택지원에서 징역 1년에 집행유예 2년과 벌금 1억원 등을 각각 선고받기도 했다.

제빵업계는 SPC에서 사망·부상 사고가 반복되는 배경으로 2인 1조 근무원칙이 현장에서 제대로 지켜지지 않았을 가능성을 지적한다. SPC의 복잡한 제조공정과 다양한 기계설비에 비해 정비작업에 대한 안전관리가 미흡한 점도 원인으로 꼽힌다. 특히 현행 법체계의 비효율성과 안전불감증 등이 반복적인 사고의 구조적 원인이라는 지적도 나온다. 정진우 서울과기대 안전공학과 교수는 "중대재해처벌법 개정 이후 공장 현장에 가면 형사처벌을 회피하기 위한 형식적 안전만 챙기는 경우도 늘었다"고 지적했다. 경찰은 이번에도 "2인 1조 근무 등 안전수칙을 지켰는지 정확히 따져보고 있다"고 전했다.

한편 압수수색에 앞서 법원은 경찰이 청구한 압수수색 영장을 연달아 세 번이나 기각했다. 첫 번째 영장이 기각되자 경찰은 판사가 지적한 부분을 추가·보완해 재청구했지만, 이후 두 번이나 더 기각됐다. 결국 네 번째 영장이 받아들여지면서 본사와 사고공장에 대한 압수수색이 이뤄졌지만, 사고발생 29일 만이라는 점에서 우려의 목소리가 크다.

통상 중대재해 발생 시 압수수색이 즉각 진행됐다는 점에서 SPC삼립 시화공장에 대한 세 차례의 영장 기각은 극히 이례적이다. 법원은 기각사유에 대해 공개하지 않았고, 심지어 해당 사건을 담당한 영장전담판사도 공개하지 않았다.

영된다. 업무협약에 따라 참여기업 및 기관의 사용자와 노동자는 시범사업에 협력하고 경기도와 경기도일자리재단은 사업추진에 필요한 사항을 지원한다. 참여기업들에는 노동자 1인당 월 최대 26만원의 임금보전 장려금과 기업당 최대 2,000만원의 맞춤 컨설팅 및 근태관리시스템 구축을 지원하게 된다.

HOT ISSUE 21위

경기도 '주 4.5일제' 시범사업 전국 첫 시행 … 국내외 확산 추세

경기도가 전국 최초로 '주 4.5일제' 시범사업을 본격적으로 시행한다. 김동연 경기지사는 6월 19일 수원 라마다프라자호텔에서 주 4.5일제 시범사업에 참여한 기업과 업무협약을 체결했다. 주 4.5일제 시범사업은 ==경기지역 민간기업 67곳과 경기도 산하 공공기관인 경기콘텐츠진흥원 등 68곳을 대상으로 임금축소 없는 노동시간 단축제도를 적용==하는 것이 핵심이다. 경기도는 당초 50개 기업을 목표했으나 기업들의 관심이 높아 더 많은 기업을 선정했다.

생산성·삶의 질이 목표 … 시범사업 후 보완 추진

사업유형은 기업의 상황에 따라 주 4.5일제(요일 자율 선택), 주 35시간, 격주 주 4일제 등 다양하게 운영된다.

시범사업은 올해부터 2027년까지 한시적으로 추진하고 **노동생산성***, 직무만족도 등 44개 세부지표를 통해 성과를 분석한다. 경기도는 분석결과를 통해 적정 노동시간에 대한 사회적 합의를 도출하고 전국 확대가 필요한 경우 제도개선을 정부에 건의할 방침이다.

> **노동생산성**
> 노동자 한 명이 만들어낸 생산량 또는 부가가치를 의미하며 일정시간 동안 투입된 노동량 대비 생산량의 비율이다. 노동생산성이 향상되면 생산비용이 감소해 가격이 고정돼도 이윤이 증가한다. 국내에서는 한국생산성본부가 노동생산성지수를 측정해 분기마다 발표하고 있다.

이날 협약식 뒤에는 '주 4.5일제, 일의 미래를 열다'라는 주제로 김동연 경기지사가 주재하는 타운홀미팅도 있었다. 김 지사는 이 자리에서 "4.5일제를 본격 시행하면 일주일의 삶이 바뀔 수 있다는 생각이 들어 전국 최초로 시범사업을 하게 됐다"며 "분명히 생산성과 삶의 질을 조화롭게 하는 두 가지 목표를 달성할 수 있다는 확신이 있다"고 밝혔다.

한편 경기도는 주 4.5일제 등 도가 선제적으로 추진해온 정책이 국정과제에 반영될 수 있게 새 정부에 현안건의를 전달했다고 7월 3일 밝혔다. 고영인 경제부지사는 이날 대통령 직속 국정기획위원회에서 박수현 국가균형성장발전특별위원장을 만나 '경기도 현안건의' 문서를 전달하고 내용을 직접 설명했다. 현안건의에는 미래성장 3대 프로젝트, 국민체감정책, 기타 건의 등의 내용이 담겼다.

늘어나는 주 4.5일제 … 해외에서도 도입단계

울산광역시 중구도 올해부터 주 4.5일 근무제를 도입했다. 이에 공무원은 월요일부터 목요일까지 하루 8시간 기본근무 외에 1시간씩 더 일하고, 금요일에는 4시간만 근무한 뒤 퇴근한다. 다만 업무공백을 막고 주민에게 기존과 같은 민원서비스 시간을 제공하기 위해 각계 정원의 25% 범위에서 희망직원에 한해 해당 제도를 운용한다.

사기업의 경우 한일시멘트가 2024년 4월부터 시멘트 업계 최초로 격주 주 4일제를 도입했다. 격주 주 4일제는 시멘트 생산공장인 단양공장에 적용된다. 2주간 근무일수 10일 중 8일 동안 1시간씩 더 근무하고 격주로 금요일에 쉬는 방식이다. 한일시멘트는 이미 2023년 7월부터 매주 금요일 오전까지 근무하는 4.5일제와 격주 주 4일제 등을 시범적으로 운영해왔는데, 임직원을 대상으로 설문조사를 실시한 결과 4.5일제보다 격주 주 4일제에 대한 직원들의 만족도가 압도적으로 높아 격주 주 4일제를 채택했다.

주 4일제 도입을 요구하는 시민단체 기자회견

해외에서도 주 4일제나 4.5일제 시범운영이 증가하는 추세다. 아이슬란드는 2015년 공공부문을 시작으로 2020년 전체 산업에 주 4일제를 도입해 근로자 50%가 주 4일제에 참여하고 있다. 아랍에미리트(UAE)도 연방정부 공무원에 한해 2022년부터 주 4.5일제를 시행중이다.

HOT ISSUE **22위**

토종 뮤지컬 '어쩌면 해피엔딩' 토니상 6관왕 위업

미국 뉴욕 브로드웨이에 진출한 한국의 창작뮤지컬 '어쩌면 해피엔딩(Maybe Happy Ending)'이 미국의 연극·뮤지컬계 아카데미상이라 불리는 토니상(Tony Awards)에서 최고영예인 뮤지컬 작품상(Best Musical)을 포함해 6관왕을 차지하며 'K-뮤지컬'의 역사를 새로 썼다.

창작뮤지컬계 일대 사건 … 작품상까지 차지

6월 8일(현지시간) 미국 뉴욕 라디오시티 뮤직홀에서 열린 제78회 토니상 시상식에서 대한민국의 창

==작뮤지컬 '어쩌면 해피엔딩'이 ▲ 뮤지컬 작품상 ▲ 극본상 ▲ 작사·작곡상 ▲ 무대디자인상 ▲ 연출상 ▲ 남우주연상 등 주요부문 상을 석권했다.== 최종 수상까지 이르진 못했지만 ▲ 오케스트레이션(편곡상) ▲ 의상디자인 ▲ 조명디자인 ▲ 음향디자인 부문에서도 후보작에 올라 작품의 우수성을 알렸다는 평가를 받았다.

국내에서 초연된 완성작품이 미국 브로드웨이에 진출해 토니상을 수상한 것은 '어쩌면 해피엔딩'이 처음이다. 작사·작곡상 부문에서 공동수상을 한 박천휴 작가는 작품에 대해 "한국의 인디팝과 미국 재즈, 현대클래식, 전통적인 브로드웨이를 융합하려고 노력했다"며 "모든 감성이 어우러진 '멜팅팟(용광로)'과도 같다"라고 소개했다.

앞서 신춘수 오디컴퍼니 대표가 단독 리드프로듀서를 맡은 '위대한 개츠비'와 CJ ENM이 제작에 참여한 '물랑루즈' 등이 토니상을 받은 적은 있지만, 국내에서 개발되고 초연한 작품이 토니상을 받은 것은 최초다. 원종원 순천향대 미디어커뮤니케이션학과 교수는 "종합예술형태인 뮤지컬로서 인정받았다는 것은 일대 사건"이라며 =="영화 '기생충'이 오스카상을 받고 '오징어 게임'이 에미상을 받는 것만큼이나 충격적인 사건"==이라고 의미를 부여했다.

'어쩌면 해피엔딩'이 공연 중인 브로드웨이 벨라스코 극장

토니상은 미국에서 연극과 뮤지컬 분야의 탁월한 업적에 대해 수여하는 상으로서 오스카상(영화), 그래미상(음악), 에미상(방송)과 함께 미국 4대 예술상으로 꼽힌다. 미국의 배우이자 프로듀서였던 앙투아네트 토니 페리의 이름을 땄으며, 영국 로렌스 올리비에상, 프랑스 몰리에르상과 함께 세계 3대 공연상으로도 불린다. 브로드웨이에서 공연된 연극과 뮤지컬이 시상의 대상인데, '어쩌면 해피엔딩'은 작년 11월부터 1,000석 규모의 벨라스코 극장에서 **오픈런***(Open Run) 형태로 공연하고 있다.

> **오픈런**
>
> 상영이나 공연 따위를 정해진 폐막날짜 없이 무기한으로 하는 일을 말한다. 폐막일을 미리 정해놓고 상영·공연하는 '리미티드런(Limited Run)'과 반대되는 개념이다. 흥행 여부에 따라 공연기간이 달라지는데, 브로드웨이 웨스트엔드에서 38년째 공연 중인 '레 미제라블'이나 35년째인 '오페라의 유령'이 대표작이다. 한편 유통업계에서는 매장 문이 열리자(Open)마자 구매를 위해서 달리는(Run) 일을 가리키는 말로도 사용한다.

K-뮤지컬 해외진출 가속

'어쩌면 해피엔딩'은 2008년 뉴욕대(NYU)에서 처음 만나 17년째 창작파트너로 호흡을 이어오고 있는

'어쩌면 해피엔딩'의 극본을 쓴 박천휴 작가

박 작가와 작곡가 윌 애런슨의 첫 창작품이다. 막간 없이 진행되는 이 작품은 21세기 후반 서울에서 서로를 발견하고 관계, 사랑, 필멸성을 탐구하며 그들 자신에게 가능한 것이라고 믿는 것에 도전하는 올리버와 클레어라는 두 실물 같은 헬퍼봇(Helperbot)의 이야기를 그린다. 김동연이 연출했으며, 2016년 서울 DCF 대명문화공장 라이프웨이 홀에서 초연돼 긍정적인 평론을 받았다. 한국뮤지컬어워즈에서는 최우수 뮤지컬, 음악, 가사, 극본을 포함해 6개 부문을 수상했다.

한편 전문가들은 이번 수상을 계기로 국내 뮤지컬의 해외진출이 가속할 것이라는 데 인식을 같이했다. 최승연 평론가는 "K-콘텐츠가 해외에서 우수한 원천으로 인식되는데, 뮤지컬도 이에 속하게 될 것 같다"며 "한국인들이 활동하는 데 길이 뚫리거나 적어도 (한국 뮤지컬에 대한) 인식이 바뀔 거라고 생각한다. 한국 뮤지컬의 글로벌화가 한층 원활하게 진행될 것"이라고 전망했다.

HOT ISSUE 23위

아르헨티나 전 대통령 유죄판결로 사법부 불신 최고조

아르헨티나 정계에서 가장 강력한 영향력을 가진 좌파 정치인으로 꼽히는 크리스티나 페르난데스 전 대통령이 과거 재임시절 특정 사업자와 뒷돈거래를 했다는 혐의에 대해 실형이 확정됐다. 법원이 소송 당사자인 정부 손을 들어준 것이다. 그러나 지지자들은 부패혐의에 대한 정황만 있을 뿐 물적증거가 없다며 '정치적 판결'이라고 반발하고 있다.

법원, 징역형 확정 … 수감 대신 가택연금 전환

아르헨티나 대법원은 6월 10일(현지시간) 페르난데스 전 대통령에 대한 사기 등 혐의사건에서 검찰과 피고인 상고를 각각 기각하고 징역 6년형과 영구 피선거권 박탈이라는 원심결정을 확정했다. 남편인 네스토르 키르치네르 전 대통령(2003~2007년 재임)에 이어 2007~2015년에 연임한 페르난데스 전 대통령은 집권 당시 국가공공사업을 사업가 라사로 바에스(가택연금 상태)에게 몰아준 뒤 도로건설 자금 등 일부를 받아 챙긴 혐의(국가 상대 사기) 혐의로 재판을 받아왔다.

이 사건은 이른바 '비얄리다드 사건'으로 불리는 정부 건설사업 비리수사에서 시작됐다. 남부 산타크루스주에서 무려 51개 도로건설 계약이 바에스가 소유한 건설회사와 수의계약으로 이뤄진 관급비리 사건이다. 기소 당시 아르헨티나 검찰은 바에스가 운영하던 아우스트랄 그룹의 수익이 페르난데스 전 정부를 거치며 460배 폭증했고, 바에스 개인자산 역시 120배 늘어났다고 지적한 바 있다.

자택 발코니에서 인사하는 페르난데스 전 대통령

페르난데스 전 대통령은 아르헨티나 좌파의 거물 정치인으로 현재 정의당(JP) 대표로 활동하며 페론주의*(Peronismo, Peronism)의 적통으로 불려왔다. 대통령 재임시절에는 공무원 수를 2배 늘리고, 각종 복지확대, 서민감세 등의 정책을 펼쳐 노동자층과 서민층의 지지를 얻었다. 이 때문에 반대파로부터 '포퓰리즘의 여왕'이라고 비난당했으며, 2022년에는 자택 앞에서 암살시도를 당하기도 했다.

페론주의

군인 출신으로 아르헨티나 대통령을 지낸 후안 도밍고 페론과 그의 아내 에바 페론의 정치철학을 계승하는 아르헨티나의 정치·사회·경제 운동이다. 국가사회주의 이데올로기로 외자배제, 산업국유화, 복지확대, 임금인상을 통한 노동자 수입증대 등을 주요내용으로 한다. 아르헨티나 현대 정치사를 지배하며 오랜 기간 민중의 절대적인 지지를 받았지만, 2014년 국가부도(디폴트) 사태를 거치며 경제를 수렁에 빠뜨렸다는 비판을 받는다.

"정치적 판결" vs "정의의 실현"

페르난데스 전 대통령은 징역형을 받았지만 현재 가택에 구금된 상태다. 지지자들의 대규모 시위와 노조의 파업 우려 속에 법원이 가택연금으로 형의 집행방식을 결정했기 때문이다. 하지만 판결 자체에 반대하는 지지자들은 6월 18일 수도 부에노스아이레스의 '5월 광장'으로 쏟아져 나와 항의했다. 이날 집회는 아르헨티나 최대 노동계연합인 전국노동자총연맹(CGT)을 비롯해 대학생, 은퇴자, 주부 등 각계각층에서 참여했는데, 주최 측은 참가자가 최대 100만명에 이른다고 주장했다.

이들은 "사법부 불신이 잠자는 야당(페론당)을 깨웠다. 크리스티나는 증거도 없이 유죄를 받았고, 이것은 부패한 사법부의 민낯을 보여준다"며 격앙된 목소리로 사법부에 대한 깊은 불신감을 드러냈다. 이런 전임 대통령에 대한 지지와 사법부에 대한 불신은 현 정부에 대한 비판으로 이어졌다. 그들은 "크리스티나 재임기간 중 우리는 많은 권리를 되찾았으며, 소비하고 저축하고 휴가를 즐길 수도 있었다. 하지만 지금은 공과금 내기도 바빠서 소비 자체가 없다"며 밀레이정부의 경제정책을 비난했다.

일부 정치전문가들은 이날 집회에 대해 이번 판결이 분열돼 잠자고 있던 제1야당 페론당을 깨워 결집하는 계기가 됐다고 분석했다. 또한 이번 시위를 통해 페르난데스 전 대통령은 정치적으로 끝난 게 아닌 '전설'이 됐다고 평가하기도 했다.

반면 하비에르 밀레이 아르헨티나 대통령을 비롯한 보수 우파진영에서는 "드디어 정의가 행해졌다", "정의구현이었다"라고 평해 확연한 인식차이를 보였다. 아울러 진영 간 인식차이는 아르헨티나 사회 전반에 걸쳐 갈등양상으로 드러나고 있다. 현지언론은 사법부의 판결이 옳았다는 응답이 49.2%, 사법부가 잘못됐다는 응답이 46.5%를 기록한 최근 여론조사를 예로 들며 아르헨티나 사회의 분열이 심화하고 있다고 전했다.

'크리스티나를 석방하라'를 외치는 지지자들(부에노스아이레스)

HOT ISSUE 24위

단통법 폐지 임박에도 후속입법 없어 혼란 예고

이동통신단말장치 유통구조 개선에 관한 법률(단통법) 폐지까지 한 달도 남지 않은 시점에서도 후속입법이 요원해 정책시행에 차질을 빚는 게 아닌지 우려가 커지고 있다. 주무부처인 방송통신위원회(방통위)가 부위원장 사의표명 이후 사실상 1인 체제로 운영돼 주요안건 의결이 불가능한 상황이기 때문이다. 방통위와 관련 업계에 따르면 7월 22일 단통법 폐지에 따른 시행령과 고시 폐지 및 신설 등이 필요하지만 현재 어려운 것으로 알려졌다.

방통위 의결지연으로 단통법 후속입법 사실상 멈춤

전기통신사업법 시행령 개정안은 이미 지난 4월 마련했다. 개정안은 동일한 가입유형, 요금제, 단말기 조건에서 가입자 주소, 나이, 장애 등을 이유로 서로 다른 지원금을 지급하는 행위를 금지했다. 다만 디지털 소외계층을 대상으로 한시적으로 지원금을 우대하는 경우는 부당한 차별이 아니라고 명시했다.

또한 지원금 공시가 폐지되는 만큼 이용자에게 단말기 선택권을 보장하고 지원금 등 계약정보를 명확히 제공하는 내용의 이동통신 단말장치 계약서 명시사항도 구체화했다. 아울러 안심거래 사업자 인증제도의 인증기준과 절차 등 단통법 시행령에 규정돼 있던 것을 전기통신사업법 시행령으로 이관하고, 지원금 경쟁 활성화를 위해 지원금 관련 고시 4개를 폐지하기로 했다.

그러나 현재 방통위는 전체회의를 열 수 없다. 올해 4월 말 사의를 표명하고 한 달 동안 휴가를 이유로 출근하지 않던 김태규 부위원장이 7월 1일 면직되면서 또다시 1인 체제가 됐기 때문이다. 방통위가 의결기구인 만큼 모든 안건은 의결을 거쳐야 하는데 의결 자체가 불가능한 상황이 된 것이다. 따라서 한 달 안에 후속입법이 이뤄지기는 현실적으로 어려울 것으로 전망되고 있다.

방통위 의결이 시급한 안건들은 이 외에도 또 있다. 이미 지난해 12월 31일 허가가 만료된 KBS 1TV, MBC TV, EBS TV를 포함한 국내 지상파 12개 사업자 146개 채널에 대한 재허가 심사와 의결은 반년 이상 늦어졌다. 이 많은 채널이 사실상 무허가 방송 중인 셈이다.

공무원법 위반 이진숙 위원장, 국무회의 배석 제외

한편 이재명 대통령은 7월 9일 열린 국무회의 배석자 명단에서 이진숙 방통위원장을 제외하기로 했다. 강유정 대통령실 대변인은 이날 브리핑에서 제외 소식을 전하며 "최근 감사원은 현 방통위원장이 정치적으로 편향된 발언을 해 공무원의 정치운동을 금지하는 국가공무원법을 위반했다고 판단했다"며 "(이런 행위가) 공직사회의 신뢰를 실추시킬 수 있다는 우려에 따라 주의조치도 내렸다"고 말했다.

이어서 "그럼에도 방통위원장은 국무회의에 참석해 개인의 정치적 입장을 지속해서 표명하고, 개인 소셜미디어에 자신의 정치적 견해를 올려 **공무원의 중립의무*** 위반행위를 거듭했다"고 지적했다.

> **공무원의 중립의무**
>
> 국가공무원법 제65조 '정치운동의 금지'에 따르면 공무원은 정당이나 정치적 목적의 단체에 가입하거나 정치운동을 해서는 안 된다. 아울러 공직선거법 제9조 '공무원의 선거중립 의무'에서는 공무원은 선거에 있어 중립을 지켜야 하며, 특정 정당이나 후보자에 유리하거나 불리한 영향을 주는 행위를 해서는 안 된다고 명시하고 있다. 이렇듯 공무원의 중립의무는 정치적 중립성과 공정성을 유지해야 한다는 법적·윤리적 의무다. 국민 전체에 대한 봉사자로서 공정하게 직무를 수행해야 한다는 이념을 근간으로 한다.

앞서 이 방통위원장은 7월 7일 국회 과학기술정보방송통신위원회 전체회의에서 방송3법과 관련해 "이 대통령으로부터 방통위의 (자체) 안을 만들어보라는 업무지시를 받았다"고 공개했고, 강 대변인은 "지시라기보다는 의견을 물어본 쪽에 가까웠다"고 반박한 바 있다. 더불어 "국무회의는 국정을 논하는 막중한 책임이 있는 자리"라며 "비공개회의에서 나온 발언이나 토의 내용을 대통령실 대변인의 공식브리핑 외에 기사화하거나 내용을 왜곡해 정치에 활용하는 것은 부적절한 공직기강 해이"라고 지적했다.

방통위원장은 국무회의 의장인 대통령이 요청하면 국무회의에 배석할 수 있으나 안건의결에 참여하는 국무위원이 아니다. 국무회의 규정에도 배석자는 대통령비서실장, 국가안보실장, 대통령비서실 정책실장, 국무조정실장, 인사혁신처장, 법제처장, 식품의약품안전처장, 공정거래위원회위원장, 금융위원회위원장, 과학기술혁신본부장, 통상교섭본부장 및 서울특별시장까지만 명시돼 있다. 또한 국무위원은 법적으로 회의에 참석할 의무가 있지만 배석자는 상관없다.

HOT ISSUE 25위

고리 원전 1호기 해체 승인 … 영구정지 8년 만

원자력안전위원회(원안위)는 6월 26일 제216회 회의를 열고 부산 기장 고리 원자력발전소 1호기 해체 승인안을 의결했다고 밝혔다. 한국수력원자력(한수원)이 2021년 해체승인을 신청한 지 4년 만이다. 이로써 ==고리1호기는 1972년 건설허가가 난 지 53년 만, 2017년 영구정지가 결정된 지 8년 만에 본격 해체==에 돌입하게 됐다.

고리 원전 1호기

원안위 '원전해체' 승인 … 오염농도별 단계별 해체

국내에서 상업용 원전이 해체승인을 받은 것은 이번이 처음이다. 원자력안전법은 원전을 해체하려면 영구정지 5년 내로 해체승인을 신청하도록 하고 있으며, 원안위는 한수원 질의기간을 제외하고 신청접수 24개월 내로 심사해야 한다. 이에 따라 한수원은 2021년 5월 고리1호기 최종해체계획서 등 관련 서류를 원안위에 제출했다.

원안위는 다음 해인 2022년 1월부터 한국원자력안전기술원(KINS)과 본심사에 착수했다. 원안위는 방사선학적 특성정보에 기반한 해체계획 적합성, 해체

작업 종사자 및 주민에 대한 방사선 방호계획 적합성, 방사성폐기물 관리계획 구체성 및 유효성을 중점 심사했다고 밝혔다.

원안위는 한수원이 해체업무 전담조직 3개 108명을 운영하고 있으며, 기존 조직의 지원업무도 적합한 것으로 판단됐다. 또 한수원이 정량평가한 해체비용 1조 713억원이 적합하고, 지난해 기준 충당부채 형태로 9,647억원을 현금 적립하는 등 재원도 마련돼 있다고 평가했다. 해체방법의 경우 오염준위가 낮은 곳에서 높은 곳 순서로 해체하는 단계별 방식으로 허가 6년 후 **사용후핵연료*** 반출, 10년 후 오염구역 해체, 12년 후 부지 복원을 완성한다는 계획이 적합한 것으로 평가됐다.

사용후핵연료

핵연료주기에 따라 원자력발전소에서 연료로 사용한 뒤 발생하는 고준위 방사성폐기물이다. 국내에는 방사성폐기물 영구 처분 시설이 없어 우리나라는 사용후핵연료를 원전 내 수조에 보관하고 있다. 핵연료 재처리는 핵무기 제조기술과도 연결돼 있어 기술개발과 별개로 실사용이 쉽지 않은 편이다.

고리1호기의 사용후핵연료는 습식저장소에 보관 중인데, 한수원은 부지 내 건식저장시설을 지어 반출한다는 계획이다. 이를 위해 내년 8월 중 운영변경허가를 신청하기로 했다. 해체를 진행하면 중준위 65톤(t), 저준위 8,941t, 극저준위 4,315t, 자체처분 15만 8,387t 등 총 17만 1,708t의 폐기물이 발생할 것으로 전망되며, 고체와 액체, 기체, 혼합 폐기물별 관리계획도 마련된 상태다. 해체 후나 해체 중 방사성폐기물 드럼이 파손되거나 하는 ==비정상사고가 발생할 때 종사자와 주민의 예상 피폭선량도 법적 안전기준인 선량한도 미만==인 것으로 평가돼 안전에 문제가 없는 것으로 결론 내려졌다.

원전산업 생태계 전환점 … 세계시장 적극 공략

한편 고리1호기가 해체절차에 본격 착수하면서 국내 원전 역사상 '원전해체'의 장이 새롭게 열리게 됐다. 한수원은 원전의 건설·운영에 이어 해체까지 원전 전(全)주기 기술확보에 박차를 가할 방침이다. 업계에서는 고리1호기 해체가 단순한 원전설비 철거 이상의 의미를 가지며, 원전생태계의 전환점이 될 것으로 전망한다. 국내 최초로 원전해체 작업을 수행함으로써 건설·운영에서 나아가 원전의 전주기 생태계를 완성한다는 점에서다.

고리 원전 1호기의 사용후핵연료

무려 500조원 이상으로 추산되는 글로벌 원전해체 시장에 우리나라 원전업계가 뛰어들 가능성도 커졌다. 2024년 기준 세계 영구정지 원전은 209기로 이 가운데 21기만 해체됐다. 국제원자력기구(IAEA)는 2050년까지 총 588기의 원전이 영구정지할 것으로 예상하고 있다. 따라서 향후 원전산업에서 해체기술의 중요성은 더욱 부각될 것으로 전망된다.

이에 한수원은 원전해체 분야 해외 전문기관과의 교류를 활성화하고, 관련 전문가를 양성 중이다. 영국 원자력해체청(NDA), 프랑스 국영기업 오라노, 캐나다 키네트릭스·캔두에너지, 슬로바키아 국영 원전기업 자비스 등이 대표적이다.

아울러 우리나라는 고리1호기의 안전하고 경제적인 해체를 위해 이미 96개 해체기술을 확보한 상태다. 한국원자력연구원이 핵심기반 기술 38개를, 한수원이 상용화 기술 58개를 각각 갖고 있다. 한수원은 정부 연구개발(R&D) 사업을 활용하고 자체 연구과제 등을 통해 지속적으로 원전 해체기술을 고도화할 방침이다.

HOT ISSUE **26위**

네덜란드 약탈유물 119점 고국 나이지리아로

130여 년 전 아프리카 나이지리아가 약탈당한 유물 119점이 고국으로 돌아왔다. 나이지리아정부가 약탈유물 반환을 공식요청한 지 3년 만이다.

네덜란드가 나이지리아에 반환한 베냉왕국 유물

130여 년 만의 귀환

알자지라방송 등에 따르면 네덜란드 라이덴 베렐드 박물관에 보관돼 있던 나이지리아 약탈유물이 6월 21일(현지시간) 반환됐다. 지난 2월 네덜란드정부가 나이지리아정부 요청에 따라 베냉 청동기(Benin Bronzes) 119점을 나이지리아에 반환하기로 합의한 데 따른 이행이다. 이번 반환은 베냉 유물이 나이지리아로 반환된 역사상 최대규모 실물반환이다.

양국 대표단이 참석한 가운데 나이지리아 라고스 소재 나이지리아 국립박물관에서 거행된 공식반환식에서 나이지리아 국립박물관·기념물위원회의 올루기빌 홀로웨이 사무총장은 "이 유물들은 빼앗긴 사람들의 정체성의 상징"이라며 "이번 행사의 상징성은 아무리 강조해도 지나치지 않으며, 이는 베냉 국민뿐만 아니라 나이지리아 전체의 자부심과 존엄성에 어떤 의미를 갖는지 보여준다"고 밝혔다. 또한 그는 이 자리에서 독일이 나이지리아와 '1,000점이 넘는 베냉 청동유물 반환협정을 체결했다'고도 밝혀 화제를 모았다.

베냉 청동유물은 16세기에서 18세기까지 거슬러 올라가며, 금속조각, 상아, 그리고 기타 공예품으로 구성돼 베냉왕국(Kingdom of Benin)의 예술을 보여준다. 영국군은 1897년 **베냉원정*** 때 왕국을 기습해 수천명을 학살하고 약탈해 왕국의 유물들을 유럽으로 가져갔다. 그중 일부는 장교들에게 주어졌고, 대부분은 영국 해군성 원정비용 마련을 위해 런던경매에 부쳐져 개인 수집가들과 영국과 독일을 중심으로 한 유럽 20개국 130여 박물관에 팔려나갔다. 이번에 반환된 119점의 유물 중 113점은 네덜란드 라이덴 베렐드 박물관에서 가져온 것이다.

> **베냉원정**
>
> 1897년 영국의 식민지배에 대해 베냉의 저항이 커지는 가운데 베냉에서 영국사절단이 공격을 받아 7명이 사망하자 대규모 군사원정대를 꾸려 베냉왕국을 침공한 영국의 보복·징벌 원정이다. 원정대는 폭력적이고 파괴적인 방식으로 왕국을 점령하고 수천명을 학살했으며, 1,000점의 청동명판을 비롯한 수천점의 유물을 약탈했다. 원정결과 베냉왕국의 왕이 폐위되고, 베냉은 영국령에 흡수됐다.

유산 반환 둘러싼 국가 간의 미묘한 긴장

그동안 나이지리아정부는 과거 약탈당한 유물을 되찾기 위해 끈질기게 노력해왔다. 전 세계 박물관에 약탈유물 반환을 공식 요청했으며, 그 결과 2021년에 프랑스로부터 1892년 왕실보물 26점을, 2022년에 독일로부터 '1,130점 베냉 청동기 반환협정' 체결의 결과로서 그중 20점을 돌려받았다. 같은 해 런던의 한 박물관에서 유물 72점을, 미국 로드아일랜드 박물관에서 31점을 돌려받기도 했다.

아프리카 유물을 대량 보유하고 있는 파리 케브랑리 박물관

현재 유엔 산하 전문기구인 유엔 교육과학문화기구(UNESCO)를 중심으로 해외로 불법반출된 유물을 환수하기 위해 관련 협약이 제정돼 있다. 하지만 협약이 강제력이 없는 국제법이며, 유물반환 분쟁에서 가장 많이 원용되는 '문화재의 불법 반출입 및 소유권 양도금지와 예방수단에 관한 협약'은 1970년 이후 거래된 문화재에만 적용된다는 한계가 있다. 이 때문에 대부분 이해당사국 정부 간 협상이나 기증 또는 구매 형식으로 반환이 이뤄지고 있다.

유럽 내에서는 이와 같은 유물 반환 움직임을 경계하는 목소리도 나온다. 유물 반환의 물꼬가 터지면 서구국가 박물관들이 텅 빌 수도 있다는 우려 때문이다. 영국 대영박물관의 경우 "건물과 경비원 빼고 영국 물건은 없다"는 말이 있을 정도로 800만점 이상의 소장품 중 대다수가 식민지시대의 약탈유물이다. 하지만 영국은 '대영박물관법'을 개정해 유물 반환을 입법으로 금지하고, 안전을 이유로 반환을 줄곧 거부해오고 있다. 한편 전 세계적으로 약탈유물 반환은 "역사적 상처 치유와 정의의 실현"이라는 측면에서 고려돼야 한다는 목소리에 힘이 실리고 있다.

HOT ISSUE 27위

간첩누명 고 오경무 씨 사형 58년 만에 무죄 확정

1960년대 이복형에게 속아 납북됐다가 돌아온 뒤 간첩으로 몰려(이른바 '제주간첩사건') 만 33세 나이로 사형을 당한 고 오경무 씨의 재심에서 무죄가 확정됐다.

대법 "고문으로 조작"… 무죄!

5월 29일 대법원 3부(주심 이숙연 대법관)는 국가보안법·반공법 위반 혐의로 기소돼 사형당한 오씨에 대한 재심에서 무죄를 선고한 원심판결을 확정했다. 재심의 1심 법원이 무죄를 판결한 지 1년 7개월 만이자 오씨가 사망한 지 53년 만이다.

1966년 제주도에 거주하던 오씨는 갑자기 찾아와 '일본에 돈 벌러 가자'는 이복형 오경지 씨를 믿고 동생 경대 씨와 배를 탔다가 북한으로 납북됐다. 이후 돌아왔지만 국가보안법 위반 등 혐의로 재판에 넘겨졌다. 당시 법원은 오씨에게 적용된 반공법상 회합·탈출·잠입, 국가보안법상 간첩미수의 범죄혐의를 모두 유죄로 판결했다.

고 오경무 씨에 대한 사형집행명령서 일부

이에 피고인 오씨와 검사는 서울고등법원에 각 항소했지만, 1968년 1월 23일 항소가 각 기각됐다. 대법원에 한 상고마저 1968년 5월 7일 기각으로 확정됐다. 이후 오씨의 재심청구, 항고 및 재항고도 모두 기각됐고, 결국 1972년 4월 28일 오씨에 대한 사형이 집행됐다. 동생 경대 씨는 15년을 복역하고 만기출소 4개월 전에 1981년 8월 8·15특사로 석방됐다. 하지만 이후 20년간 보호관찰대상으로 경찰과 당국으로부터 감시를 당하며 살았다.

검찰과 법원에 의한 사법살인

이번 오씨에 대한 재심은 2020년 10월 재심을 통해 무죄판결을 받은 경대 씨가 요청하면서 이뤄졌다. 오씨 재심의 쟁점은 오씨에 대한 과거 사형선고가 적법하고 정당했는지 여부였다. 1심과 2심은 오씨가 자신의 의사에 반해 북한으로 가게 됐고, 당시 수사기관에서 고문 등 위법한 수사를 통해 자백을 받아낸 정황이 인정된다며 무죄를 선고했다.

1심 재판부는 "오경무 씨가 1966년 북한에서 돌아와 국내에 입국한 사실은 인정이 된다"면서도 "**국가의 존립과 안전에 영향을 미친 행위를 인정할 수 없고, 실질적 해악이 있는 행위를 했다고 볼 수도 없다**"고 판단했다. 이어 "피고인들에 대해 적법한 조사가 이뤄졌다고 보기 어렵고, **범행을 자백했다는** **진술조서가 불법체포 등 가혹행위로 위법하게 수집된 증거에 해당한다**고 볼 여지가 있다"면서 "진술조서를 유죄의 증거로 사용할 수 없다"고 밝혔다. 더불어 "가족 모두에게 가혹한 행위가 발생한 점에 대해 깊은 위로의 말을 전한다"고 했다.

고 오경무 씨 재심의 1심 판결 후 기자회견

2심 재판부도 "오경무 씨가 북한에 갔다가 돌아온 행위에 대해 주위적 공소사실처럼 '북괴의 지령하에 그 목적수행을 협의하기 위한 월북권고임을 알면서도 이를 수락하고 탈출했다'라거나 '북괴의 지령을 받고 잠입했다'고 볼 수 없다"면서 "**예비적 공소사실*** 역시 범죄사실의 증명이 없는 경우에 해당한다"고 판단했다. 대법원도 원심판단에 법리 오해가 없다고 보고 검사의 상고를 기각했다.

> **예비적 공소사실**
>
> 검찰이 주위적 공소사실(주된 범죄)이 받아들여지지 않을 경우를 대비해 추가하는 공소사실이다. 즉, 검사가 주된 범죄사실에 대한 유죄 입증이 어려울 경우를 대비해 예비적으로 다른 범죄사실을 함께 기소하는 것이다. 다만 예비적 공소사실에 대해 유죄가 확정됐더라도 주위적 공소사실에 대해 무죄판단이 내려졌다면 피고인은 형사보상 대상이라는 대법원 결정(2016년)이 나온 바 있다.

증언에 따르면 당시 제주시 내 중앙정보부의 한 사무실로 끌려간 오씨 형제는 수갑이 채워진 채 각목으로 무수히 구타를 당했고, "이복형이 어머니한테

준 3만원은 공작금으로 라디오를 샀고, 간첩교육을 받은 후 적지인 남한으로 침투했다"는 내용으로 진술을 강요받았으며, 진술 후에는 중앙정보부로 끌려가 또다시 구타당했다. 경대 씨는 한 인터뷰에서 "고문이 너무 고통스러워 그 사람들이 하라는 대로 할 수밖에 없었다"고 말한 바 있다.

한편 재심과정에서 검찰은 이 사건이 북한공작원이 관여된 안보사건이며, 실체 있는 사건이라고 주장했다. 이에 유족과 변호인단 및 시민단체들은 ==인혁당 사건, 삼척간첩단 사건, 유럽일본간첩단 사건, 울릉도간첩단 사건, 진도간첩단 사건 등의 피해자들과 마찬가지로 '고 오경무 씨는 검찰과 법원의 의한 사법살인의 피해자'==라는 것이 확인된 만큼 사건조작의 한 축을 맡았던 검찰과 법원의 반성과 사과를 요구하고 있다.

HOT ISSUE 28위

품귀현상에 가격폭등 … 일본 쌀대란

5월 18일 한 지역 강연에서 "저는 쌀을 구입한 적이 없습니다"라고 말해 국민의 공분을 산 에토 타쿠 일본 농림수산상이 결국 사임했다. 유통 쌀의 '이상부족' 현상으로 쌀값이 2배 넘게 폭등한 가운데 나온 발언이었기 때문이다.

쌀, 2배 이상 가격상승 … 비축미 풀었지만

2024년부터 이어지며 '레이와(현 일왕 연호)의 쌀 소동'으로 불리고 있는 일본의 쌀값폭등 사태가 좀처럼 진정되지 않고 있다. 일본 농림수산성에서는 전국 슈퍼마켓 약 1,000개 매장의 쌀 판매가격을 매주 공표하고 있는데, 4월 28일부터 5월 4일까지 한 주 동안 5kg 쌀 한 포대의 평균가격이 4,214엔(¥, 약 4만 2,140원)으로 전주에 비해 19엔(약 177원) 하락했다. 이는 작년 12월 이후 18주 만에 가격이 내린 것이지만 지난해 같은 시기와 비교하면 여전히 2배 가까이 비쌌다. 심지어 일주일 뒤인 5월 19일에 발표한 한 주간(5월 4~11일) 쌀 가격은 4,268엔으로 전주보다 오히려 54엔이나 다시 올랐다.

쌀 가격이 급등하면서 사회 곳곳에서도 영향을 받고 있다. 일단 2024년 연간 소비자물가지수(CPI)가 전년 대비 2.7% 상승했는데, 이 중 2024년 하반기 쌀값 상승이 전체 인플레이션을 약 0.6%포인트(p) 끌어올린 것으로 분석됐다. 또 ==쌀값 상승은 전체 식품 물가를 밀어올려 2024년 일본 가계의 식료품 지출 비중을 42년 만에 최고치로 높이는 결과==를 가져왔다. 이런 가운데 오사카부 가타노시에서는 올 2학기부터 학교급식으로 쌀밥을 제공하는 횟수를 주 3회에서 2회로 줄이겠다고 밝혔다. 심지어 상황에 따라 쌀밥 제공횟수를 주 1회로 줄이는 방안을 검토 중이라고 한다.

쌀값 관련 부적절한 발언으로 사임한 에토 타구 전 농림수산상

일본정부는 사태를 진정시키기 위해 3~4월 31만톤(t)의 **비축미***를 입찰을 통해 방출했고, 5~7월에 걸

처 매달 10만t씩 총 30만t을 추가로 방출했다. 하지만 시장에서의 비축미 유통이 원활하지 않아 효과가 미미한 상황이다. 쌀값 인하를 원치 않는 JA전농에 비축미의 대부분을 매도하고 있는데, JA전농이 이익을 위해 정부 요구대로 비축미는 방출하는 대신 일반미의 판매를 줄였기 때문으로 분석된다. 결과적으로 시장 공급량이 늘지 않아 가격도 떨어지지 않는 것이다.

> **비축미**
> 자연재해나 전쟁과 같은 비상상황으로 식량부족 사태가 발생하는 것에 대비하기 위해 정부가 미리 비축해두는 쌀로 공공비축미가 정식명칭이다. 평소에는 유통되지 않다가 필요에 따라 시장에 방출되는데, 일반미 가격의 절반 수준으로 저렴하게 판매하는 게 일반적이다. 반면 일반미는 시장에서 유통되는 쌀을 가리키는 것으로 가격은 수요와 공급에 따라 변동된다.

이상기온·공급부족·유통부정 등 다양한 원인

일본의 쌀값이 폭등한 데는 여러 가지 이유가 복합적으로 작용했다. 먼저 2023년 기록적인 폭염으로 벼 생육에 고온장해가 발생해 수확량이 감소하고 품질이 저하되면서 그해 쌀 생산량이 670만t으로 쌀 생산량 통계작성 이후 최초로 700만t 이하를 기록했다. 반면 지속적으로 하락추세를 보이던 쌀 소비량은 2024년 증가했는데, ▲ 국제 밀값 상승으로 빵 소비 일부가 쌀로 대체되고 ▲ 일본에 방문하는 관광객 증가로 외식업계 및 호텔 등에서 쌀 소비가 늘어난 데다가 ▲ 2024년 8월 난카이 트로프 대지진 우려에 따른 쌀 사재기 현상이 발생한 것이 이유로 꼽힌다.

특히 '겐탄'으로 상징되는 일본정부의 오랜 미곡정책이 원흉으로 지적된다. 겐탄은 벼 대신 다른 작물로 전작을 유도하는 등의 방식으로 쌀의 잉여생산을 억제함으로써 쌀값의 과도한 폭락을 막는 정책이다. 1971년 도입된 이 정책은 공식적으로는 2018년 폐지됐지만, 휴경이나 전작보조금 지급에 따른 쌀 생산조정 등 기본적인 농정기조는 지속돼왔다. 적정 쌀값을 유지해야 쌀 농업이 지속될 수 있고 자급률도 지킬 수 있다는 이유 등에서였다.

그 결과 ==일본의 쌀 재배면적은 지난 50년 동안 40% 가량 줄었고, 쌀 생산량은 그 이상 감소했다==고 농정 전문가인 야마시타 가즈히토 캐논글로벌전략연구소(CIGS) 연구원은 지적했다. 결국 농정기조에 대한 부정적 여론이 확산되자 일본정부도 쌀 생산 억제정책을 폐기하고 증산하는 방향으로 농정기조의 본격 전환을 검토하고 나섰다.

일본이 쌀수급을 해결하기 위해 수입한 미국쌀 칼로스

HOT ISSUE 29위

달걀 한 판에 8,000원…
달걀값 4년 만에 최고치

달걀값이 4년 만에 최고치로 뛰었다. 한국농촌경제연구원은 달걀 산지가격 강세원인으로 산란계 고령화, 저병원성 **조류인플루엔자***(AI), 전염성 기관지염, 가금티푸스 등 질병으로 인한 생산성 저하를 꼽았다. 적어도 8월까지는 강세를 보일 전망이다.

> **조류인플루엔자**
>
> 닭이나 오리, 야생 조류에서 조류인플루엔자 바이러스(Avian Influenza Virus)의 감염으로 인해 발생하는 급성 바이러스성 전염병이다. 사람에게 직접 전염되는 경우는 드물지만, 일부 변종은 사람에게 호흡기 질환을 일으킬 수 있다. AI 바이러스의 전파를 막기 위해 AI에 감염됐거나 감염된 가축과 함께 사육 중인 가축을 살처분한다.

조류인플루엔자 확산으로 산란계 대량 살처분

올해 초부터 이어진 고병원성 AI 확산이 국내 산란계 농가에 큰 타격을 주며 달걀 공급 불안정을 야기했다. 농림축산식품부(농식품부)에 따르면 2024년 10월 이후 누적된 AI 발생건수는 120건에 이르며, 이로 인해 살처분된 가금류는 1,500만마리를 넘어섰다. 특히 산란계에 피해가 집중되면서 달걀 생산기반이 흔들렸고 자연스레 산지가격이 상승세를 보였다. 이에 따라 달걀 산지가격은 지난 3월 개당 146원에서 최근 190원까지 올랐다. 이는 약 30%에 달하는 상승폭이다. 축산물품질평가원에 따르면 지난 5월 특란 한 판(30개)의 소비자가격은 평균 7,026원으로 2021년 7월 이후 4년 만에 처음으로 7,000원을 넘었다.

조류인플루엔자 긴급방역

정부는 이러한 가격상승이 단순히 공급감소 때문만은 아니라는 점에 주목하고 있다. 일부에서는 ==유통구조의 비효율성과 투명하지 않은 거래관행이 달걀값 상승에 일조했다는 분석도 제기==된다. 농식품부는 평택 한국양계농협 달걀공판장에서 달걀유통 실태를 점검하며 공판장 활성화 및 관행거래 개선 필요성을 강조했다. '관행거래'는 달걀 유통업자들이 소비처에 먼저 납품한 후 할인행사나 수량감모 등을 이유로 농가에 정산가보다 낮게 비용을 지급하는 형태다. 이로 인해 거래가격의 투명성이 떨어지고 유통과정에서 불필요한 마진이 발생해 결국 소비자 부담으로 이어진다. 정부는 이를 개선하기 위해 유통구조 혁신과 함께 공판장 기반의 가격공개 확대, 직거래 플랫폼 활성화 등을 추진 중이다.

공정위, 산란계협회 가격담합 의혹 현장조사 착수

공정거래위원회(공정위)가 최근 달걀값 상승을 대한산란계협회가 주도한 혐의에 관해 본격 조사에 나섰다. 공정위는 최근 협회가 고시가격을 회원사에 따르도록 강제하고 가격인상을 유도한 혐의에 대해 현장조사를 진행 중이다. 조사대상은 협회본부(충북 오송)와 경기·충남 지역 지회 등 3곳이며, 조사내용에는 담합 가능성과 사업자단체 금지행위 여부가 포함돼 있다.

산란계협회는 2022년 설립된 사단법인으로 산란계 산업발전과 회원권익 증진을 목적으로 한다. 협회는 그간 업계에 달걀 산지가격을 고시해왔는데, 올해 들어 고시가격이 급등하면서 가격형성 개입 여부가 도마에 올랐다. 고시가격이 실질적으로 유통가격 결정에 영향을 미치고, 이를 따르지 않으면 불이익을 준 정황이 드러날 경우 공정거래법상 담합 및 강제 행위에 해당할 수 있다.

협회 측은 "가격상승은 정부규제와 유통업체의 폭리, 생산원가 상승에 따른 불가피한 조정이었다"고 해명하고 있다. 반면 소비자단체와 일부 전문가들은 "수요에 비해 과도한 가격인상이 공급자단체 중심으로 이뤄졌다면 명백한 시장왜곡"이라며 강도 높은 조사를 촉구하고 있다.

정부도 이번 사안을 계기로 달걀유통의 전반적인 투명성 강화와 가격조정 메커니즘의 개선을 추진하겠다는 입장이다. 농식품부는 공정위 조사와 별개로 달걀유통에 대한 정책적 점검을 지속하고 성과공유 중심의 유통지원을 확대할 계획이다. 소비자가격이 지속적으로 고공행진하는 가운데 생산자단체의 영향력과 시장투명성 사이의 균형을 어떻게 맞출지가 향후 달걀값 안정의 관건이 될 전망이다.

HOT ISSUE 30위

실손보험의 배신 …
계약서에 없던 '실질적 입원' 꼼수

오랜 기간 성실히 보험료를 납부해온 실손의료보험 가입자들이 '의료비 폭탄'을 맞는 상황이 벌어지고 있다. 당연히 입원으로 인정받던 백내장 수술을 두고 보험사들이 일방적으로 말을 바꾸며 보험금 지급을 거부하고 있어서다.

백내장 수술 관련 소송만 수백건

6월 8일 건강보험심사평가원의 '2024년도 다빈도 질병통계'에 따르면 지난해 건강보험 입원환자 수가 가장 많았던 질병은 '노년백내장'이었다. 백내장은 눈 속 수정체의 노화나 손상으로 안개가 낀 것처럼 사물이 흐려 보이는 안과질환으로 지난해 33만 7,270명의 환자가 백내장으로 입원해 치료받았다. 이는 전년도 32만 61명에서 5.4% 증가한 수치다.

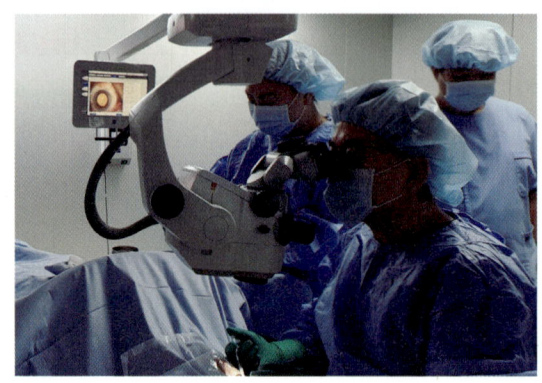

백내장 수술

이런 실태를 반영하듯 백내장 수술과 관련한 보험사 대상 소송도 증가했다. 하지만 올해 들어 보험사가 백내장 보험금 소송에서 연달아 승소하면서 보험소비자들의 불만도 커지고 있다. 법원은 백내장 수술이 포괄수가제* 적용대상이라도 이를 근거로 백내장 수술의 입원이 인정되는 것은 아니라고 판단했다. 앞으로 백내장 수술을 받은 환자들은 수술 뒤 합병증·부작용이 발생하거나 발생할 가능성이 크다고 판단되지 않는 이상 실손보험금을 받기 더 어렵게 된 셈이다. 이렇다 보니 국민청원 등 다양한 수단을 동원해 억울함을 호소하는 보험소비자들이 늘고 있다. 현재 관련 피해자는 소송에 참여한 수백명을 넘어 최대 수만명에 이를 것으로 추산된다.

포괄수가제

입원환자에 대한 의료행위의 종류나 양에 상관없이 해당 질병에 대한 포괄적인 진료비만 지불하는 방식이다. 질병분류는 '진단명 기준 환자군(DRG)' 분류체계를 기준으로 한다. 의료기관의 과잉진료를 줄이고 환자의 진료비 부담을 완화하는 것을 목표로 도입됐다. 반면 진료에 사용된 모든 의료행위(검사, 수술, 약제 등) 하나하나에 비용을 부과하는 방식은 '행위별 수가제'라고 한다.

보험사 "단기간 입원은 입원이 아니다"

6월 25일 의료계와 법원에 제출된 소송자료에 따르면 이런 분쟁의 배경에는 정부와 금융당국의 실손보험약관 및 의료수가정책 변경이 자리 잡고 있다. 2016년 1월 1일 금융감독원은 백내장 보험금 지급액이 늘어나자 실손보험 표준약관을 개정, 이 시점 이후 가입자부터는 백내장 수술에 사용되는 '다초점 인공수정체 재료대'를 보상에서 제외시켰다. 여기에 2020년 9월 보건복지부가 기존 비급여 항목이었던 '눈의 계측검사'와 '안(眼) 초음파 검사'를 급여항목으로 전환하면서 백내장 수술 관련 비급여항목은 사실상 '다초점 인공수정체 재료대'만 남게 됐다.

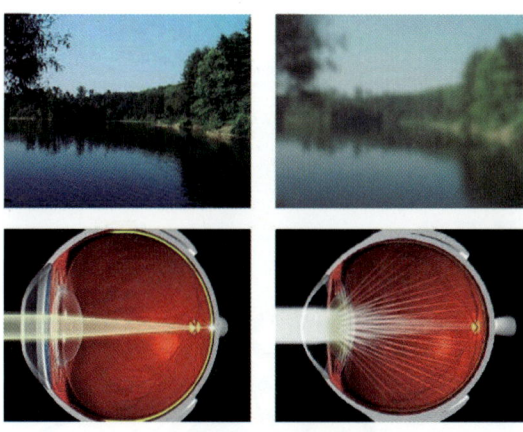

정상안(왼쪽)과 백내장안의 시야

그러자 보험사들은 바로 관련 비용지급을 피하기 위해 '입원' 자체를 문제 삼는 전면전을 시작했다. 2022년 6월 진료기록부상 입원시간이 짧고 입원 중 특별한 처치기록이 없다는 점을 들어 '단시간의 입원은 실질적 입원으로 보기 어렵다'는 취지의 대법원 판결이 계기가 됐다. 즉, 보험사들은 백내장 진단은 인정하는 대신 "수술은 했지만, 입원은 아니다"라며 입원보험금을 통원한도(20만~30만원)로 삭감하기 시작한 것이다.

하지만 현재 소송에 나선 원고들은 약관변경 이전인 1·2세대 실손보험 가입자들로서 당시 약관에는 '입원'을 '의사의 진단에 따라 의료기관에 입실해 치료에 전념하는 것'으로 정의하고 있을 뿐 '실질적 입원'이 되기 위해서는 '특정시간 이상을 체류해야 한다'는 조항이 없다. '계속하여 6시간 이상 체류'와 같은 구체적 기준이 등장한 것은 2021년 7월 출시된 4세대 실손보험부터다.

결국 보험사들은 과거의 계약자에게 현재의 잣대를 들이대는 명백한 '소급적용'의 오류를 범하고 있는 셈이다. 일부 하급심에서 "약관에 최소 체류시간 규정이 없고, 수술 후 합병증 관찰을 위한 입원 필요성이 인정된다"며 환자의 손을 들어주는 판결이 나오는 이유이기도 하다. 그럼에도 대법원은 올해 1월 또다시 보험사의 손을 들어줬다.

한편 보험약관 변경의 소급적용은 원칙적으로 허용되지 않는다. 예외적으로 보험계약자 등의 이익보호를 위해 필요하다고 인정되는 경우 금융감독 당국이 명령을 통해 소급적용을 할 수 있는데, 백내장 수술의 경우 윤석열정부가 비급여·손보험 개혁을 명목으로 전 세대 실손보험에 보험금 지급분쟁이 빈번한 '주요 10개 비급여(백내장, 비급여 주사, 척추수술, 재판매가능 치료재료)에 대한 분쟁조정 기준'을 신설하면서 소급적용이 가능해졌다.

화제의 뉴스를 간단하게!
간추린 뉴스

2026년 최저임금 1만 320원 확정

류기정 경총 전무와 류기섭 한국노총 사무총장

7월 10일 열린 최저임금위원회 제12차 전원회의에서 노·사·공익 위원들의 합의를 통해 내년 최저임금을 1만 320원으로 결정했다. 최저임금이 합의를 통해 결정된 건 2008년 이후 17년 만이다. 다만 인상률은 2.9%로 2000년 이후 역대정부 첫해 최저임금 인상률 중 가장 낮다. 앞서 3일에도 근로자와 사용자 위원들은 각각 시간당 1만 1,020원과 1만 150원을 내놓으며 좀처럼 격차를 좁히지 못했다. 이번 합의는 공익위원들이 제시한 인상안의 상·하한선을 정한 '심의촉진구간'에 따른 결과이며, 근로자 위원 9명 중 4명이 퇴장한 가운데 협의가 진행됐다.

제임스 웹, 111광년 밖 준목성급 외계행성 포착

프랑스 국립과학연구원 안-마리 라그랑주 박사팀은 6월 26일 제임스 웹 우주망원경을 이용해 111광년 떨어져 있는 태양 절반 크기의 어린별 주위 원시행성원반 속에서 준목성급 가스형 외계행성(TWA 7B)을 포착했다고 밝혔다. 행성은 새로 형성된 별 주위에서 발견되는 먼지와 가스로 이뤄진 원시행성원반에서 물질들이 뭉쳐 형성되는 것으로 알려져 있다. 연구팀은 'TWA 7B가 지금까지 영상으로 포착된 외계행성 중 가장 작다'며, 이는 더 작은 외계행성을 영상화하는 연구의 진전이며 지구에 가까운 외계행성을 찾는 데 한 걸음 더 다가갔음을 의미한다고 말했다.

제임스 웹 우주망원경

현대차, 숨진 파업 노동자 70대 노모에 제기한 손배소송 취하

현대자동차가 정규직화 투쟁으로 손해배상을 하게 된 노동자의 사망 이후 70대 노모에게 배상책임을 지우려다가 논란이 일자 소송 자체를 취하했다. 사내하청 노동자였던 A씨가 파업에 참여해 2시간가량 생산라인을 멈췄다는 이유로 현대차는 A씨에게 손해배상청구 소송을 제기했다. 이후 A씨는 다른 재판을 통해 불법파견을 인정받아 정직원으로 일하다가 올해 1월 숨졌다. 그러자 현대차는 A씨의 손해배상금을 상속인이 승계해서 책임져야 한다는 취지로 소송수계신청서를 냈다. 현대차는 "고인의 모친에 대한 소를 취하해 종결할 예정이다"고 6월 23일 밝혔다.

불법파견 비정규직 파업 손배 대법 선고 후 노조 기자회견

고물가에 '가격역설계' 뜬다 … 유통가, 불황형 초저가 경쟁 격화

고물가로 소비자들이 상품가격에 한층 예민해지면서 유통업계에 '가격역설계' 바람이 불고 있다. 가격역설계는 상품을 기획할 때 판매가를 먼저 정하는 것이다. 원가와 이윤은 정해진 판매가에 맞춰 조정한다. 원가와 이윤에 따라 판매가를 정하는 통상적인 가격 책정방식과 반대되는 개념이다. 이윤을 일부 포기하는 대신 '박리다매'식으로 판매량을 늘리거나 신규고객을 유치하려는 '불황형 대응전략'인 셈이다. 한 유통업 관계자는 "소비자의 가격 민감도가 커지는 상황"이라며 가격역설계를 통한 균일가 상품은 꾸준히 출시될 것으로 전망했다.

리튬가격 곤두박질에 배터리산업 역마진 비상

전기차 캐즘(일시적 수요정체)이 지속되는 가운데 배터리 핵심 원재료인 리튬의 가격이 급락하면서 업계의 우려가 커지고 있다. 6월 22일 한국자원정보서비스에 따르면 탄산리튬가격은 19일 기준 kg당 58.50위안을 기록하며 4년 5개월 만에 최저치를 기록했다. 전기차시장 둔화와 공급과잉이 작용했고, 중국의 탈(脫)리튬 움직임이 이어지며 리튬가격을 끌어내렸다. 이에 따라 소재 업계는 원재료 투입시차로 인해 고가로 생산한 제품을 저가에 판매해야 하는 '역마진'에 직면했다. 업계는 당분간 공급과잉이 지속될 것으로 보고 대책을 고심하고 있다.

전기차 배터리

테슬라, 로보택시 서비스 첫발 … 일부 오류발생 이어져

일론 머스크의 전기차업체 테슬라가 6월 22일(현지시간) 자율주행 로보(무인)택시 서비스를 위한 첫발을 내디뎠다. 테슬라는 이날 오후 미 텍사스주 오스틴에서 약 10대 차량을 투입해 제한된 구역에서 로보택시 유료서비스를 위한 시범운행을 개시했다. 다만 대규모 확장까지는 갈 길이 멀다. 일부 탑승객들이 촬영한 영상에는 차량이 과속을 하거나 금지된 차선에 진입하는 등의 문제가 나타났다고 블룸버그 통신이 6월 23일(현지시간) 전했다. 미 도로교통안전국은 해당 문제들을 인지하고 있으며, 테슬라 측으로부터 추가정보를 수집 중이라고 밝혔다.

시범운행 중인 테슬라 로보택시

"유전자 조작 박테리아, PET병에서 타이레놀 성분 만든다"

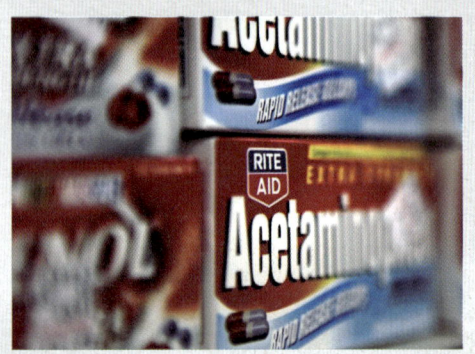
아세트아미노펜

폐플라스틱 문제를 유발하는 폴리에틸렌 테레프탈레이트(PET)로부터 해열진통제의 유효성분인 아세트아미노펜(파라세타몰)을 생산하는 박테리아가 개발됐다. 영국 에든버러대 스티븐 월리스 교수팀은 6월 24일 과학저널 네이처 화학에서 PET에서 얻은 테레프탈산을 유전자 조작 대장균을 이용해 발효시키는 방법으로 24시간 내 92%의 수율로 파라세타몰로 전환하는 데 성공했다고 밝혔다. 함께 게재된 논평은 "이 연구는 유전자 조작 미생물이 생체에 적합한 화학반응을 통해 세포 내에서 폐플라스틱을 유용한 화합물로 전환할 수 있음을 보여준다"고 평가했다.

일본 우익, '욱일기+태극기' 합성물 SNS에 버젓이 공유

서경덕 성신여대 교수는 최근 일본 우익들이 욱일기와 태극기를 합성한 기괴한 파일을 만들어 사회관계망서비스(SNS)에 버젓이 공유하고 있는 실태를 고발하면서 "한심할 따름"이라고 비판했다. 서 교수는 6월 19일 SNS를 통해 "조롱이 담긴 합성물이 SNS에 널리 퍼지고 있고, 심지어 제 디엠(DM)에도 보내오고 있다"고 안타까워했다. 국내에서는 욱일기 티셔츠를 입고 오토바이를 타기도 해 일본 우익으로부터 조롱을 당하는 일이 잦아지고 있다. 이에 대해 서 교수는 "재발을 막기 위해 관련한 '처벌법'이 반드시 만들어져야 한다"고 강조했다.

욱일기

주한미국대사관 "유학비자 신청 재개 … SNS '전체공개'로 돌려라"

6월 20일 주한미국대사관이 약 3주간 중단했던 유학비자 인터뷰 신청을 재개했다. 그러면서 신청자의 신원과 입국자격 확인을 위해 개인 소셜미디어(SNS) 게시물을 심사하겠다는 방침을 공식화했다. 주한미국대사관은 "J(유학)·M(직업훈련)·F(연수 및 교수) 비이민 비자 신청자는 모든 소셜미디어 프로필의 개인정보설정을 '공개'로 조정하도록 안내받게 된다"고 전했다. 입국비자 발급은 주권국가의 전권이지만, 표현의 자유를 헌법적 권리로 보장하는 미국이 SNS 게시물을 비자거부 사유로 삼는다는 데 논란이 크다.

미국 비자발급을 위해 주한 미대사관 앞에서 기다리는 사람들

지난해 '극단적 선택' 초·중고생 221명 … 역대 최다

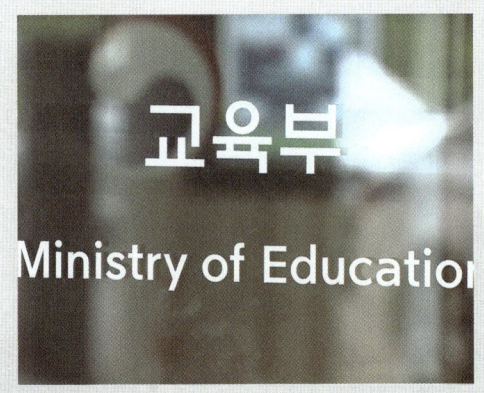

지난해 '극단적 선택'을 한 초·중·고교 학생이 전년(214명) 대비 7명 늘어난 221명으로 역대 최다를 기록했다. 6월 24일 교육부에 따르면 2024년 학생정서행동특성검사 결과 전국 초·중·고교의 자살위험군 학생은 1만 7,667명으로 집계됐다. 이는 검사대상 학생(165만 8,715명)의 1.1%에 해당한다. 또한 정서·행동 발달상 문제가 있어 상담이 필요한 '관심군(자살위험군 포함)'은 총 7만 2,300명으로 전체의 4.4%로 집계됐다. 10만명당 자살자 수를 뜻하는 자살률도 4.3명으로 전년(4.11명)보다 늘며 증가세를 이어갔다.

법원 "영업시설물 양도 안 해도 권리금 받을 수 있어"

권리금을 받을 때 영업시설물이나 비품의 양도가 반드시 전제되는 것은 아니라는 법원판결이 나왔다. 편의점을 운영하던 A씨는 가맹만기를 5개월 앞두고 B업체에 계약을 연장하지 않겠다고 통지했으며 후임자 C씨에게 권리금으로 8,000만원을 받기로 했다. 그러나 가맹계약·정책상 점포시설 등이 B업체 소유여서 A씨는 양도할 권리가 없었고, 권리금 수수도 금지됐다. 재판부는 "가맹 연장 포기와 새 가맹계약 체결과정에서 권리금 명목으로 돈을 받을 수 있고, 권리금 성격상 반드시 영업시설물이나 비품 등 유형적 자산의 양도가 전제되는 것은 아니다"라고 판시했다.

부모 새벽일 나간 사이 아파트 화재 … 숨진 7살 동생 장기기증

부산의 한 아파트에서 부모가 새벽 청소일을 하러 나간 사이 불이 나 10살 어린이가 숨진 데 이어 치료받던 7살 동생도 숨졌다. 6월 25일 부산진경찰서에 따르면 전날 발생한 아파트 화재로 크게 다친 7살 여아가 이날 오전 병원에서 치료받던 중 숨졌다. 앞서 숨진 10살 여아 역시 부검결과 화재로 말미암은 일산화탄소 중독에 의한 질식사로 확인됐으며, 사고 당시 부모는 새벽일을 하러 나가 집을 비운 상황이었다. 부산시교육청에 따르면 자매의 부모는 7살 여아의 장기를 기증하기로 결정했고, 경찰과 유족은 부검 없이 장례절차를 밟을 예정이다.

자매가 다니던 초등학교에 마련된 추모공간

베이조스 '세기의 웨딩' 폐막 … 베네치아 여론은 여전히 부글부글

제프 베이조스 부부

아마존 창업자 제프 베이조스의 결혼식이 이탈리아 베네치아 여론을 양분하며 6월 28일(현지시간) 막을 내렸다. 베네치아 당국과 일부 관광업자 등은 억만장자의 결혼식이 지역경제에 도움이 된다는 입장이지만, 유네스코 세계문화유산인 베네치아를 상품화하고 주민들의 삶의 터전을 빼앗는다는 반발도 만만치 않았다. 베이조스는 비판여론과 보안우려로 결혼식 장소를 외곽으로 옮기고 베네치아 의회에 300만달러(약 41억원)의 기부금도 전달했지만, 들끓는 반발을 잠재우기에는 역부족이었다. BBC는 다만 결혼식에 따른 혼란이 예상보다는 크지 않았다고 전했다.

금감원, 올해 재무제표 심사서 투자자약정 회계처리 등 중점심사

금융감독원(금감원)은 2025년 재무제표 심사에서 투자자약정 회계처리, 전환사채 발행 및 투자 회계처리, 공급자 금융약정 공시, 종속·관계기업 투자주식에 대한 손상처리 등 4가지 이슈를 중점 심사하겠다고 6월 23일 밝혔다. 금감원은 투자자약정 내용이 점점 복잡해지고 다양해지는 추세라며 전 업종을 대상으로 전환주식, 채무증권 발행현황 등을 고려해 심사대상을 선정할 계획이라고 설명했다. 금감원 관계자는 "2025년 재무제표가 공시되면 이슈별로 대상 회사를 선정해 재무제표 심사를 실시하고, 위반사항이 발견되면 엄정 조치하겠다"고 말했다.

법원, 홈플러스 회생계획 인가 전 M&A·매각주간사 선정 허가

법원이 유동성위기로 회생절차를 밟고 있던 홈플러스의 회생계획 인가 전 인수합병(M&A) 신청을 허가했다. 홈플러스는 5월 18일 "임직원의 고용보장 및 협력업체의 영업보호, 채권자들의 채권변제를 위해 외부자금 유입을 추진하겠다"며 법원에 인가 전 M&A 추진과 매각주간사 선정허가를 신청했고, 서울회생법원은 "필요성이 인정된다"며 이날 홈플러스의 신청을 허가했다. 홈플러스는 "인수자금은 모두 홈플러스로 유입돼 유의미한 재무개선 효과가 있을 것으로 기대한다"며 "직원들의 고용안정을 최우선으로 진행할 계획"이라고 강조했다.

전공의협의회 지도부 교체 공식화 … '대화파' 대표 선출

한성존 신임 대전협 비대위원장

대한전공의협의회(대전협)는 6월 28일 오후 임시 대의원총회를 열고 새 지도부 구성을 공식화하고 정부·국회와 대화에 나서기로 했다. 총회에서 한성존 서울아산병원 전공의 대표를 대전협 비상대책위원장으로 공식 추인됨으로써 2024년 2월 의정갈등이 시작된 이래 약 1년 반 만에 대전협 지도부가 교체됐다. 한 위원장은 개회사에서 "구성원들의 동의를 구하지 않은 성급한 합의는 이뤄지지 않을 것"이라며 투명한 의사결정 과정을 강조했다. 박단 전 비대위원장의 불통을 지적해온 한 위원장이 취임함으로써 향후 의정갈등의 양상도 달라질 것으로 전망된다.

'26조원' 체코 원전 최종계약 체결

'팀 코리아'가 수주한 체코 신규원전 최종계약이 6월 4일 전격적으로 체결됐다. 체코 법원의 계약금지 가처분 결정이 무효가 되자 즉시 양측이 서명을 진행하면서 계약의 효력이 발생했다. 로이터통신 등에 따르면 한국수력원자력과 발주사인 체코전력공사 산하 두코바니Ⅱ 원자력발전사는 이날 두코바니 원전 2기 신규 건설 최종계약에 서명했다. 체코 신규원전 사업은 두코바니 지역 원전단지에 1기가와트(GW)급 신규원전 2기를 건설하는 프로젝트다. 선진시장인 유럽에 원전수출을 이뤄내 K-원전의 수출지형이 넓어지게 됐다는 평가가 나온다.

체코 두코바니 원전

2024년도 공공기관 경영평가 결과 … 13개 공공기관 '미흡 이하'

지난해 공공기관 경영평가에서 13개 기관이 '미흡 이하'를 받았다. 2년 연속 '미흡'을 받은 주택도시보증공사 기관장은 해임대상이 됐고, 중대재해가 발생한 국가철도공단 등 14개 기관 기관장에게는 경고조치가 내려졌다. 이번 평가는 올해 2월부터 4개월간 현장실사, 이의제기, 외부검증 등 절차에 따라 이뤄졌다. 기획재정부는 6월 20일 '2024년도 공공기관 경영실적 평가결과 및 후속조치안'을 심의·의결했다고 밝혔다. 이번 평가가 이재명정부 출범 직후 발표됐다는 점에서 공공기관장 교체의 신호탄이 될 것이라는 관측도 나온다.

2024년도 공공기관 경영평가 브리핑

미국 해병대, LA '이민단속 반대시위' 현장 투입 … 민간인도 체포

LA 시위현장에 투입된 미국 해병대

미국 로스앤젤레스(LA)에서 불법이민자 단속에 반발하는 시위가 이어지는 가운데 6월 13일(현지시간) 해병대 병력이 현장에 투입됐다. 해병대를 지휘하는 스콧 셔먼 육군 소장은 이날 "약 200명의 해병대원이 이미 현장에 배치된 주방위군과 합동작전을 시작했다"고 밝혔다. 미군 병력이 국내 시위현장에 투입되는 것은 매우 이례적이다. 또한 로이터 통신은 해병대가 연방 건물 앞에서 한 남성을 구금하는 장면이 목격됐다고 보도했다. 미군은 구금사실을 공식적으로 확인했으며, 이는 현역 군인에 의한 민간인의 첫 구금사례로 알려졌다고 통신은 전했다.

인도 여객기 참사 희생자 259명 신원 확인 … 비탑승자 19명 포함

인도 여객기 추락참사 관련 희생자들 가운데 비탑승자 19명을 포함한 259명의 신원이 6월 24일(현지시간) 최종 확인됐다. 이들 중 253명은 유전자정보(DNA) 검사, 나머지 6명은 얼굴식별로 신원을 각각 파악했다. 이날 발표된 사망자 수는 DNA로 신원을 확인 중인 여객기 탑승자 1명을 포함한 260명이다. 에어인디아 AI171편은 5월 12일 오후 1시 38분(현지시간)께 공항에서 이륙한 지 5분 만에 주거지역에 추락했다. 인도 당국은 조종사들의 음성기록과 비행데이터가 담긴 블랙박스와 잔해 등을 토대로 사고 원인을 조사하고 있다.

에어인디아 추락사고 현장

심근경색 후 사망률, 소득 따라 다르다

급성 심근경색을 앓은 후 사망할 확률이 직장 여부와 소득에 따라 다르다는 연구결과가 나왔다. 세브란스병원 가정의학과 강희택 교수와 중앙대병원 순환기내과 원호연 교수 공동연구팀은 건강보험 가입자 유형에 따른 급성 심근경색 진단 후 사망률을 비교·분석해 이러한 사실을 확인했다고 6월 25일 밝혔다. 건강보험 지역가입자의 사망률이 직장가입자보다 높았고, 지역가입자 중에서는 저소득자의 사망률이 높았다. 강희택 교수는 "지역가입자를 대상으로 한 건강교육, 심혈관 질환 조기검진 제공 등 건강정책이 보완될 필요가 있다"고 밝혔다.

로제, 빌보드 싱글차트 35주 기록 … 제이홉, K팝 솔로 최다 진입

블랙핑크 로제

걸그룹 블랙핑크 멤버 로제가 히트곡 '아파트(APT.)'로 미국 빌보드 메인 싱글차트 '핫 100'에서 35주 연속진입에 성공했다. 6월 24일(현지시간) 공개된 최신차트에 따르면 '아파트'는 전주보다 한 계단 하락한 25위를 기록해 K팝 사상 최장기간 '핫 100' 진입 기록을 자체 경신했다. 방탄소년단(BTS) 제이홉의 신곡 '킬린 잇 걸(Killin' It Girl)'은 싱글차트 40위로 처음 진입했다. 제이홉의 솔로곡이 싱글차트에 진입한 것은 이번이 8번째로 한국 솔로가수의 '핫 100' 최다 진입기록이다.

일본 자민당, 도쿄도 의회선거 참패 … 참의원 적신호

일본 집권 자민당이 6월 22일 치러진 도쿄도 의회선거에서 기존 의석수에서 9석을 잃으며 역대급으로 참패했다. 자민당은 전체 127석 가운데 이전 최소의석수인 23석보다도 적은 21석을 얻으며(기존 30석) 고개를 숙였다. 일본언론은 '역사적 대패'의 주요배경으로 비자금 문제를 꼽았다. 도쿄도 의회의 자민당 회파가 당 중앙파벌과 마찬가지로 과거 정치자금 모금행사(파티)를 주최하면서 수입 일부를 정치자금보고서에 기재하지 않은 것으로 드러난 것이다. 교도통신도 "정치자금을 둘러싼 역풍이 강해 참의원 선거에도 영향을 미칠 것"이라고 관측했다.

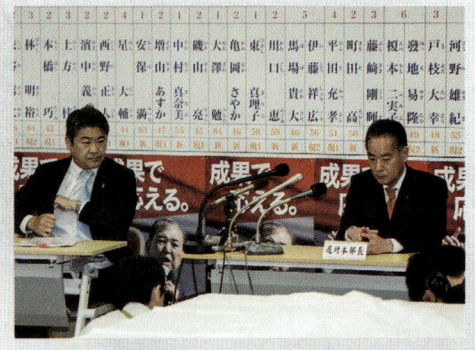

도쿄도 의회선거 결과를 지켜보는 자민당 인사들

이슈&시사상식
포토뉴스

협력 순풍 이어질까?
한일 수교 60주년

환갑 맞은 한일 수교

6월 16일 주한일본대사관이 서울에서 한일 국교정상화 60주년 기념행사를 개최했다. 행사에는 양국 정부 인사와 민간·학계·외교 인사들이 대거 참석했다.

G7 정상회의 참석을 위해 출국한 이재명 대통령도 영상 메시지를 통해 한일관계의 안정적·미래지향적 발전을 기대한다고 밝혔다.

6월 19일 도쿄에서도 한일 국교정상화 60주년 기념 리셉션이 열렸다. 무엇보다도 이시바 시게루 일본 총리가 깜짝 등장해 눈길을 끌었다.

이시바 총리는 축사를 통해 "한일 협력의 저변을 넓히면서 그동안 만들어온 교류의 장을 다음 세대로 이어가고 싶다"고 전했다.

이들은 한일 시민사회의 과제로 '정의 기반의 역사 화해'를 강조하며 일본이 과거 불법을 인정하고 그에 따른 책임을 명확히 해야 한다고 지적했다.

한편 6월 20일 한일 시민사회단체들은 한일기본조약 체결 60주년을 맞아 일본의 식민지배가 불법이며 무효라는 내용의 공동선언서를 발표했다.

핵심 브리핑

한국과 일본이 우호적인 분위기 속에서 국교정상화 60주년을 맞았다. 서울과 도쿄에서 열린 60주년 기념행사에 양국 인사들이 참석해 한일관계의 미래지향적 발전을 다짐했다. 한편 비슷한 시기 한일 시민단체들은 일본의 식민지배 불법성 인정을 요구하는 공동선언서를 발표했다. 전향적 행보와 해결되지 않은 역사문제가 공존하는 가운데 한일관계의 향방에 귀추가 주목된다.

소방차 막는 불법주차
강제로 못 옮긴다?

What?

화재사건 발생 시 불법주정차 차량이 도로주행을 막은 탓에 화재 골든타임을 놓쳐 인명·재산 피해가 커지는 사건이 지속적으로 발생하고 있다. 현행법상 소방차 긴급출동 중 방해되는 차량을 이동시킬 수 있고 불법주정차의 경우 보상의무가 없지만, 실제 현장에서는 거의 실행되지 않고 있다.

최근 음주운전 의심 차량이 119안전센터 출입구를 가로막은 채 3시간 넘게 방치된 사건이 발생하면서 공분을 샀다. 많은 시민들은 "차를 밀고 갔어야 했다"며 분노했지만, 정작 법과 현실 사이에는 큰 괴리가 존재한다. 소방당국은 불법주정차 차량이 소방차의 통행을 방해할 경우 이를 강제로 이동시키거나 불가피한 경우 파손할 수도 있다. 하지만 실제 현장에서는 이 같은 조치가 거의 이뤄지지 않고 있다.

규정 있어도 유명무실 … 6년간 강제처분 '4건'

소방기본법 제25조는 '소방본부장, 소방서장 또는 소방대장은 소방활동을 위해 긴급하게 출동할 때는 소방자동차의 통행과 소방활동에 방해가 되는 주차 또는 정차된 차량 및 물건 등을 제거하거나 이동시킬 수 있다'고 규정하고 있다. 이 조항에 따라 소방당국이 강제처분을 했을 경우 합법적으로 주차된 차량이 손상됐다면 별도의 손실보상심의위원회를 통해 보상받을 수 있다. 반면 불법주정차 상태였다면 보상대상이 아니다. 소방서 주변, 소화전 인근, 좁은 골목 등에 불법주차된 차량은 밀거나 파손해도 법적으로는 문제가 없다는 뜻이다.

이 손실보상 규정은 2017년 제천 스포츠센터 화재를 계기로 이듬해 보완됐다. 당시 불법주차한 차량으로 인해 소방 굴절사다리차의 진입이 지연되면서 29명이 숨지고 40명이 다치는 등 피해가 커졌다. 개

정 전에도 강제처분과 손실보상에 대한 규정은 있었지만, 이를 보다 구체화해 정당한 보상을 실질적으로 확보할 수 있도록 하고 강제처분에 대한 근거를 명확히 세웠다고 할 수 있다.

그러나 법 개정 이후에도 현장에서 강제처분이 이뤄지는 경우는 드물다. 소방청에 따르면 2018년 6월 개정안 시행 후부터 지난해까지 소방차 출동 방해 차량에 대한 강제처분은 단 4건이다. 지난해에는 한 건도 없었다. 법적근거가 있음에도 실무적으로 강제처분을 꺼리는 이유는 민원에 대한 부담 탓이 크다. 처분 이후 소방관이 겪을 민·형사 소송과 그에 따른 인사상 불이익에 대한 우려도 크다.

국립소방연구원이 2020년 현장 소방관 1만 459명을 대상으로 실시한 설문조사 결과 강제처분제도의 필요성에 대해 91.6%가 필요하다고 응답했지만, 응답자의 74.5%는 강제처분의 현장 적용에 대해 '잘 되지 않는다'고 했다. 그 이유로 42.5%가 '사후처리 과정상 행정적·절차적 부담'을 꼽았다. 강제처분 행위자에 대한 신분상 불이익을 우려하는 답변도 20.4%였다.

강제처분 절차가 비효율적이라는 점도 문제다. 소방청의 '강제처분 처리 매뉴얼'에 따르면 주정차 차량으로 인한 통행장애가 발생한 경우 먼저 이동조치를 요구하고, 이동이 불가능할 시 강제처분에 나설 수 있다. 그런데 이때 지휘대장의 지시 등의 체계를 거쳐야만 한다. 한 현직 소방관은 "현장에서 불법주정차 차량을 파손하고 지나갔다는 얘기는 들어본 적이 없다"며 "진입이 어려우면 수관을 끌어오거나 우회로를 찾아 다른 경로로 화재현장으로 이동한다"고 말했다.

"소송 지원·배상책임 제한 검토해야"

국회입법조사처는 '소방차 화재진압 시 불법주정차 차량 강제처분제도의 한계와 향후 과제(2024)'에서 "소방기본법상 강제처분 근거 규정이 마련됐지만, 최종적으로 책임을 면할 수 있음은 별론으로 하고 소방공무원이 일차적으로 소송에 대응해야 한다는 부담감이 여전히 강제처분의 장애사유로 작용할 수 있다"고 지적했다. 그러면서 소방공무원의 직무수행 과정에서 발생하는 소송을 '공무원 책임보험', '행정종합배상공제' 등 제도에 명확히 포함하는 방안을 검토해야 한다고 제안했다.

또 "공익을 우선하는 직무수행을 장려하기 위해 공무원 개인의 배상책임을 제한하는 방안을 검토할 필요가 있다"며 "해외에서도 피해자에 대한 공무원의 직접적인 배상책임을 제한하는 사례가 많다"고 덧붙였다.

Fact!

소방차 출동 중 강제처분이 이뤄지면 소방관 개인이 민·형사 소송에 휘말릴 우려가 있어 법률에 공무원 개인의 배상책임 한도가 설정되는 등의 보완이 추가되지 않는 한 차량제거를 목적으로 하는 강제처분은 현실적으로 쉽지 않다.

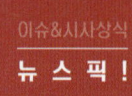

새로운 수익모델일까?
지자체 케이블카

우리나라 제1호 국립공원인 지리산에 케이블카 설치사업 추진을 놓고 관련 지자체와 환경단체 간 해묵은 찬반논란이 이어지는 가운데 조기대선으로 출범한 새 정부가 이 사업에 어떤 영향을 미칠지 관심이 쏠리고 있다. 환경 및 경관 훼손 우려 등을 이유로 반려해온 관련 사업이 윤석열정부 시절 설악산 오색케이블카 재추진을 비롯해 대규모 허가가 났기 때문이다.

7월 10일 오전 환경단체와 시민들이 국정기획위원회 앞에서 기자회견을 하고 '국립공원 케이블카 시범사업과 규제완화 중단', '지리산 국립공원 케이블카 전면 중단'을 요구했다. 이들은 윤석열정부 환경부가 추진해온 국립공원 내 케이블카 사업에 대한 '규제완화'가 여전히 진행 중이며, 지리산 케이블카는 "설악산 케이블카를 통과시킨 윤석열정권이 정권 말미에 지리산에 난개발의 깃발을 꽂은 알박기"라고 비판했다. 아울러 회견문을 통해 "현재 공사단계에 있는 설악산 오색케이블카, 문경 주흘산케이블카, 부산 황령산케이블카 등의 사업을 당장 중단해야 하며, 이재명정부는 신규 케이블카 사업 추진계획이 국정계획에 채택되지 않도록 해야 한다"라고 했다.

앞선 6월 11일 국가유산청(문화재청)은 양양군에 '설악산 천연보호구역 내 조건부 허가 관련 조건 이행계획서 제출 요청 및 이행상황 점검 알림'이라는 제목의 공문을 보냈다. 공문에는 '만병초, 분비나무, 눈측백나무 등 희귀식물 이식공사를 하기 전에 이행계획서를 제출해야 하는데 그를 이행하지 않은 행위가 조건부에 위배되는 것'이며, 이에 대한 조치로 이행 상황을 점검하고 결과통보 시까지 임시 공사중지를 요청한다는 내용이 들어 있다고 알려졌다. 이런 사실은 6월 12일 문화체육관광위원회 소속 이기헌 더불어민주당 의원에 의해 밝혀졌다.

설악산은 5번째 국립공원인 동시에 천연기념물 제171호, 천연보호구역, 유네스코 생물권 보전지역, 산림유전자원보호구역, 백두대간 보호지역 핵심구역 등으로 지정돼 있다. 이에 따라 그 지역 일부를 개발하기 위해서는 국립공원위원회로부터 탐방로 회피대책, 산양문제, 시설안전 등 7가지를 승인받아야 하고, 국가유산청으로부터 천연보호구역에 따른 제반사항 승인, 산림청에서는 백두대간 개발행위 사전협의, 행정안전부에서는 지방재정투자 심사를 받아야 한다. 그러고도 환경부로부터 환경영향평가를 받고, 최종적으로는 국립공원관리공단의 승인도장이 필요하다.

내설악에 설치돼 운영 중인 권금성케이블카

이런 이유로 설악산 오색케이블카 설치는 1982년 처음 사업계획을 세운 이래 정권이 바뀌는 와중에도 꾸준히 환경부에 제동이 걸렸다. 그런데 윤석열정부 집권 1년 차인 2023년 2월 27일 사실상 승인이 나면서 급진전을 했다. 이 모든 절차를 조건부로 통과한 것이다.

문제는 설악산 오색케이블카 승인 후 여타의 국립공원에서도 케이블카 설치추진이 들불처럼 번졌다는 것이다. 강원도가 선두주자로 나서 원주 치악산을 비롯해 강릉~평창 선자령, 삼척 대이리 군립공원, 철원 금학산, 고성 울산바위, 북강릉 소돌항~영진항 등 6개소에 케이블카 설치를 몰아붙였다. 현재 이 중 4개소는 이미 케이블카 설치에 대한 타당성 조사를 완료한 상태다.

설악산과 양대 산맥을 구축하고 있는 지리산 인접 지자체(구례, 남원, 산청, 함양)들을 비롯해 한동안 잠잠하던 북한산, 한라산, 무등산 등 국립공원들과

신불산과 같은 군립공원 인근 지자체에서도 총력을 기울이고 있다.

소멸지역 대안 … 지역관광 활성화 기대

❖ 지자체 수익모델
❖ 관광 활성화를 통한 지역경제 성장
❖ 새로운 일자리로 젊은 인구 유입

지자체들은 케이블카 설치를 통해 관광객 유치, 지역경제 활성화, 일자리 창출 등을 기대한다. 케이블카 설치를 추진하는 자치단체 등은 경남 통영 미륵산케이블카를 교과서로 여긴다. 2008년 4월 운행을 시작한 미륵산케이블카는 연평균 128만명 정도가 이용하고, 7년 만에 누적 이용객 900만명을 넘기는 등 '국민 케이블카'로 불린다. 그 덕분에 통영시는 케이블카 운영으로 2024년까지 139억원의 배당금을 챙긴 것으로 알려졌다. 투자사업비 173억원 가운데 상당액을 챙긴 셈이다.

거제케이블카도 롤모델이다. 개장 첫해에 이용객이 40만명을 넘으면서 10억원 흑자를 남겼으며, 지난해에는 50만명이 케이블카를 찾으며 개장 이후 이용객 100만명을 돌파하는 기록을 썼다. 2015년 개통한 전남 여수해상케이블카는 코로나19에도 큰 타격 없이 운영되며 지난해 184억원 당기순이익을 냈다. 한국문화관광연구원도 2022년 '전국 케이블카 현황 분석' 보고서를 통해 "케이블카사업은 객단가가 증가하고 영업이익률도 타 산업 대비 상대적으로 높은 수준을 유지해왔다"고 평가한 바 있다.

인구소멸로 세수가 급격히 줄고 있는 지자체로서는 케이블카를 위기돌파의 기회로 보는 것이 당연한 이치다. 또한 일부에서는 케이블카가 산을 걸어 오르는 등산객과 교통량을 줄여 환경피해를 줄이고, 낙후한 지역경제에 도움을 줄 것이라고 주장하기도 한다. 케이블카 건설과 운영을 위한 일자리가 창출됨에 따라 젊은 층 인구의 유입이 가능해지면서 소멸위기에서 벗어날 수 있다는 점이나 장애인과 고령자의 국립공원 접근성을 높일 수 있다는 점에서 사회적 효익을 무시할 수만도 없다.

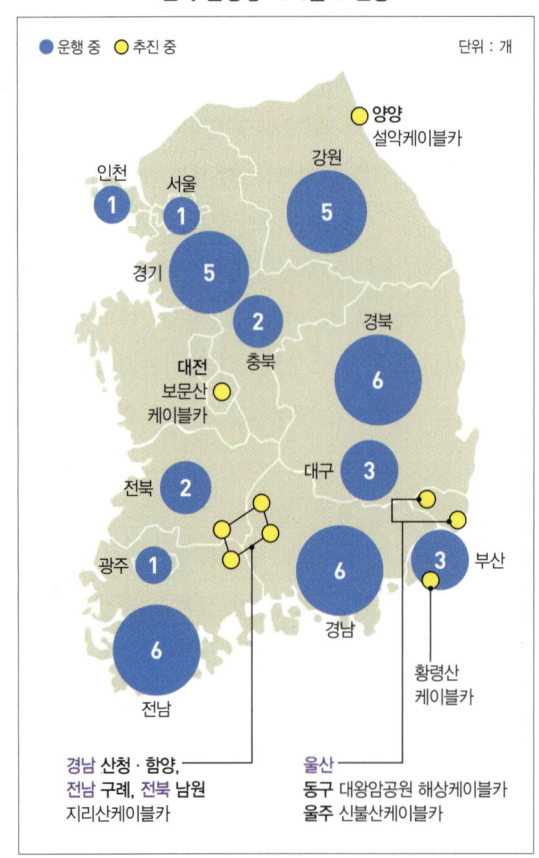

자료 / 한국교통안전공단

4대강이 산과 바다로 가고 있다

❖ '황금알을 낳는 거위'는 옛말
❖ 과열경쟁·시장포화로 경쟁력 약화
❖ 파괴된 자연은 되돌릴 수 없어

한국교통안전공단에 따르면 용도가 '관광용'이라고 명시된 케이블카는 올해 4월 기준 전국에 43개가 운영 중이다. 그런데 이 가운데 대부분이 적자상태다. 2021년 9월 개통한 해남 명량해상케이블카는 3년간 누적적자가 148억원에 이르고, 2022년 4월 개통한 하동케이블카는 누적적자가 78억원이다.

이처럼 지자체가 운영하는 케이블카가 적자운영되는 이유로는 가장 먼저 전국적으로 케이블카가 이미 포화상태라는 점이 꼽힌다. 사천바다케이블카의 경우 개통 전 이미 통영케이블카가 전국적인 명성을 얻은 상태였고, 하동, 거제, 부산, 여수, 해남, 목포가 남해안 배경 케이블카를 운영하면서 케이블카 탑승객 유치경쟁에서 뒤처졌다.

이 때문에 2018년 개통 첫해 87만명이 이용하는 성과를 냈지만 이듬해 바로 감소세로 돌아섰고, 코로나19 사태를 거치며 2022년에는 8억원가량 손실을 봤다. 최근에는 만성적 적자를 타개하기 위해 탑승요금을 인상했지만, 적자 탈출은 어려울 것이라고 업계는 보고 있다.

문제는 이런 적자가 고스란히 지자체의 몫이라는 점이다. 케이블카사업은 보통 민간사업자가 투자하고 운영하며, 수익 일부를 지자체에 납부하는 방식으로 진행된다. 이 과정에서 지자체는 세수증가 효과를 기대한다. 그러나 현재 추진 중이거나 최근 개통해 운영 중인 국내 케이블카 대부분은 지자체가 참여하는 공공방식이다.

실제로 통영케이블카 설치 시 정부는 사업비 173억원 가운데 절반인 87억원을 지원했다. 이를 선례로 강원도는 오색케이블카 설치비용의 50%를 정부에 요구하고 있다. 사업 당사자인 지자체 또한 비용 일부를 부담해야 한다. 흑자로 운영된다면 세수확보의 길이 될 테지만, 현재 운영 중인 케이블카들이 대부분 심각한 경영난을 겪고 있는 것을 고려하면 오히려 정부와 지방정부의 재정난을 부추기고, 결국 지역주민들이 부담을 떠안게 될 것이라는 우려가 나올 수밖에 없다.

사업자가 개발요건을 갖추면 지자체는 허가를 내줄 수밖에 없는 개발법이 문제라는 지적도 나온다. 케이블카 관련 법안은 '궤도운송법'인데, 이 법 자체가 행정절차 간소화를 목표로 하는 데다가 세부적인 기준이나 절차가 명확하지 않아 사업자에게 안전관리의 책임을 명확히 부여하기 어렵기 때문이다.

한편 해외에서는 국립공원 내 케이블카 설치를 금지하거나 철거하는 추세다. 미국은 63개 국립공원 중 케이블카가 있는 곳이 없고, 스위스도 국립공원에는 케이블카를 설치하지 않았다. 일본은 국립공원 29곳에 40여 개의 케이블카가 설치돼 있는데, 일부 철거 중이다. 생태 다양성을 확보하라는 요구가 강해지고 있어서다.

이슈&시사상식 / 이슈평론

"돈 냈는데 청소해야 되나요?"
펜션 뒷정리로 와글와글

NEWSPAPER

**"퇴실 시 설거지 요구에 투숙객 거부"…
펜션 사장 토로에 누리꾼 '갑론을박'**

펜션을 운영 중이라고 밝힌 한 사장이 투숙객에게 '퇴실 시 설거지'를 요구했다가 거부당한 일화를 공개해 누리꾼이 갑론을박을 벌였다. 해당 펜션은 오후 3시 체크인, 오전 11시 체크아웃으로 알려졌고, 주말 기준 가격은 약 20만~50만원대로 전해졌다. 이와 같은 글에 한 누리꾼은 "펜션 가격도 싸지 않은데 서비스 가격도 포함된 것 아니냐"는 의견을 보였고, 다른 누리꾼은 "기본매너이며 다음 투숙객을 위한 배려다"라고 각기 다른 입장을 밝혔다.

2025.06.11. 데일리안

펜션 뒷정리 소홀한 이용객 두고 주인 불만 토로

최근 여름휴가철을 앞두고 '펜션 이용 후 투숙객이 설거지, 침구류 정리, 청소 등 뒷정리를 해야 하는가'에 대한 문제로 온라인상에 갑론을박이 벌어졌다. 6월 7일 한 온라인 커뮤니티에 자신을 15년째 펜션을 운영 중이라고 밝힌 A씨는 "인터넷에서만 보던 엉망진창 객실 모습이 저희 펜션에서도 나타났다"면서 글을 시작했다. 이어서 그는 성인 4명과 아이 2명이 묶고 퇴실한 객실 사진을 공개하며, 펜션 이용 후 말 그대로 "몸만 빠져나갔다"고 불만을 토로했다.

그가 공개한 사진에는 객실 내부와 테라스 바비큐장에 소주병과 종이컵, 각종 음식물 쓰레기 등이 여

기저기 널려 있었다. 사용한 식기의 설거지는 물론 침구류도 채 정리가 안 돼 있었다. 한편 A씨 외에도 다른 펜션 운영업자인 B씨가 자신의 SNS에 올린 게시글도 화제가 됐다. B씨는 투숙객에게 "숙소 퇴실 시 설거지는 해야 한다고 말씀드리니 고객님이 격하게 화를 내셨다"고 썼다.

"뒷정리는 이용객 의무 아냐" VS "기본 매너"

펜션 사장들의 글에 누리꾼은 각기 다른 반응을 보였다. 한 누리꾼은 "이미 숙박료에 설거지, 침구류 정리 등 뒷정리를 하는 비용이 포함된 것" 아니냐고 반응했다. 그러면서 "언제부턴가 뒷정리가 당연히 해야 하는 '의무'처럼 간주된다"면서 "이용료는 더 비싸지는데, 내 돈을 주고 온갖 잡일을 해주고 오는 기분"이라고 성토했다. 반대의견도 만만치 않았다. "식기류 설거지가 귀찮으면 일회용 용기를 사다 쓰면 된다", "사장이 청소를 하는 데도 시간이 꽤 걸린다", "다음 투숙객을 위한 배려"라고 맞섰다.

그렇다면 이용객에게 객실을 뒷정리할 법적인 의무는 있을까? 현행법령을 보면 이용객에게 뒷정리와 관련한 의무를 규정한 조항은 없다. 숙박업자(펜션 사장)에게만 시설 및 설비의 위생적 관리 의무를 부여하고 있다. 다만 이용자가 객실을 심각하게 훼손했거나 오염시켰을 경우 민법에 따라 손해배상을 청구할 수는 있다. 또 숙박업자는 이용약관에 뒷정리에 대한 의무를 명시할 수는 있으나 과도한 의무부과는 불공정약관의 소지가 있다.

결국 이용객과 주인 상호배려의 문제

펜션 뒷정리를 두고 갑론을박이 벌어진 것이 어제오늘 일은 아니다. 매 휴가철마다 객실을 엉망으로 만들어놓고 간 '비매너 이용객'들의 후기가 인터넷 게시판을 달군다. 심지어는 객실의 냄비 같은 식기나 수건 등 생활물품을 도난당했다는 업주들의 하소연도 있다. 물론 단순 뒷정리 거부를 넘어 이 같이 도를 넘어도 한참 넘은 이용객의 행태는 비판받아 마땅하다.

하지만 비매너 불청객이 아닌 '정상적인 이용객'에게는 휴가를 맞아 휴식을 취하러 온 펜션에서 일일이 설거지와 청소를 하고 쓰레기 분리배출을 해야 하는 불편이 달갑지 않은 것도 사실이다. 더구나 최근 누리꾼들의 의견을 살펴보면 입실시간은 더 늦어지고 퇴실시간은 더 빨라져 실질적인 이용시간이 줄어들었다는 볼멘소리도 나온다. 업주들은 인건비와 운영비 상승으로 불가피한 조치라고 항변하지만, 이용자 입장에서 뒷맛이 개운치 않은 건 어쩔 수 없다.

결국 상호배려가 필요한 지점이다. 이용자는 자신 소유의 객실이 아닌 만큼 최대한 깨끗하게 사용해야 하고, 업주도 그에 상응하는 서비스를 제공해야 한다. 아울러 뒷정리에 대한 이용객의 자율과 의무의 경계 또한 명확해질 필요가 있어 보인다.

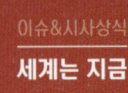

이슈&시사상식
세계는 지금

역사적 앙금 위에 되풀이되는
태국-캄보디아 국경분쟁

태국 민족주의자의 영토분쟁 항의 시위

5월 28일(현지시간) 오전 5시 30분께 캄보디아와 접한 태국 북동부 우본라차타니주 남위안 지역 국경지대에서 양국 군병력 간 총격전이 발생했다. 이에 양국 총리가 직접 나서서 충돌지역에서 병력을 철수하기로 합의하는 듯 했으나, 캄보디아가 국경지역 분쟁을 놓고 국제사법재판소(ICJ)에 제소하겠다고 나서자 태국 역시 자국군 병력을 강화하겠다고 맞서며 갈등이 격화됐다.

반복되는 무력충돌에 또다시 불붙은 국경분쟁

태국과 캄보디아 영유권 분쟁지역 국경에서 소규모 교전이 발생해 캄보디아군 병사 1명이 사망했다. 교전 발생경위에 대해서는 양국의 주장이 엇갈렸다. 태국군 측은 양국이 영유권을 주장하는 해당 지역에서 캄보디아군이 참호를 파는 것을 태국군 병력이 목격해 중단하라고 요구하자 캄보디아군이 발포했다는 입장이다. 반면 캄보디아 국방부는 자국 군인들이 오랫동안 주둔해온 곳에서 태국군이 먼저 총격을 가해 교전이 벌어졌다고 밝혔다. 이에 양국 정상이 직접 나서서 신속한 긴장완화를 위한 대화에 착수했으나 뚜렷한 결론을 내리지 못했다.

태국과 캄보디아는 20세기 초부터 국경지역에 세워진 프레아 비헤아르(Preah Vihear) 사원과 주변지역의 소유권을 두고 다퉜는데, 1962년 국제사법재판소(ICJ)가 개입해 사원을 캄보디아 영토로 인정했다. 그러나 이후로도 태국은 사원 주변부지는 자국 영토라 주장했으며, 양국 간 무력충돌이 수차례 발생했다. 이번 충돌 역시 이러한 국경갈등의 연장선에 있다. 캄보디아는 지난 6월 15일(현지시간) 국경지역 4곳의 분쟁해결을 요청하는 공식서한을 ICJ에 제출했다. 이에 태국은 ICJ의 관할권을 인정하지 않고 제소에 응하지 않겠다는 입장을 밝혔다.

태국-캄보디아 국경분쟁 흐름

연도	주요 사건
1904	프랑스-시암 조약 프랑스령 인도차이나(캄보디아)와 시암(태국) 간 국경설정 → 지도해석 문제 발생
1962	국제사법재판소(ICJ)가 프레아 비헤아르 사원을 캄보디아 영토로 판결. 태국 반발
2008	캄보디아가 사원을 유네스코 세계문화유산으로 등재시킴. 태국 내 정치적 반대가 격화되며 군사적 긴장 고조
2008~2011	양국 군병력 간 충돌 수차례 발생
2011~2013	캄보디아가 ICJ에 사원 주변 영유권 해석 요청. ICJ가 사원 주변지역도 캄보디아 영토로 판결
2025	국경지대에서 총격전 발생. 군사적 긴장 재점화

태국 총리 통화유출 파문, 정치위기로 번져

한편 패통탄 친나왓 태국 총리가 훈 센 캄보디아 상원의장과 통화한 내용이 유출돼 파문이 일기도 했다. 패통탄 총리의 아버지인 탁신 태국 전 총리와 훈 센 의장은 막역한 사이다. 패통탄 총리는 훈 센 의장과의 통화에서 훈 센을 '삼촌'이라 지칭하며 캄보디아 접경지역 부대를 지휘하는 태국군 제2군 사령관에 대해 "국가에 도움이 되지 않는다", "반대편 사람"이라며 험담했다.

패통탄 총리가 자국 군사령관을 비난한 것과 더불어 군사갈등 중인 상대국 지도자와 비공식 접촉을 가진 사실이 드러나자 태국 내 여론이 들끓었다. 친군부 세력 등 보수진영이 장악한 것으로 알려진 상원은 패통탄 총리 해임심판을 청원했다. 태국 헌법재판소는 이를 받아들여 7월 1일(현지시간) 패통탄 총리의 직무정지를 명령했다. 하지만 패통탄 총리가 직무정지 전에 제출한 개각안이 단행되면서 내각서열이 뒤엉켰고, 쑤리야 부총리가 권한대행을 맡은 지 하루 만에 그 자리가 품탐 부총리에게 넘어가는 등 정국 불안이 좀처럼 가라앉지 않고 있다.

보복에 보복 … 국경갈등 전면전 양상

양국이 보복조치를 주고받으면서 국경지역 충돌로 불거진 갈등도 확대되고 있다. 캄보디아가 육로로 입국하는 태국 여권 소지자의 체류허용 기간을 기존 14일에서 7일로 줄이자 태국도 캄보디아 여권 소지자 체류허용 기간을 60일에서 7일로 단축했다. 이어 캄보디아는 태국이 국경통행 제한을 해제하지 않는다며 모든 태국산 과일·채소 수입을 금지하는 조치를 발효했다. 또한 태국으로부터 가스 등 연료수입을 중단하고 양국 간 국경검문소 두 곳을 영구 폐쇄했다. 양측의 신경전이 이어지며 피해규모도 점차 커지고 있다. 태국 해외무역국은 연말까지 캄보디아와의 국경무역이 중단되면 피해액이 600억밧(약 2조 4,990억원)에 이를 것으로 예측했다.

이슈&시사상식
찬반토론 ❶

"체불근절 vs 시기상조"

찬성
안정과 높은 수익

퇴직연금을 추진하는 데는 그동안 문제가 돼왔던 퇴직금 체불문제를 해결하기 위한 목적이 크다. 실제로 2023년 고용부에 신고된 임금체불액의 38%가 퇴직금 체불이었다. 일반적으로 퇴직금은 회사가 알아서 쌓아뒀다가 노동자가 퇴사할 때 한 번에 주기 때문에 체불로 이어지는 경우가 많았던 것이다. 반면 퇴직연금은 일단 회사가 아닌 다른 기관이 관리하기 때문에 체불위험이 적을 수밖에 없다. 회사 입장에서도 매달 적립하는 방식이기 때문에 한꺼번에 큰돈이 나갈 일이 없다는 장점이 있다.

퇴직연금이 노년의 안정적 수입원이라는 점에서 정부로서는 노인 대상 복지비를 감축할 수 있다는 이점이 있다. 아울러 퇴직급여를 3개월 이상 일해도 받을 수 있도록 지급요건을 완화하게 되면 퇴직금을 주지 않기 위해 12월이 되기 전에 해고하는 '쪼개기' 계약 등을 막을 수 있다. 고용건전성이 개선될 여지가 있는 것이다.

또한 근로자는 퇴직연금 계좌를 통해 투자할 수 있는 만큼 퇴직 전에도 운용수익을 기대할 수 있는 데다가 납입·운용 단계에서 세금을 떼지 않는 만큼 그만큼 이익이 크다. 무엇보다 퇴직연금은 사용자와 근로자 모두에게 투명하게 관리된다. 따라서 노사 간 신뢰도를 높일 수 있다.

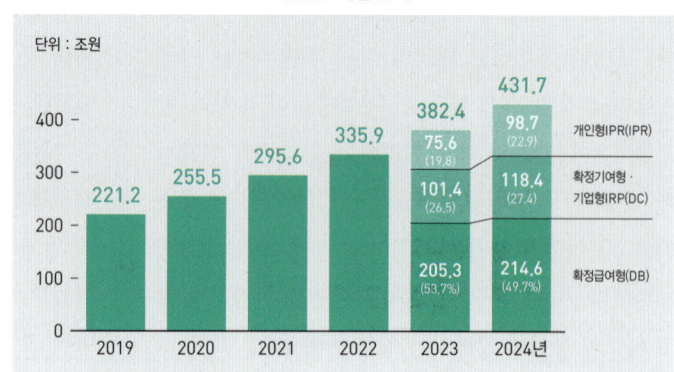

자료 / 고용노동부

고용노동부(고용부)가 지난 6월 국정기획위원회(위원회)에 '퇴직연금제도를 단계적으로 모든 사업장에 의무화하고, 적립금 430조원에 달하는 퇴직연금의 수익률을 끌어올리기 위해 퇴직연금공단을 설립하는 방안'을 보고한 것으로 알려졌다. 은행, 증권사 등 사외 금융기관에 연금으로 쌓아뒀다 받는 퇴직연금과 퇴직하면 한번에 받는 퇴직금으로 이원화된 퇴직급여체계를 퇴직연금 중심으로 단일화하고, 국민연금·공무원연금·사학연금을 각 공단에서 운영하는 것처럼 퇴직연금도 공단을 통해 효율적으로 운영해서 수익률을 끌어올린다는 것이 골자다.

앞선 5월에 이미 은행권과 업무협약을 맺고 퇴직연금 의무화의 첫 기반을 마련해놓은 상태다. 각 은행이 신용보증기금에 10~20억원의 특별출연금을 내 보증료를 차감하고, 고용부도 별도 예산을 설정해 이차보전 방식으로 우대금리를 받을 수 있도록 하면서 퇴직연금 도입을 유도하겠다는 것이다. 이런 소식이 전해지자 언론들은 '목돈 못 받는다', '퇴직해도 노년에 연금으로만 받는다'는 식의 제목으로 이재명정부 관련 정책에 대한 우려를 쏟아냈다.

퇴직연금 의무화

그러나 고용부가 퇴직연금 의무화를 처음 공론화한 것은 2024년 6월 윤석열정부 때다. 당시 윤석열정부는 퇴직연금이 노후생활에 활용될 수 있도록 2025년부터 단계적으로 연금화 유인을 강화해 2035년에는 연금 수령비중을 50%로 늘린다는 계획으로 중도인출 요건을 강화하고 중도인출 대신 퇴직연금을 담보로 한 대출을 활성화하겠다고 했다. 이는 '2024년 하반기 경제정책방향'과 '역동경제 로드맵'의 일환으로서 국민연금 개편만으로는 노후 소득보장에 한계가 있는 만큼 부족한 노후소득을 퇴직연금제도로 보완한다는 취지였다. 당시 여당 국민의힘도 소득대체율 상향효과를 가져옴으로써 국민연금 재정 안정화를 함께 도모할 수 있다며 찬성의견을 냈다.

그런데 12·3 계엄사태 이후 대통령 탄핵과 조기대선으로 정권이 바뀐 상황에서 대통령직인수위원회(인수위)를 대신하는 위원회가 부처별 개혁안을 요구하자 고용부가 이전 정부의 정책을 개혁안으로 내놓은 것이다. 한편 6월 9일 고용부와 금융감독원은 2024년 말 기준 퇴직연금 적립금이 총 431조 7,000억원으로 전년 대비 49조 3,000억원(12.9%) 증가했다고 발표했다. 다만 지난해 연간 수익률이 전년 대비 0.5%포인트 하락한 4.77%에 그쳤다.

"불안한 노후를 위한 대비책"
"떼이는 일 없이 받을 수 있어."

"국민연금처럼 못 받게 되는 것 아냐?"
"내 돈 놔두고 왜 대출을 받아?"

반대

연금보다 목돈

직장에서 은퇴하는 나이가 법정 정년(60세)보다 훨씬 이른 49.3세다. 경기침체로 인한 구조조정 탓이다. 이처럼 외부요인으로 일찍 퇴직할 수밖에 없는 경우 인생 후반부에 대한 계획을 세워야 하는데, 대부분이 퇴직금을 재원으로 삼는다. 하지만 퇴직연금이 의무화되면 목돈을 손에 쥘 수 없게 됨에 따라 계획을 수정해야만 한다.

'부동산 불패' 신화가 여전한 상황도 문제다. 지금까지는 목돈을 부동산에 투자하는 게 연금으로 받는 것보다 합리적이었다. 목돈으로 건물이나 집, 땅 등을 사 임대를 통한 수익을 창출하거나 시세차익을 통해 더 큰 이익을 얻을 수 있었기 때문이다.

퇴직연금공단도 믿을 수 없다. 국민연금공단처럼 공무원 조직만 비대해지고 연금관리비용만 늘어날 수도 있다. 또한 현재 1년 이상 일해야 받는 퇴직급여를 3개월만 일해도 받게 되면 '단기 아르바이트'의 경우에도 퇴직금을 지급해야 하는 만큼 업주의 부담이 증가할 수밖에 없으며, 퇴직금만 받고 옮기는 식의 근무행태도 늘어나면서 고용시장의 혼란을 초래할 수 있다. 무엇보다 퇴직연금은 국민 개개인이 쌓은 개인자산이다. 그런 만큼 운용방식과 수령방법은 국민이 스스로 선택할 수 있어야지 국가가 일방적으로 제한해서는 안 된다.

"서비스 개선 vs 데이터 주권"

외국인 관광객의 편의 증진

외국인 관광객이 한국여행 중 아쉬운 부분 중 하나로 꼽는 게 교통정보 부족이다. 그러면서 여행 중 가장 불만족한 앱으로 구글지도를 꼽는다. 장소정보뿐만 아니라 길 찾기, 스트리트 뷰, 실내지도, 실시간 교통정보, 내비게이션, 3D 지도, 오프라인 지도(인터넷 연결 없이도 미리 다운로드한 지역의 길 찾기 가능) 등을 제공하는 구글지도가 한국에서는 규제로 인해 대중교통을 제외한 서비스를 제공하지 않기 때문이다. 전 세계에서 활용가능한 구글지도를 우리나라에서만 사용하지 못하고 있는 것이다. 구글지도가 활성화되면 2027년까지 외국인 관광객이 680만 명 늘고 관광수입이 226억달러 증가할 것이라는 연구결과(연세대 동서문제연구원)가 나오는 이유이기도 하다.

보안시설을 흐리게 처리하는 문제에 있어서도 구글의 국내지도 데이터는 이미 보안심사를 통과한 티맵(SKT)의 데이터를 비용을 내고 사용하는 만큼 이런 요구는 티맵 측에 하는 것이 맞다. 또 데이터센터는 안전성을 위해 분산 운영하는 것이 원칙이다. 따라서 한 국가, 한 지역에만 데이터센터를 운영하는 것은 재난재해 측면에서 안전하지 않은 선택이다. 무엇보다 경쟁이 없으면 정체되고 퇴보한다. 국내산업을 보호한다고 개방하지 않으면 혁신도입이 늦어지면서 향후 글로벌경쟁에서 뒤처질 수밖에 없다.

지난 2월 구글이 국토교통부(국토부) 산하 국토지리정보원에 우리나라의 고정밀지도 데이터 반출을 요청했다. 2007년부터 2016년까지 세 번이나 신청해 이번이 네 번째이며, 직전 요청 후 9년 만이다. 구글의 요청내용은 5,000 대 1 축척의 고정밀지도 데이터를 미국에 있는 본사를 비롯해 싱가포르 등 해외 데이터센터로 가져갈 수 있도록 허락해달라는 것이었다. 우리나라를 찾는 외국인 관광객에게 정교한 길 안내 서비스 등 관광·물류 산업을 위해 고정밀지도 데이터가 필요하다는 게 재요청의 이유다. 6월에는 애플도 같은 이유로 고정밀지도 데이터의 반출을 요청했다.

글로벌기업들이 고정밀지도 데이터와 관련해 정부에 반출을 요청하는 것은 우리나라의 경우 공간정보를 해외로 가져가기 위해서는 관계부처가 모여 회의하는 국외반출협의체 심의를 거쳐 가부를 결정한 후 최종적으로 국토부 장관이 허가하는 과정이 필요하기 때문이다. 그동안 정부는 국가안보를 우려해 불허했다. 반면 국내 데이터센터가 기반인 네이버와 카카오는 고정밀지도 데이터를 무료로 사용하고 있다.

구글에 정밀지도 제공

안보와 경제주권의 핵심 [반대]

구글은 현재 2만 5,000 대 1 축척의 공개지도 데이터에 항공사진, 위성사진 등을 결합한 형태로 한국지도를 제공하고 있는데, 이는 네이버나 카카오의 지도서비스에 미치지 못한다는 평이 지배적이다. 하지만 2016년 당시 구글은 '국내에 서버를 두고 고정밀지도 데이터를 활용하라'는 우리 정부의 제시안은 받아들일 수 없다는 입장을 고수했다. 결국 정부는 지정학적 위치와 분단국가라는 특수성을 이유로 요청을 최종 거부했다.

그런데 이번에는 결정이 쉽지 않아 보인다. 구글의 고정밀지도 데이터 반출요청이 일개 기업의 요구로만 볼 수 없어서다. 강한 보호무역주의를 펴고 있는 도널드 트럼프 2기 미국행정부가 비관세장벽의 하나로 구글지도 문제를 공개적으로 지목한 것이다. 즉, 우리 정부의 지도데이터 반출제한이 일종의 비관세장벽이라는 것이다. 따라서 구글의 고정밀지도 데이터 반출요청이 한미 통상협상의 의제로 거론될 가능성이 커졌다. 애플의 요청도 이런 분위기에 편승하고자 하는 움직임으로 읽힌다. 다만 애플은 서버를 국내에 두고 있으며, 구글보다 우리 정부의 요청사항을 수용하는 데 유연한 태도를 보이는 것으로 전해졌다.

구글은 유럽 전 지역에서 2만 5,000 대 1 지도를 이용해 길찾기 서비스를 제공하고 있다. 또 아시아에서는 15%, 아프리카에서는 3%만이 2만 5,000 대 1 지도를 이용할 뿐 그 외 상당수 지역에서는 이보다 낮은 축척의 지도를 이용하고 있다. 따라서 우리나라에만 고정밀지도 데이터를 요구하는 것은 미래 기술패권 장악을 위한 경쟁자 제거의 의미가 크다. 고정밀지도 데이터는 더 이상 단순정보가 아니라 자율주행차, 드론, 로봇, 스마트시티, 증강현실(AR)·가상현실(VR) 등 다양한 미래산업 전반의 필수적인 '디지털 자산'이기 때문이다. 특히 차세대 성장동력으로 주목하고 있는 자율주행산업의 경우 구글이 고정밀지도를 기반으로 자율주행플랫폼을 선점할 경우 국내기업들은 경쟁에서 밀려날 수밖에 없다.

위치정보를 이용해 서비스하는 국내 스타트업들도 마찬가지다. 구글이 스마트폰 운영체제인 안드로이드를 독점하는 상황에서 고정밀지도 데이터까지 확보하면 시장지배력이 커질 수밖에 없기 때문이다. 무엇보다 데이터가 외국 서버에 저장되면 우리 정부가 행사할 수 있는 통제권이 약화된다. 국가안보 위협상황이 발생하더라도 국내법으로만은 정보제공 및 압수·수색 명령 집행이 불가능하다. 아울러 '동해'나 '독도'를 '일본해'나 '다케시마'로 써도 제재할 방법이 없다.

"글로벌 앱이 한국에서만 먹통?"
"보호정책이 아닌 쇄국정책!"

"국내 공간정보산업 생태계가 무너질 수 있어"
"미래 기술패권 장악 시도로 보여"

HOT ISSUE QUIZ

한 달 이슈를 퀴즈로 마무리!

01 (　　)은/는 정부 부처나 기관이 기밀유지가 필요한 국가안보, 외교활동 등 특수한 활동에 사용하는 예산항목이다.

02 순직해병특별검사는 해병대사령관의 지시에 항명했다는 혐의로 재판을 받던 박정훈 해병대 대령의 항명죄 사건과 관련해 (　　)을/를 결정했다.

03 댓글조작 혐의를 받고 있는 리박스쿨의 수익모델이 윤석열정부 교육부 역점사업이던 (　　)라는 게 밝혀져 충격을 주고 있다.

04 도널드 트럼프 미국 대통령이 14개국에 25~40%의 국가별 (　　)을/를 적시하고 이를 8월 1일부터 부과하겠다고 통보했다.

05 2기 트럼프행정부의 (　　)에는 감세와 이로 인한 정부부채 증가를 막기 위해 저소득층 대상 복지예산 감축의 내용이 담겼다.

06 조선시대 목조건물로 일제강점기 때 일본으로 옮겨져 일본사찰의 기도공간으로 사용되던 (　　)이/가 100여 년 만에 돌아왔다.

07 6월 25일 MSCI는 올해도 "한국을 (　　) 후보군인 관찰대상국에도 포함하지 않겠다"고 발표했다.

08 유럽, 아프리카, 미국에 낮기온 40℃가 넘는 폭염의 여파로 밤 최저기온이 30℃를 넘는 (　　)이/가 연일 이어지고 있다.

09 (　　)은/는 시민들과 정치인, 기업의 리더, 혹은 기관의 책임자가 직접 만나 자유롭게 의견을 나누는 공개토론 형식의 회의로 미국에서 시작됐다.

10 새 정부 출범 이후 원화 (　　) 도입에 대한 기대가 커지면서 카카오페이는 6월 25일까지 주가가 148% 급등했다.

11 '케이팝 데몬 헌터스'의 인기와 함께 조선시대 민화 (　　)을/를 소재로 한 국립중앙박물관 '뮷즈' 매출도 수직상승하고 있다.

12 (　　) 부산이전으로 정책·행정 기능과 현장 물류망이 한곳에 모이면 해양육성 전략에 실효적 영향이 있을 것으로 예상된다.

13 아사드 전 정권이 14년 내전 끝에 축출되고 임시정부가 들어선 (　　)에 대해 미국이 21년 만에 경제제재를 해제했다.

14 한일 대륙붕 공동개발협정(JDZ 협정)은 우리나라의 (　　) 전체 및 인접한 제주 남쪽해역을 공동개발구역(JDZ)으로 지정하고 있다.

15 외식물가가 급등하면서 업무를 보던 자리에서 편의점 도시락이나 배달앱으로 주문한 간편식으로 끼니를 때우는 이른바 (   )이/가 흔한 점심풍경이 됐다.

16 SPC 계열사 제빵공장에서 또다시 근로자 사망사고가 발생함에 따라 경찰은 (   ) 및 산업안전보건법 위반사항, 업무상과실치사 혐의 등 입증을 위한 증거확보를 위해 SPC 삼립에 대한 압수수색을 실시했다.

17 경기도는 생산성과 조화로운 삶의 질이라는 두 가지 목표를 달성한다는 취지로 전국 최초로 (   ) 시범사업을 추진한다.

18 대한민국 창작뮤지컬 '어쩌면 해피엔딩'이 제78회 (   ) 시상식에서 뮤지컬 작품상을 포함해 6관왕을 차지했다.

19 아르헨티나 좌파의 거물이자 정의당(JP) 대표인 페르난데스 전 대통령은 (   )의 적통으로 불려왔다.

20 (   ) 시행령 개정안은 동일한 가입유형, 요금제, 단말기 조건에서 가입자 주소, 나이, 장애 등을 이유로 서로 다른 지원금을 지급하는 행위를 금지하고 있다.

21 (   )은/는 대통령·국무총리와 15인 이상 30인 이하의 국무위원으로 구성되고, 정부의 권한에 속하는 중요한 정책을 심의한다.

22 고리 원전 1호기는 오염준위가 낮은 곳에서 높은 곳 순서로 해체하는 단계별 방식으로 해체되며, (   )은/는 허가 6년 후 반출할 계획이다.

23 1960년대 납북됐다 돌아온 후 간첩혐의로 사형을 당한, 이른바 (   ) 사건의 피해자 고 오경무 씨의 재심에서 무죄가 확정됐다.

24 일본에서 쌀값이 2배 넘게 폭등한 가운데 벼 대신 다른 작물로 전작을 유도하는 것을 주요내용으로 하는 일본정부의 오랜 미곡정책 (   )이/가 원흉으로 지목되고 있다.

25 (   ), 전염성 기관지염, 가금티푸스 등 질병 외에 유통구조의 비효율성과 투명하지 않은 거래관행이 최근 국내 달걀값 상승에 일조했다.

26 보험약관 변경의 (   )은/는 원칙적으로 허용되지 않지만, 금융감독 당국의 명령이 있는 경우에 한해 예외가 적용된다.

---

01 특수활동비 02 항소취하 03 늘봄학교 04 상호관세 05 BBB ; One Big Beautiful Bill Act 06 관월당 07 선진국지수 08 초열대야 09 타운홀미팅(Town Hall Meeting) 10 스테이블코인 11 작호도(호작도) 12 해양수산부 13 시리아 14 7광구 15 데스크런치(Desk Lunch) 16 중대재해처벌법 17 주 4.5일제 18 토니상(Tony Awards) 19 페론주의 20 전기통신사업법 21 국무회의 22 사용후핵연료 23 제주간첩단 24 겐탄(減反) 25 조류인플루엔자(AI) 26 소급적용

필수 시사상식

시사용어브리핑	**94**
금융상식 실전문제	**100**
시사상식 기출문제	**106**
내일은 TV 퀴즈왕	**112**

화제의 용어를 한자리에!
시사용어브리핑

노 킹스 시위 도널드 트럼프 미국 대통령에 반대하는 진보성향 단체들이 미국 전역에서 진행한 시위
▶ 국제·외교

6월 14일 도널드 트럼프 미국 대통령에 반대하는 풀뿌리 시민단체들이 미국 전역 2,000여 곳에서 동시다발적으로 벌인 대규모 시위를 말한다. '노 킹스(No Kings)'는 '트럼프는 왕이 아니다'라는 뜻으로 LA에서 벌어진 불법이민자 단속과 강경대응 등 트럼프행정부의 권위주의적 통치방식에 대한 반발에서 비롯했다. 주최 측은 1991년 이후 처음 열린 대규모 군사퍼레이드를 트럼프식 권위주의의 상징으로 보고 이에 대한 저항의 의미로 해당 명칭을 붙였다고 밝혔다.

왜 이슈지?
유타주에서 '**노 킹스 시위**' 중 발생한 총격전으로 1명이 사망했으며, 미네소타주에서도 주의원 2명이 잇달아 총격당하는 사건이 발생해 사회적 충격을 안겼다.

치매머니 고령 치매환자의 자산 혹은 이를 보호하는 제도나 서비스
▶ 경제·경영

고령 치매환자의 자산 혹은 이를 안전하게 보호·관리하기 위한 제도적 장치 및 서비스 전반을 아우르는 개념이다. 급속한 고령화로 치매환자의 수가 증가하면서 그 규모가 늘고 있다. 치매환자의 자산은 당사자가 제대로 관리하기 어려워 가족이나 제3자가 무단사용하거나 사기 등에 노출되기 쉽다. 또한 자산이 동결되는 경우 가계가 보유한 자산이 소비나 투자로 순환되지 않아 경제에 부정적인 영향을 미칠 수 있다. 치매머니 보호 및 관리 지원대책 마련이 시급하다는 지적이 일어나면서 정부는 매년 치매머니 규모의 변화추이를 분석해 공개하고 있으며, 민간신탁 활성화, 치매공공후견사업 확대, 공공신탁 도입 방안 등을 추진할 계획이다.

왜 이슈지?
저출산고령사회위원회가 5월 6일 발표한 '고령 치매환자 자산 전수조사 결과'에 따르면 2023년 기준 **치매머니**는 국내총생산(GDP)의 6%를 넘는 154조원에 달해 경제 전반에 악영향을 줄 수 있다는 우려가 나오고 있다.

달러 프라운(Dollar Frown) 재정정책의 양극단 상황에서 달러화가 약세를 보이는 현상

> 경제·경영

최근 달러화 가치가 '달러 스마일'로 설명되지 않으면서 등장한 개념이다. 과거에는 미국경제가 침체이거나 강한 성장세를 보일 때 달러가 강세를 나타내는 스마일 형태를 띠었지만, 최근에는 양극단에서 오히려 달러가 약세를 보인다. 달러 프라운 좌측은 재정정책이 지나치게 완화적이어서 채권가격과 달러화 가치가 하락하는 상황을 뜻한다. 반면 우측은 지나치게 재정정책이 위축되는 상황에서 적자는 매우 빠르게 줄어들지만 미국경제가 침체에 빠지는 국면으로 볼 수 있다.

왜 이슈지?
독일 최대은행 도이체방크의 조지 사라벨로스 외환분석가는 5월 19일 보고서에서 채권시장과 외환시장 모두 미국의 재정정책과 관련된 위험을 제대로 반영하지 못하고 있다고 평가했으며, 이를 설명하기 위해 '**달러 프라운**'을 제시했다.

타코(TACO) 도널드 트럼프 미국 대통령의 관세위협 이후 잦은 번복과 철회를 비판하는 표현

> 국제·외교

상대국을 위협하는 관세정책을 발표하고 번복, 철회, 유예를 거듭하는 도널드 트럼프 미국 대통령의 행보를 비꼬는 말로 '트럼프는 항상 겁먹고 물러선다(Trump Always Chickens Out)'의 머리글자를 딴 용어다. 이는 '타코 트레이드'라는 표현으로 이어졌으며, 투자자들 사이에서는 트럼프 대통령이 관세위협 이후 결국 철회할 것이므로 정책이 발표된 직후 성급히 대응할 필요가 없다는 뜻으로 사용된다. 즉, 강경발언 이후에 일시적으로 자산가격이 하락하더라도 트럼프 대통령이 한발 물러서는 시점에 다시 가격이 반등할 것이므로 주식매도 열풍에 동참하지 말고 이를 투자전략에 활용해야 한다는 것이다.

왜 이슈지?
트럼프 대통령은 5월 28일 백악관 집무실에서 열린 기자회견에서 '**타코**'에 대해 들어본 적이 없다고 답했으며, 자신이 겁을 먹고 물러서는 것이 아니라 협상의 기술을 발휘하는 것이라 주장했다.

초정밀의료 분자 수준의 정밀한 데이터를 바탕으로 한 환자 개인에 최적화된 치료

> 과학·IT

개인맞춤 의료를 고도화해 질병의 예측과 예방은 물론, 진단·치료·관리까지 전 생애에 걸쳐 정밀하게 실현하는 것을 의미한다. 이는 환자 개인을 기준으로 처방을 내리는 방식으로 비슷한 특성의 환자군을 기준으로 하는 정밀의료보다 한 단계 더 진보한 개념이다. 초정밀의료는 개인의 특성을 반영한 맞춤형 치료를 가능하게 하며, 불필요한 약물사용이나 과잉치료를 줄일 수 있다. 최근 인공지능, 빅데이터 등의 기술과 결합해 바이오헬스 산업의 차세대 개발영역으로 주목받고 있다.

왜 이슈지?
7월 9일 LG가 공개한 '엑사원 패스 2.0'은 AI 기반 분석과 멀티오믹스 기술을 활용해 조직 이미지만으로 유전자 변이와 항암제 반응을 1분 내 예측해 **초정밀의료** 실현에 성큼 다가섰다는 평가를 받는다.

바디셰이밍(Body-shaming) 개인의 신체적 특성을 이유로 비난하는 행위

문화·미디어

체형이나 외모 같은 신체적 특성을 이유로 타인 또는 스스로를 부정적으로 평가하는 행위다. 연예인의 사진에 "살쪘다", "너무 말랐다"는 식의 댓글을 다는 것이 이에 해당한다. 외모지상주의가 만연한 사회 분위기 속에서 자신의 발언이 바디셰이밍에 해당한다는 것을 인식하지 못하는 경우도 많다. 바디셰이밍은 특정 외모만을 '정상'으로 규정해 그 기준에서 벗어나는 사람들에게 열등한 이미지를 부여한다.

왜 이슈지?

동영상 플랫폼 틱톡은 사용자의 체중이 늘어난 것처럼 보이게 만드는 '통통 필터'가 특정 체형을 조롱하고 **바디셰이밍**을 조장한다는 비판을 받자 해당 기능을 제거했다.

아기유니콘 기업가치 1조원 이상의 글로벌 유니콘으로 성장할 가능성 있는 스타트업

경제·경영

향후 기업가치 1조원 이상의 유니콘 기업으로 성장할 가능성이 있는 유망한 스타트업이다. 유니콘 기업은 기업가치가 10억달러(1조원)를 넘는 비상장 스타트업 기업을 전설 속의 동물인 유니콘에 비유하는 용어다. 중소벤처기업부는 2020년부터 투자시장에서 기업가치를 인정받은 혁신기업을 발굴해 글로벌 경쟁력을 갖춘 유니콘 기업으로 성장하도록 지원하는 '아기유니콘 육성사업'을 시행하고 있다. 이 사업의 지원대상은 벤처기업육성에 관한 특별법에 따른 벤처기업 중 투자실적이 20억원 이상 100억원 미만이거나 기업가치가 300억원 이상인 기업이다.

왜 이슈지?

기술보증기금은 지난 6월 24일 서울 여의도 IFC 더포럼에서 스타트업 기업의 해외진출 성과와 글로벌 진출전략을 공유하기 위해 '**아기유니콘** 글로벌 네트워킹 데이'를 개최했다.

바이브코딩(Vibe-Coding) 원하는 프로그램을 인공지능에게 자연어로 설명해 구현하는 코딩 방식

과학·IT

사람이 인공지능(AI)에게 자연어(인간의 언어)로 원하는 작업을 설명하면 AI가 코딩을 통해 이를 구현하는 개발방식을 말한다. 오픈AI의 공동창업자인 안드레이 카르파티가 처음 제안했으며, 복잡한 코드 없이 누구나 쉽게 프로그램을 만들 수 있어 프로그래밍에 대한 깊은 지식이 없는 사람들도 소프트웨어 개발에 참여할 수 있다. 바이브코딩은 개발속도가 빠르다는 장점이 있지만, 오류가 발생했을 때 그 원인을 파악하기 어렵고 자동생성된 코드에서 보안상 취약점이 발생할 수 있다.

왜 이슈지?

6월 26일 카카오가 개최한 개발 경연대회 해커톤 '2025 10K'는 처음으로 **바이브코딩**을 도입했으며, 기존에 24시간이던 진행시간을 10시간으로 대폭 축소했다.

크로밍 챌린지(Chroming Challenge) 휘발성 물질을 흡입하는 장면을 촬영해 SNS에 공유하는 행위

문화·미디어

스프레이에 포함된 휘발성 물질을 코나 입으로 흡입하는 모습을 촬영해 SNS에 공유하는 행위로 '더스팅(Dusting)', '허핑(Huffing)'이라고도 불린다. 일상에서 사용하는 스프레이를 통해 화학물질을 흡입하는데, 스프레이에 포함된 아산화질소·포름알데히드 등 유해물질을 흡입하면 일시적으로 환각상태에 빠질 수 있으며, 반복적으로 흡입할 경우 폐와 심장 등에 심각한 손상을 초래할 수 있다. 크로밍 챌린지는 자신을 과시하기 위한 행위로 확산하고 있으며, 이에 사용되는 스프레이가 누구나 쉽게 구입할 수 있다는 점에서 사회적 우려가 커지고 있다.

왜 이슈지?
6월 1일 미국 애리조나주에서 **크로밍 챌린지**를 하다가 쓰러져 치료받던 10대가 뇌사판정을 받으면서 SNS 유행이 청소년들에게 미치는 영향과 해당 챌린지의 위험성이 사회적 관심사로 떠올랐다.

마이크로 은퇴 직장인이 은퇴 이전에 자발적으로 하는 주기적 퇴사·휴직

사회·노동·교육

은퇴시점을 기다리지 않고 일정 주기마다 퇴사나 휴직을 통해 휴식기를 갖는 행위를 일컫는다. 청소년이 학업을 중단하거나 병행하면서 진로를 탐색하는 '갭이어(Gap Year)'와 비슷해 '성인 갭이어'로 불린다. 번아웃과 자기계발 중시 경향 등이 마이크로 은퇴의 주요요인이다. 또한 프리랜서와 재테크 등 다양한 수입방식 덕분에 경제적 부담을 덜 수 있게 된 것도 마이크로 은퇴의 확산에 영향을 미쳤다. 휴식뿐만 아니라 자기계발도 병행하며 궁극적으로 경력만족도를 높이는 것이 목적이다.

왜 이슈지?
지난 4월 채용 플랫폼 캐치가 Z세대 구직자 2,191명을 대상으로 조사한 결과 응답자의 65%가 전통적인 방식처럼 인생 말기에 은퇴하는 것보다 일정한 주기로 퇴사하거나 휴직하며 쉼을 갖는 **마이크로 은퇴**를 선호하는 것으로 나타났다.

페이스테크(Face-Tech) 사람의 얼굴과 표정을 제품 또는 데이터에 적용하는 기술

과학·IT

얼굴을 뜻하는 'face'와 기술을 뜻하는 'technology'의 합성어로 사람의 얼굴 또는 표정을 인식해 인증이나 분석 등에 활용하는 기술이다. 페이스테크는 얼굴만으로 간편하게 결제를 진행할 수 있는 안면인식 결제부터 표정을 읽고 추출한 데이터를 바탕으로 상황에 맞는 기능을 구현하는 데까지 다양하게 쓰인다. 예를 들어 자동차 업계에서는 운전자의 얼굴 움직임이나 표정을 감지해 운전모드를 조정하거나 경고하는 기능이 적용되고 있다. 또한 기계에 사람의 얼굴을 입혀 친근감을 유도하는 방식 역시 페이스테크의 일종으로 소비자와 기술 간 심리적 거리를 줄이면서 기술이 보다 자연스럽게 일상에 스며들도록 한다.

왜 이슈지?
네이버의 '페이스사인', 토스의 '페이스페이' 등 **페이스테크** 기반 결제서비스가 상용화되며 일상에 빠르게 확산됨에 따라 보안과 개인정보 보호에 대한 우려가 커지고 있다.

돌봄주택 독립성을 유지하면서 포괄적인 돌봄서비스를 제공하는 주거형태

▶ 사회·노동·교육

일정수준의 자립성을 유지하면서도 일상생활 및 사회활동 지원, 공동체 참여 등 다양한 돌봄서비스를 통합적으로 제공하는 주거유형이다. 돌봄주택은 서비스제공형 주택의 하나로 일반적인 생활지원 서비스를 제공하는 지원주택과는 구분된다. 최근 초고령사회로 진입하면서 신체적·인지적 변화에 따라 안전과 편의성을 높이고 자립적인 생활이 가능하도록 설계된 고령친화적인 주거모델에 대한 관심이 높아지고 있다. 돌봄주택의 보급을 확대하기 위해 민간 사업자에게 재정지원을 하되, 일정수준의 공공성 기준을 적용해 지속가능한 공급체계를 마련해야 한다는 목소리가 나오고 있다.

왜 이슈지?
지난 5월 보험연구원은 '중산층 고령자를 위한 돌봄주택 공급방안' 보고서에서 85세 이상 1인 가구는 2023년 26만가구에서 2050년 141만 가구로 증가할 것이며, 이에 따라 초고령사회 대응을 위한 **돌봄주택** 공급을 확대해야 한다고 발표했다.

SNPL(Save Now Pay Later) 선저축 후구매 방식의 소비형태 또는 관련 서비스

▶ 경제·경영

먼저 저축한 돈으로 원하는 제품을 구매하는 소비형태다. 관련 서비스를 제공하는 업체는 사용자가 월별로 구매 저축계획을 수립하면 설정한 금액이 플랫폼계좌로 주기적으로 자동이체되도록 한다. 목표를 달성하면 제휴기업에서 현금, 포인트 등 보상을 제공해 저축을 독려하기도 한다. '저축을 통한 부채 없는 소비'를 지향해 합리적 소비를 추구하고 보상을 중시하는 MZ세대의 소비성향과도 부합하며, 기존의 외상 기반 소비구조의 효과적인 대안으로 주목받고 있다.

왜 이슈지?
최근 시중은행이 **SNPL**과 유사한 구조의 저축상품을 출시하고 있다. 케이뱅크는 지난해 삼성전자와 협업해 사용자가 저축목표를 달성하면 삼성전자 제품과 연계된 혜택을 제공받는 제휴 적금상품을 선보였다.

보이슈머(Voisumer) 자신의 의견을 표현해 제품이나 기업 운영방침에 영향을 미치는 소비자

▶ 사회·노동·교육

목소리를 뜻하는 'voice'와 소비자를 뜻하는 'consumer'의 합성어로 단순한 소비를 넘어 기업에 의견을 전달하고 제품개발에 영향을 미치는 소비자를 말한다. 이들은 SNS나 온라인 커뮤니티를 통해 자신의 소비경험을 활발히 공유하고 기업과 상호작용을 중시한다. 기업 입장에서는 보이슈머의 참여를 통해 브랜드 충성도를 높이고, 적은 비용으로 높은 마케팅 효과를 거둘 수 있다. 특히 외식·식품업계에서는 이들의 요구에 따라 단종 제품을 재출시하거나 해외 인기제품을 도입하는 사례가 많아졌다. 검증된 제품을 활용해 마케팅 비용을 줄이고 리스크도 낮추는 데 효과적이기 때문이다.

왜 이슈지?
보이슈머의 요구에 화답한 '추억의 제품' 재출시가 중장년층을 공략하는 수단으로 떠오르며 기업의 소통마케팅 사례로 주목받고 있다.

오시카쓰
자신이 좋아하는 대상을 응원하고 소비활동을 벌이는 일본 MZ세대의 활동

▶ 사회·노동·교육

아이돌, 애니메이션 캐릭터 등 자신이 좋아하는 대상을 응원하며 소비하는 일본 MZ세대의 활동을 말한다. 애정하는 사람이나 물건을 뜻하는 일본어 '오시(推し)'에 활동을 뜻하는 '카쓰도(かつどう)'를 더한 말이다. 우리말로는 '덕질'과 유사하다. 오시카쓰는 혼자 좋아하는 데 그치지 않고, 굿즈를 구매하거나 모임을 만들어 관련된 장소를 찾아가는 등 연쇄적인 소비를 유발하기 때문에 최근 일본의 주요 소비키워드로 주목받고 있다.

왜 이슈지?
오사카를 연구하는 일본 연구단체 오시카쓰소켄이 지난 1월 발표한 조사결과에 따르면 **오시카쓰** 활동인구는 약 1,384만명이며, 연간 총지출 규모는 약 3조 5,000억엔(약 33조 1,300억원)에 달했다.

골든돔
미국 본토 전체를 보호하는 우주 기반 미사일 방어체계

▶ 국제·외교

러시아, 중국, 북한, 이란 등의 미사일 공격을 방어하기 위한 미국의 차세대 미사일 방어시스템이다. 도널드 트럼프 미국 대통령은 지난 1월 27일 '미국을 위한 아이언돔'이라는 제목의 행정명령을 발표했으며, 2월 '미국을 위한 골든돔'으로 명칭이 변경됐다. 이스라엘의 아이언돔과 유사한 시스템으로 기존의 미사일 방어체계로 막기 어려운 극초음속미사일로부터 미국 본토를 방어하기 위해 우주기술을 활용하는 것이 핵심이다. 적 미사일을 탐지하고 요격한다는 점에서 기존 미사일 방어체계와 유사하지만, 미사일이 지상에 도달하기 전에 우주에서 직접 요격한다는 점에서 차별된다.

왜 이슈지?
미국 월스트리트저널은 5월 25일 요격체, 인공위성 센서 등 현존하는 기술공급의 부족과 첨단기술 개발이 초기단계에 머물러 있다는 점에서 **골든돔** 시스템이 이른 시일 내에 완성되기 어려워 보인다고 분석했다.

웩시트(Wexit)
더 나은 환경을 찾아 해외로 이주하는 고액자산가

▶ 사회·노동·교육

부유층을 뜻하는 'wealthy'와 탈출을 뜻하는 'exit'의 합성어로 고액자산가들이 더 나은 세제혜택과 삶의 질을 찾아 본국을 떠나는 현상이다. 이들은 본국의 주거환경, 경제, 안보 등에 민감하게 반응하며 상황이 악화될 경우 다른 사람들보다 빠르게 해외로 이주한다. 이로 인해 막대한 자산이 함께 유출돼 국가 경제에도 영향을 미친다. 최근 고액자산가들은 소득세, 상속세, 양도세가 없는 아랍에미리트를 주요 이주지로 선택하고 있다. 그 밖에도 이탈리아, 스위스 등이 인기 정착지로 꼽힌다.

왜 이슈지?
영국에 살지만 영구거주자가 아닐 경우 해외수입에 과세하지 않는 '비영구거주자(Non-dom)제도'가 폐지되자 많은 부자들이 영국을 떠나는 **웩시트** 현상이 4월 이후 급증했다.

금융상식 실전문제

01 다음 중 로봇의 보험상담 업무대행, 블록체인을 이용한 안전결제 시스템 등 IT기술을 활용한 혁신적 보험서비스를 의미하는 용어로 가장 적절한 것은?

① 사이버테크
② I-테크
③ 블랙테크
④ 인슈어테크

해설 보험(Insurance)과 기술(Technology)의 합성어인 인슈어테크(Insur-Tech)는 인공지능, 사물인터넷 등의 IT기술을 적용한 혁신적인 보험서비스를 의미한다. 보험상품을 검색하는 고객에게 맞춤형 상품을 추천하거나, 보험상담을 요청하는 고객에게 로봇이 응대하는 등 다양한 상황에서 활용될 수 있다.

02 다음 중 일종의 유가증권으로 은행의 정기예금에 매매가 가능하도록 양도성을 부여한 증서는 무엇인가?

① CP
② CD
③ RP
④ CMA

해설 양도성예금증서(CD)는 은행의 정기예금에 양도성을 부여한 것으로 은행이 발행하고 증권회사와 종합금융회사의 중개를 통해 매매된다.
① 기업어음(CP) : 기업체가 자금조달을 목적으로 발행하는 어음
③ 환매조건부채권(RP) : 금융기관이 일정 기간이 지난 후 확정금리를 더해 되사는 조건으로 발행하는 채권
④ 어음관리계좌(CMA) : 고객의 예탁금을 어음 및 국공채 등 단기금융상품에 직접 투자해 운용한 후 그 수익을 고객에게 돌려주는 실적배당 금융상품

03 다음에서 설명하는 이론으로 가장 적절한 것은?

> • 앨더퍼가 제시했으며 인간의 욕구를 생존욕구, 대인관계욕구, 성장욕구로 구분
> • 매슬로우의 욕구단계론이 직면한 문제점들을 극복하고자 실증적인 연구를 기반으로 제시한 수정이론

① 호감득실 이론
② 사회교환 이론
③ ERG 이론
④ 기대-불일치 이론

해설
① 호감득실 이론 : 자신을 처음부터 계속 좋아해주던 사람보다 자신을 싫어하다가 좋아하는 사람을 더 좋아하게 되고, 반대로 자신을 처음부터 계속 싫어하던 사람보다 자신을 좋아하다가 싫어하는 사람을 더 싫어하게 된다고 주장하는 이론이다.
② 사회교환 이론 : 두 사람의 인간관계에서 비용과 보상을 주고받는 과정을 사회교환과정이라 하고, 보상에서 비용을 뺀 결과에 따라 그 관계의 존속여부가 결정된다는 이론이다.
④ 기대-불일치 이론 : 성과가 기대보다 높아 긍정적 불일치가 발생하면 만족하고, 성과가 기대보다 낮아 부정적 불일치가 발생하면 불만족한다는 이론으로 1981년 리처드 올리버(Richard Oliver)가 제시했다.

04 다음 중 황금낙하산에 대한 설명으로 옳지 않은 것은?

① 적대적 M&A를 방어하기 위한 주요수단 중 하나다.
② 임기를 채우지 않고 임원 또는 경영진을 해고할 때 거액의 퇴직금 등을 지급해야 한다.
③ 정관변경 없이 주주총회 결의로 반영할 수 있다.
④ 우리나라에는 2000년대 초반에 처음으로 도입됐다.

해설 황금낙하산 제도는 정관변경을 통해 적용할 수 있으며, 정관변경에는 주주총회의 특별결의가 필요하다.
① · ② 황금낙하산은 적대적 M&A 방어수단으로 거액의 퇴직금, 스톡옵션, 보너스 등을 지급해야만 인수대상 기업의 임원 또는 경영진을 해고할 수 있도록 하는 제도다.
④ 우리나라에는 2001년에 처음으로 도입됐다.

01 ④ 02 ② 03 ③ 04 ③

05 다음 중 금융투자상품에 대한 설명으로 옳지 않은 것은?

① 금융투자상품은 이익을 얻거나 손실을 회피할 목적이 있는 것을 말한다.
② 금융투자상품은 원금손실 가능성이 있다.
③ 크게 증권과 파생상품으로 구분한다.
④ 금전 등의 지급시점이 현재면 파생상품, 지급시점이 장래의 특정시점이면 증권으로 구분한다.

> **해설** 금융투자상품은 현재 또는 장래의 특정시점에 금전, 그 밖의 재산적 가치가 있는 것을 지급하기로 약속하는 상품이다. 금전 등의 지급시점이 현재면 증권, 지급시점이 장래의 특정시점이면 파생상품으로 구분한다.
> ① 금융투자상품은 장래에 이익을 얻거나 손실을 회피할 수 있도록 해주는 금융상품이다.
> ② 금융상품은 원금손실 가능성이 있으면 금융투자상품, 없으면 비금융투자상품으로 구분한다.
> ③ 금융투자상품은 원금초과손실 가능성이 있으면 파생상품, 없으면 증권으로 구분한다.

06 다음 상황에 가장 적절한 것은?

> 평소 대형 SUV 차량에 관심이 많았던 형진은 신차 구매에 앞서 H사의 P자동차와 K사의 M자동차 등 비슷한 크기의 다양한 차종들 사이에서 망설이고 있었다. 그러던 어느 날, 군대동기 우성이 출시와 동시에 구매한 2020년식 H사의 P자동차를 출고받아 현재 상당히 만족해하고 있다는 소식을 들었다. 우성의 소식을 들은 형진은 H사의 P자동차를 구매하기로 마음먹었다.

① 펭귄 효과
② 디드로 효과
③ 스놉 효과
④ 베블런 효과

> **해설** 펭귄 효과란 여러 마리의 펭귄 무리에서 한 마리의 펭귄이 처음으로 바다에 뛰어들면 그 뒤를 이어 나머지 펭귄들도 바다에 뛰어드는 습성에서 비롯된 용어다. 특정제품의 구매를 망설이고 있던 소비자가 지인이나 유명인이 먼저 구매하는 모습을 보고 선뜻 구매를 결정하게 되는 것이다.
> ② 디드로 효과 : 하나의 물건을 갖게 되면 그것에 어울리는 다른 물건을 계속해서 사게 되는 현상을 뜻한다.
> ③ 스놉 효과 : 어떤 제품의 대중적인 수요가 증가하면 더 이상 그 제품을 구매하려 하지 않고 희귀한 제품을 구매하고 싶어하는 현상으로 속물 효과라고도 한다.
> ④ 베블런 효과 : 제품의 가격이 상승하면 그 제품을 특별한 것으로 생각해 오히려 수요가 증가하는 현상을 뜻한다.

07 다음 내용에서 설명하는 협동조합은?

> 미국에서 일어난 새로운 형태의 협동조합 운동으로 1인 1표 대신 사업규모에 비례해 의결권을 부여하거나 출자증권의 부분적인 거래를 허용하는 등의 변화를 주도하기 위한 협동조합이다. 이는 협동조합의 성패와 무관한 다수의 조합원들이 정치적인 목적으로 협동조합을 장악하는 것을 막고자 한다. 대표적인 성공모델로는 네덜란드의 '그리너리'가 있다.

① 소비자협동조합
② 노동자협동조합
③ 신세대협동조합
④ 사회적협동조합

해설 ① 소비자협동조합 : 믿을 수 있는 품질의 상품을 효율적인 가격으로 공급해 조합원에게는 편익과 소득증대를 유도하고, 소비자에게는 다양한 상품과 서비스를 제공한다.
② 노동자협동조합 : 동일업종에 종사하는 노동자들이 모여 결성한 조합으로 근로조건 개선과 급여 등 복리후생 증진을 목적으로 한다.
④ 사회적협동조합 : 취약계층이나 소외된 계층에게 사회서비스를 제공하고 고용을 창출할 목적으로 설립된 조합이다.

08 다음 중 클라우드 컴퓨팅의 특징으로 옳지 않은 것은?

① 자신의 컴퓨터가 아니라 인터넷으로 연결된 다른 컴퓨터로 정보를 처리하는 기술이다.
② 인터넷상의 서버를 통해 IT 관련 서비스를 한번에 사용할 수 있는 컴퓨팅 환경을 의미한다.
③ 모든 컴퓨팅기기를 네트워크로 연결해 컴퓨터의 계산능력을 극대화한 분산 컴퓨팅을 의미한다.
④ 이용자가 정보를 인터넷상의 서버에 저장하면 여러 IT기기를 통해 언제 어디서든 해당 정보를 이용할 수 있다.

해설 ③ 그리드 컴퓨팅에 대한 설명이다. 그리드 컴퓨팅은 PC나 서버 등의 모든 컴퓨팅기기를 하나의 네트워크를 통해 공유하는 분산 컴퓨팅 모델이다. 고속 네트워크로 연결된 다수의 컴퓨터시스템이 사용자에게 통합된 가상의 컴퓨팅서비스를 제공한다.

05 ④ 06 ① 07 ③ 08 ③

09 다음 중 '국제적 공중보건 비상사태(PHEIC)' 선언조건으로 볼 수 없는 것은?

① 공중보건에 미치는 영향이 심각한 경우
② 국가 간 전파위험이 큰 경우
③ UN총회의 과반수 찬성으로 위험이 판단되는 경우
④ 국제무역이나 교통을 제한할 위험이 큰 경우

> **해설** 국제적 공중보건 비상사태 선언조건은 공중보건에 미치는 영향이 심각한 경우, 국가 간 전파위험이 큰 경우, 사건이 이례적이거나 예상하지 못한 경우, 국제무역이나 교통을 제한할 위험이 큰 경우 등 4개 요건 중 2개 이상이 해당할 때다. 또한 첫 감염발생 국가 이외의 공중보건에 영향을 미칠 가능성이 있어 즉각적으로 국제적 조치의 조율이 필요하다고 인정되는 경우도 있다.

10 다음 중 최저가격제에 대한 설명으로 옳은 것을 모두 고르면?

────── • 보기 • ──────
ㄱ. 수요자를 보호하기 위한 제도다.
ㄴ. 최저임금은 최저가격제의 한 사례다.
ㄷ. 정부가 최저가격을 설정할 때 시장가격보다 높게 설정해야 실효성이 있다.
ㄹ. 정부가 경쟁시장에 실효성이 있는 최저가격제를 도입하면 그 재화에 대한 초과수요가 발생한다.
ㅁ. 아파트 분양가격, 임대료 등을 통제하기 위해 사용되는 규제방법이다.

① ㄱ, ㄴ
② ㄴ, ㄷ
③ ㄹ, ㅁ
④ ㄱ, ㄷ, ㄹ

> **해설**
> ㄱ. 최저가격제는 공급자를 보호하기 위해 시장가격보다 높은 수준에서 최저가격을 설정하는 규제다.
> ㄹ. 최저가격제를 실시하면 소비자의 지불가격이 높아져 소비자는 소비량을 감소시키기 때문에 초과공급이 발생하고 실업, 재고누적 등의 부작용이 발생한다.
> ㅁ. 아파트 분양가격, 임대료, 금리, 공공요금 등을 통제하기 위해 사용되는 규제방법은 최고가격제다.

11 다음 중 칼도어(Kaldor)의 정형화된 사실(Stylized Facts)의 내용으로 옳지 않은 것은?

① 자본수익률은 지속적으로 증가한다.
② 1인당 산출량이 지속적으로 증가한다.
③ 생산성 증가율은 나라마다 상당한 차이가 있다.
④ 산출량−자본비율은 대체로 일정한 지속성(Steady)을 보인다.

해설 니콜라스 칼도어(Nicholas Kaldor)는 미국을 대상으로 수행한 세계경제 성장과정의 연구를 통해 다음과 같은 6가지 정형화된 사실을 1961년에 제시했다.
- 1인당 산출량은 지속적으로 증가한다.
- 1인당 자본량은 지속적으로 증가한다.
- 산출량−자본비율은 대체로 일정한 지속성(Steady)을 보인다.
- 자본수익률은 대체로 일정하다.
- 총소득에서 자본에 대한 분배와 노동에 대한 분배 간의 비율은 일정하다.
- 생산성 증가율은 국가 간 차이를 보인다.

12 다음 대화의 빈칸에 공통으로 들어갈 용어로 가장 적절한 것은?

- 김 이사 : 이번에 우리 회사에서도 (　　)시스템을 도입하려고 합니다. (　　)는 기업 전체의 의사결정권자와 사용자 모두가 실시간으로 정보를 공유할 수 있게 합니다. 또한 제조, 판매, 유통, 인사관리, 회계 등 기업의 전반적인 운영프로세스를 통합해 자동화할 수 있지요.
- 박 이사 : 맞습니다. (　　)시스템을 통해 기업의 자원관리를 보다 효율적으로 할 수 있겠지요. 조직 전체의 의사결정도 보다 신속하게 할 수 있을 것입니다.

① JIT
② MRP
③ MPS
④ ERP

해설 ERP(Enterprise Resource Planning, 전사적 자원관리)의 특징
- 기업의 서로 다른 부서 간 정보공유를 가능하게 한다.
- 의사결정권자와 사용자가 실시간으로 정보를 공유할 수 있다.
- 보다 신속한 의사결정, 보다 효율적인 자원관리를 가능하게 한다.

09 ③　10 ②　11 ①　12 ④

시사상식 기출문제

01 인터넷에서 유행한 농담 등에서 비롯돼 만들어진 가상화폐는? [2025년 이데일리]

① 테더
② 솔라나
③ 밈코인
④ 라이트코인

해설
인터넷에서 떠도는 인터넷 밈(meme), 유행 또는 농담에서 비롯된 암호화폐를 밈코인이라고 한다. 가상화폐의 실용적 목적보다는 유머, 인터넷 커뮤니티 중심의 유행에 바탕을 두고 만들어지곤 한다. 밈코인의 대표적인 사례에는 '시바견 밈'에서 유행해 일론 머스크의 언급으로 가격이 크게 출렁거렸던 '도지코인(Dogecoin)'이 있다.

02 정규거래소인 한국거래소(KRX) 외에 주식을 거래할 수 있는 다른 시장의 명칭은? [2025년 이데일리]

① DPS
② ATS
③ NTF
④ SEC

해설
대체거래소(ATS)란 정규거래소 외에 매매체결 기능을 제공하는 모든 형태의 증권거래시스템을 말한다. 미국과 유럽, 일본 등 대부분의 선진국은 이미 ATS를 도입해 정규거래소와의 경쟁체제가 정착돼 있다. 미국의 경우 30여개 ATS가 전체 주식거래 시장의 약 11%를 점유하고 있으며, 일본은 3개 ATS의 점유율이 12%에 달한다. 호주는 ATS가 1개뿐이지만 시장의 20%를 차지하고 있다.

03 인공지능을 실제 물리적 환경에서 구현하고 적용시키는 것을 뜻하는 용어는? [2025년 이데일리]

① 생성형 AI
② 소버린 AI
③ 피직스 AI
④ 피지컬 AI

해설
피지컬 AI(Physical AI)란 물리적인 현실환경에서 움직이고 작동하는 인공지능을 의미한다. 단순히 컴퓨터 안에 탑재되어 연산·학습을 수행하는 AI가 아닌, 로봇, 자율주행차, 기계장치 등과 결합해 실제로 행동하는 AI이다. 외부환경을 인식할 수 있는 센서와 AI 알고리즘, 실제 움직임을 구현할 기계장치로 구성돼 있다.

04 상대국이 자국에 부과하는 관세만큼의 관세를 상대국에게도 적용하는 것은? [2025년 이데일리]

① 상호관세
② 보호관세
③ 교역조정관세
④ 덤핑관세

해설
상호관세(Reciprocal Tariff)란 상대국이 자국에 부과하는 관세율에 따라 자국도 상대국에 동일하거나 유사한 수준의 관세를 부과하는 정책을 말한다. 무역 당사국이 서로 대등한 조건을 맞추려는 무역대응조치다. 자국산업을 보호하며 불공정무역에 대응할 수 있고 무역 시 협상카드의 하나로 사용될 수 있으나, 무역분쟁이 격화될 우려도 존재한다.

05 인플레이션이나 디플레이션 없이 잠재성장률을 회복할 수 있는 이론적 금리수준은?

[2025년 이데일리]

① 정책금리
② 중립금리
③ 압력금리
④ 회생금리

해설
중립금리란 경제가 인플레이션이나 디플레이션의 압박 없이도 잠재성장률 수준을 회복할 수 있는 이론적 금리수준을 뜻하는 용어다. 경제상황에 따라 달라지기 때문에 이론상으로만 존재한다.

06 웹사이트 등에서 사용자가 의도치 않은 선택을 하도록 교묘하게 유도하는 사용자 인터페이스는?

[2025년 이데일리]

① 화이트패턴
② 레드패턴
③ 블루패턴
④ 다크패턴

해설
다크패턴(Dark Pattern)은 기업의 플랫폼이나 애플리케이션 등에서 사용자가 원하지 않는 행동을 하도록 유도하거나 실수하게끔 설계된 사용자 인터페이스(UI)를 말한다. 고의적으로 설계된 기만적 디자인이며, 사용자는 자신의 선택을 나중에야 깨닫곤 한다. 가령 서비스의 가입은 쉽게 하도록 한 반면 탈퇴는 어렵도록 경로를 숨긴다든지, 가입 시 자동으로 유료옵션이 체크되도록 해 원치 않는 추가결제를 유도하는 등의 방식으로 이뤄진다.

07 트럼프 미국 대통령의 별장 이름을 딴 트럼프 행정부의 경제정책은?

[2025년 한국경제]

① 마러라고 합의
② 플라자 합의
③ 팜비치 합의
④ 플로리다 합의

해설
마러라고(Mar-a-Lago) 합의는 플로리다 팜비치에 소재한 도널드 트럼프 미국 대통령의 별장 이름을 딴 경제정책 구상이다. 트럼프행정부는 미국의 제조업 부흥과 무역적자 해소를 위해 달러가치를 의도적으로 낮추는 정책을 고려하고 있는 것으로 알려졌다. 1985년 미국이 일본, 독일 등과 함께 달러가치를 인위적으로 낮추기 위해 체결한 '플라자 합의'에서 착안했다.

08 젠더, 인종평등 등을 지향하고 소수자의 권리보호에 민감하게 반응하려는 태도 및 이념을 일컫는 용어는?

[2025년 한국경제]

① 백래시
② 캔슬컬처
③ 안티워크
④ 워크이즘

해설
워크이즘(Wokeism)이란 'woke(깨어 있다)'와 'ism(~주의)'의 합성어로 사회정의(Social Justice), 인종·젠더평등, 소수자 권리보호에 민감하게 반응하고 실천하려는 태도나 이념을 말한다. 흑인 인종차별 측면에서 '사회적 불의에 깨어 있다'는 흑인 속어에서 유래한 용어로 현재는 성소수자, 페미니즘, 환경보호 등 광범위한 영역에서 사용되고 있다.

01 ③ 02 ② 03 ④ 04 ① 05 ② 06 ④ 07 ① 08 ④

09 봉준호 감독이 연출한 작품이 아닌 것은?
[2025년 부산일보]

① 마더
② 헤어질 결심
③ 도쿄!
④ 플란다스의 개

해설
〈헤어질 결심〉은 박찬욱 감독의 장편영화로 박찬욱 감독은 이 작품으로 제75회 칸 영화제에서 감독상을 수상하는 영예를 안았다. 2008년 발표된 〈도쿄!〉는 미셸 공드리, 레오스 카락스, 봉준호 등 세 감독이 각자의 시선으로 바라본 일본 도쿄를 그린 옴니버스 영화다.

10 지반 아래에 공실이 발생해 지면이 내려앉아 커다란 구멍이나 웅덩이가 생기는 현상은?
[2025년 부산일보]

① 버블홀
② 드레인
③ 에어홀
④ 싱크홀

해설
싱크홀(Sinkhole)은 지표면이 갑자기 가라앉거나 함몰되면서 생긴 구멍이나 웅덩이로 주로 석회암 같은 용해성 암석이 있는 지반에서 발생한다. 지하수가 암석을 녹이면서 빈 공간이 생기고, 이것이 상단의 무게를 이기지 못해 무너져 내린 것이 원인이다. 최근 전국 각지에서 싱크홀 사고로 피해가 잇따르자 시민들의 불안이 커지고 있다.

11 현행 우리나라 대통령의 임기와 국회의원의 임기를 바르게 연결한 것은?
[2025년 부산일보]

① 대통령 5년-국회의원 4년
② 대통령 5년-국회의원 5년
③ 대통령 4년-국회의원 4년
④ 대통령 4년-국회의원 5년

해설
우리나라는 5년 단임제의 대통령제를 채택하고 있다. 국회의원과 감사원장, 감사의원의 경우 임기는 4년이다. 검찰총장, 국회의장, 국회부의장의 임기는 2년이며, 헌법재판소 재판관, 중앙선거관리위원장, 대법원장, 대법관의 임기는 6년이다. 일반법관은 10년의 임기를 보장한다.

12 경선이나 전당대회 등 정치적 이벤트 직후 해당 정당이나 정치인의 지지율이 상승하는 현상을 이르는 말은?
[2025년 부산일보]

① 밴드왜건 효과
② 언더독 효과
③ 컨벤션 효과
④ 베블런 효과

해설
컨벤션 효과(Convention Effect)란 경선이나 전당대회 등 대규모 정치행사 후에 행사주체인 정당이나 정치인의 지지율이 상승하는 현상을 말한다. 언론보도나 미디어 노출이 급격히 늘어나면서 대중의 관심이 높아지고, 지지자들이 결집하며 해당 정당·정치인에 호감을 느끼는 무당층이 늘어나면서 컨벤션 효과가 나타난다.

13 맞벌이를 하면서도 자녀를 두지 않는 젊은 부부를 뜻하는 용어는? [2025년 한국폴리텍대학]

① 킨포크족
② 프리커족
③ 듀프족
④ 더피족

해설
듀프족(Dupe族)은 'Duplication'의 줄임말로 맞벌이를 하면서도 자녀를 두지 않는 젊은 부부를 뜻하는 신조어다. 고물가나 주거불안, 육아부담 등으로 아이를 갖지 않는 사람들이다. '딩크족'과 유사한 개념인데, 딩크족은 의도적으로 아이를 갖지 않고 경제적 여유와 자아실현을 추구하는 경향인 데 반해, 듀프족은 현실적인 제약 때문에 자녀를 갖고 싶어도 포기하는 사람들을 뜻한다.

14 특정세대의 특성에 얽매이지 않고 다양한 세대의 특성을 보유한 사람들을 뜻하는 말은? [2025년 한국폴리텍대학]

① 퍼레니얼 세대
② 뉴 제너레이션
③ 캥거루 세대
④ 탕진잼 세대

해설
퍼레니얼(Perennial) 세대란 자신이 속한 세대의 생활방식이나 특성에 얽매이지 않고 세대를 뛰어넘어 끊임없이 상호작용을 하는 사람을 일컫는다. 퍼레니얼은 여러 세대에 걸친 기술과 문화, 환경 등을 공유하기 때문에 여러 세대의 특성을 동시에 보유하게 된다. 이는 출생연도나 연령에 근거해 세대를 구분하던 기존의 방식과 다르게 유사한 사고방식과 생활방식을 공유하는 사람들을 모두 아우를 수 있다는 특징이 있다.

15 스마트폰으로 QR코드 접속을 유도해 금융범죄를 벌이는 수법은? [2025년 한국폴리텍대학]

① 파밍
② 스미싱
③ 큐싱
④ 트래킹

해설
큐싱(Qshing)은 QR코드(Quick Response Code)와 '개인정보 및 금융정보를 낚는다(Fishing)'는 의미를 결합한 합성어로 스마트폰이 대중화되면서 새롭게 나타난 금융범죄 수법이다. QR코드에 접속하면 자동으로 악성코드가 심어지게 해 개인정보를 탈취하고 스마트폰을 해킹해 금전적 피해를 입힌다. 정상적인 QR코드를 다른 것으로 바꾸거나 덮어씌운 뒤 악성링크로 접속을 유도하고 악성앱을 설치하는 등의 방식으로 나타난다.

16 전통과 젊은 세대 특유의 감성이 만나 만들어진 새로운 트렌드를 뜻하는 신조어는? [2025년 한국폴리텍대학]

① 욜로
② 플로그잉
③ 스낵컬처
④ 힙트래디션

해설
힙트래디션(Hiptradition)은 고유한 개성을 지니면서도 최신 유행에 밝고 신선하다는 뜻의 'hip'과 전통을 뜻하는 'tradition'을 합친 신조어로 우리 전통문화를 재해석해 즐기는 것을 의미한다. 전통문화를 MZ세대 특유의 감성으로 해석해 새로운 트렌드를 만드는 것으로 최근 SNS를 중심으로 인기를 끌고 있다. 대표적으로 반가사유상 미니어처, 자개소반 모양의 무선충전기 등 전통문화재를 기반으로 디자인된 상품의 판매율이 급증하면서 그 인기를 입증하고 있다.

17 경제불안 속에서도 현재 만족을 위해 소비를 멈추지 않는 현상을 뜻하는 말은?

[2025년 한국폴리텍대학]

① 패스트 소비
② 둠 스펜딩
③ 생존 소비
④ 불안 소비

해설
둠 스펜딩(Doom Spending)이란 '끝이 좋지 않을 것을 알면서도 일단 저지르고 보는 소비'라는 뜻으로 경제나 미래가 불안한 상황에서도 스트레스 해소나 현재 만족을 위해 소비를 멈추지 않는 현상이다. 경제적으로 미래가 암울하지만 심리적 탈출욕구 등으로 인해 소비를 늘리는 것을 뜻한다.

18 고도의 기술력을 바탕으로 한 혁신적 첨단기술 영역을 뜻하는 용어는?

[2025년 한국폴리텍대학]

① 섭테크
② 하이테크
③ 씬테크
④ 딥테크

해설
딥테크(Deep Tech)란 일반적으로 출시되는 애플리케이션 서비스나 플랫폼들과는 달리 치밀한 과학적 연구에서 시작된 고도의 기술력을 바탕으로 한 혁신적인 기술 영역을 뜻하는 용어다. 기초과학에 뿌리를 두고 오랜 연구와 복잡한 개발과정을 거치며, 많은 자금과 인력이 필요하다. 인공지능(AI), 바이오, 우주항공, 양자컴퓨팅, 로봇공학 등이 딥테크의 예시다.

19 24절기 중 양력 4월 5일경이며, 봄기운이 완연해지고 하늘이 맑아지는 시기는?

[2025년 한국폴리텍대학]

① 백로
② 청명
③ 상강
④ 우수

해설
청명(淸明)은 양력 4월 4일~4월 6일경으로 봄의 절기 가운데 하나다. '날씨가 맑고 청명하다'는 뜻으로 봄기운이 완연해지고 하늘이 맑아지는 시기다. 태양의 황경이 15도일 때로 날씨가 따뜻해지고 초목이 푸르게 돋기 시작하며, 농사준비가 본격적으로 시작된다.

20 이용자가 플랫폼을 바꾸거나 동시에 여러 개의 플랫폼을 사용하는 현상을 뜻하는 용어는?

[2025년 한국폴리텍대학]

① 리버스호밍
② 플랫폼호밍
③ 멀티호밍
④ 태스크호밍

해설
멀티호밍(Multi-homing)은 플랫폼 이용자가 기존에 사용하던 플랫폼에서 다른 플랫폼으로 옮겨 가거나 여러 개의 플랫폼을 동시에 사용하는 현상을 말한다. 정보기술(IT) 분야에서는 다중 IP주소를 사용해 둘 이상의 네트워크 또는 링크에 다중접속을 실현하는 것을 의미한다. 이용자의 입장에서는 목적과 니즈에 따라 여러 플랫폼을 이용할 수 있으므로 선택의 폭이 넓어지고 합리적인 선택을 할 수 있다.

21 직업 없이 돈이 필요할 때 일시적으로 아르바이트를 하며 생활하는 젊은 층을 의미하는 용어는?   [2025년 광명도시공사]

① 프리터족
② 패러싱글족
③ 그루밍족
④ 딘트족

해설
프리터족(Freeter族)은 'free(프리)'와 'arbeit(아르바이트)'를 합성한 신조어로 일본에서 처음 사용했다. 일정한 직업 없이 돈이 필요할 때 일시적으로 아르바이트를 하며 생활하는 젊은 층을 말한다.

22 다음 중 우리 태양계 목성의 위성에 해당하는 것은?   [2025년 광명도시공사]

① 이오
② 포보스
③ 타이탄
④ 엔셀라두스

해설
목성은 태양계에서 가장 거대한 행성으로 95개 이상의 위성을 거느리고 있다. 이중 가장 크고 유명한 것은 1610년 이탈리아의 천문학자 갈릴레오 갈릴레이가 발견한 4개의 위성, 이오(Io), 유로파(Europa), 가니메데(Ganymede), 칼리스토(Callisto)다.

23 2025년 7월을 기준으로 세계에서 가장 높은 건축물은?   [2025년 광명도시공사]

① 알베이트 타워
② 제다 타워
③ 상하이 타워
④ 부르즈 할리파

해설
2025년 7월 기준 세계에서 가장 높은 빌딩은 두바이의 '부르즈 할리파(Burj Khalifa)'다. 2010년에 완공됐으며 건물높이만 828m, 전체높이는 829.8m에 달한다. 총 154층이며 오피스, 호텔 등 복합적 용도로 사용되고 있다. 사우디아라비아의 제다 타워(Jeddah Tower)는 높이 약 1,008m를 설계로 현재 건설 중이다. 2013년 착공 후 2018년부터 건설이 중단됐다가 2024년 10월 재개했다. 2028년 완공될 예정이다.

24 다음 중 우리나라의 국보가 아닌 것은?   [2025년 광명도시공사]

① 원각사지 10층 석탑
② 북한산 신라 진흥왕 순수비
③ 경주 불국사 다보탑
④ 서울 보신각종

해설
보물과 국보는 모두 유형문화유산으로 '보물'은 건조물·전적·서적·고문서·회화·조각·공예품·고고자료·무구 등의 문화유산 중에서 국가유산청이 심의를 거쳐 지정한다. '국보'는 보물에 해당하는 문화유산 중 제작연대가 오래되고 시대 특유의 제작기술이 뛰어나며 형태나 용도가 특이한 것을 심의를 거쳐 지정한다. 서울 보신각종은 '보물 2호'로 지정돼 있다.

17 ② 18 ④ 19 ② 20 ③ 21 ① 22 ① 23 ④ 24 ④

내일은 TV 퀴즈왕

방송에 출제됐던 문제들을 모아! 재미로 풀어보는 퀴즈~!~!

01 과거에 이 색은 염료 1g을 얻기 위해 고동 약 1만마리가 필요할 만큼 귀했으며, 황제의 색으로 사용되기도 했다. 이 색은 무엇인가? [장학퀴즈]

정답 동서양을 막론하고 예로부터 보라색은 황제, 권위, 명성, 존엄성을 상징해왔다.

04 '듣보다'의 바른 뜻풀이는? [우리말 겨루기]

① 듣기도 하고 보기도 하며 알아보거나 살피다.
② 듣지도 보지도 못하다.

정답 '듣보다'는 '듣기도 하고 보기도 하며 알아보다'라는 말로 꼼꼼하게 살피고 알아본다는 의미로 사용한다.

02 한국여성 최초로 서양화를 전공했으며, 여성에게 억압적인 당시 사회분위기에 맞서 '이혼고백서' 등 진보적인 여성관을 발표한 인물은? [장학퀴즈]

정답 조각가, 여성운동가, 사회운동가, 시인, 언론인이기도 했던 나혜석(1896~1948)은 한국 최초의 여성 서양화가로서 개인전을 개최하는 등 활발하게 활동했으며, 시대를 앞서가는 진보적인 사고관으로 근대 신여성의 효시로 평가받는다.

05 중국 춘추시대 거문고의 명수로 이름이 높았던 백아와 그의 벗이었던 종자기의 우정에서 유래한 사자성어로 절친한 우정을 비유할 때 쓰이는 이것은? [유 퀴즈 온 더 블럭]

정답 '백아가 거문고 줄을 끊었다'는 뜻의 백아절현(伯牙絶絃)은 백아가 종자기의 죽음 후 자신의 음악을 알아주는 이가 없다며 거문고 줄을 끊고 다시는 연주하지 않았다는 이야기에서 유래한 사자성어다. '나를 알아주는 참다운 벗의 죽음을 슬퍼한다'는 의미다.

03 다음 중 맞춤법이 틀린 것은? [우리말 겨루기]

① 고정란
② 인사난
③ 모임난
④ 작품란

정답 신문이나 잡지 따위에서 인사(人事)나 소식을 알리는 기사를 실으려고 마련된 지면을 뜻하는 말은 '인사란'으로 써야 한다.

06 음악이 있는 드라마라는 뜻의 그리스어에서 유래했으며, 오늘날 파란만장한 줄거리를 가진 극의 장르를 지칭하는 말로 사용되는 이것은? [유 퀴즈 온 더 블럭]

정답 그리스어의 '노래(melo)'와 '극(drama)'이 결합된 멜로드라마(Melodrama)는 원래 음악이 포함된 그리스의 간단한 극을 가리켰는데, 오늘날에는 사건의 변화가 심하고 통속적인 흥미와 선정성이 있는 통속극, 대중극을 의미한다.

 물음표에 들어가야 할 숫자는?

[문제적 남자]

415	15	430
728	10	807
1003	20	1023
1118	20	?
820	13	902

정답

A	B	C
4월 15일	15일	4월 30일
7월 28일	10일	8월 7일
10월 3일	20일	10월 23일
11월 18일	20일	12월 8일
8월 20일	13일	9월 2일

제시된 문제는 첫 번째 줄(A)과 두 번째 줄(B)을 더해 달력 날짜(C)를 구하는 문제다. 물음표에 들어갈 숫자는 11월 18일 이후 20일째 날인 12월 8일을 의미하므로 '1208'이다.

 어두컴컴한 동굴 안에 빨간모자와 파란 모자를 쓴 난쟁이들이 살고 있다. 동굴에는 거울이 없어서 본인이 어떤 색깔의 모자를 쓰고 있는지 알 수 없다. 그러던 어느 날 난쟁이들의 지도자가 나타나 다음과 같이 명령했다.

> "한 명씩 밖으로 나가서 같은 색깔의 모자끼리 모여 서라."

난쟁이들은 이 명령을 완수할 수 있을까? 단, 난쟁이들은 눈짓이나 몸짓, 혹은 소리로 서로의 모자 색깔을 알려줄 수 없다.

[문제적 남자]

정답

1번 난쟁이는 아무 데나 서면 되고, 2번 난쟁이는 그 옆 한쪽에 마음대로 선다. 이후에 나온 난쟁이들은 앞선 난쟁이들의 모자 색깔이 같으면 어느 쪽이든 상관없이 이들의 한쪽 끝에 서고, 만약 다르면 빨강과 파랑 사이에 선다.

취업!
실전문제

최종합격 기출면접	**116**
기업별 최신기출문제	**120**
한국사능력검정시험	**130**
면접위원을 사로잡는 답변의 기술	**140**
합격으로 가는 백전백승 직무분석	**144**
센스 있는 신입사원이 되는 비법	**148**
최신자격정보	**150**

최종합격 기출면접

01 S-OIL

S-OIL의 인재상은 '회사 VISION 실현에 동참할 진취적인 사람, 국제적 감각과 자질을 가진 사람, 자율과 팀워크를 중시하는 사람, 건전한 가치관과 윤리의식을 가진 사람'이며 최고의 인재선발을 위해 실무진 면접, PT면접, 임원면접 등 다양한 면접을 실시한다. 특히 S-OIL은 다대다 면접으로 3~5인 1조로 면접장에 입실하며, 자기소개를 기본으로 한 개별질문으로 시작되고 다소 편안한 분위기에서 진행된다.

1차_실무진 면접

실무진 면접은 주로 다수의 면접관과 한 명의 지원자가 면접을 진행하는 방식으로 진행된다. 지원자의 자기소개서와 이력서를 기반으로 질문하고, 때로는 지원직무와 관련된 질문이나 S-OIL의 미래 발전방향에 대한 질문도 나올 수 있다.

기출문제

직무역량 및 포부 관련

- 높은 목표를 세우고 그것을 성취했던 경험에 대해 말해보시오.
- 다른 사람들을 설득했던 일에 대해 말해보시오.
- 본인의 꼼꼼함과 책임감을 보여줄 수 있는 사례를 말해보시오.
- 상사와 본인의 의견이 일치하지 않을 때에는 어떻게 행동할 것인지 말해보시오.
- 기재한 자격증을 취득한 이유와 이를 업무에 어떻게 활용할 것인지 말해보시오.
- 캐비테이션 현상에 대해 설명해보시오.
- 열처리방식의 종류와 특징은 무엇인지 설명해보시오.
- 베르누이 방정식에 대해 설명해보시오.
- 펌프의 동작원리를 설명해보시오.
- 석유가 만들어지는 과정은 무엇인지 설명해보시오.
- 열의 이동방법에 대해 설명해보시오.

S-OIL 관련

- 회사에 대해 궁금한 점이 있다면 말해보시오.
- 미래를 대비하기 위해 S-OIL이 해야 할 일은 무엇이라고 생각하는지 말해보시오.
- 정유산업의 전망이 어떻게 될 것 같은지 말해보시오.
- 정유산업의 시황에 대해 말해보시오.

2　1차_PT면접

PT(Presentation, 프레젠테이션)면접은 주어진 주제나 과제에 대해 지원자가 자신의 생각을 논리적으로 설명하고 발표하는 면접방식이다. 직무면접을 중요하게 여기는 S-OIL은 PT면접에서도 직무 관련 지식과 경험을 중점적으로 평가한다.

> **기출문제**
> - an, Blower에 대해 설명해보시오.
> - 펌프의 작용원리나 이상 시 발생하는 현상에 대해 설명해보시오.

3　2차_임원면접

임원면접은 블라인드 면접으로 진행되며, 기본적인 인성 관련 질문이 주를 이룬다. 면접관은 여러 명의 임원으로 구성될 수 있으며, 면접시간은 약 30분 정도 소요된다. 면접은 비교적 편안한 분위기에서 진행되지만, 직무 관련 심층질문이나 영어질문도 나올 수 있으므로 대비가 필요하다.

> **기출문제**
> - 1분 동안 자기소개를 해보시오.
> - 본인을 뽑아야 하는 이유를 말해보시오.
> - 지원자의 인생에서 가장 힘들었던 시절과 그 극복방법에 대해 이야기해보시오.
> - 경쟁사에 지원하지 않은 이유는 무엇인가?
> - 회사에 지원한 이유가 무엇인가?
> - 입사 후 회사에서 이익을 내는 방법을 설명해보시오(입사 후 포부).
> - 저번 채용시험에서 떨어진 이유는 무엇인가?
> - 타지생활에서 어려움은 없었는가?
> - 이직 사유는 무엇인가?
> - 지원분야에 대한 경험이 있는가?
> - 관련 전공이 아닌데, 어떻게 지원하게 되었나?
> - 공백기간이 있는데, 그 기간 동안 어떤 일을 했는지 말해보시오.
> - 원하던 직무가 아닌 곳에 배치되면 어떻게 할 것인지 말해보시오.
> - 전망이 불안함에도 이 업계를 선택한 이유에 대해 말해보시오.
> - 원하지 않지만 해야 했던 일과 그 일을 어떻게 대처했는지 말해보시오.

02 기술보증기금

기술보증기금의 면접전형은 1차 면접과 2차 면접, 총 2단계에 걸쳐 진행된다. 1차 면접은 조직적합성과 직무적합성, 토론을 합산해 평가하며, 2차 면접은 종합적합성과 1차 면접전형의 점수, 필기전형의 점수를 합산하여 평가한다.

1차_조직적합성 면접(인성면접)

다대다로 이뤄지며 지원자의 자기소개서를 기반으로 진행된다. 제출한 자기소개서의 내용에 대한 숙지와 함께 기술보증기금의 핵심가치를 반영한 답변을 준비할 필요가 있고, 모순되지 않은 솔직한 답변을 하도록 주의가 필요하다.

기출문제

- 30초간 자기소개를 해보시오.
- 어떤 상사가 좋은 상사라고 생각하는가?
- 전국 순환근무에 적응할 자신이 있는가?
- 금융기관 직원으로서 지녀야 할 중요한 덕목은 무엇이라고 생각하는가?
- 창의력을 키우기 위한 지원자만의 노력이 있는가?
- 지원자의 스트레스 해소방법은 무엇인가?
- 마지막으로 20초간 맺음말을 해보시오.
- 여러 금융기관 중 기술보증기금에 지원한 이유가 무엇인가?
- 기술보증기금의 핵심가치와 지원자의 가치관이 어떻게 부합하는가?
- 기술보증기금이 여성을 배려하고 있는 점에 대하여 아는 것이 있는가?
- 다른 사람들이 생각하는 지원자의 모습 중 지원자의 생각과 다른 점이 있었는가?
- 인턴생활을 하면서 힘들었던 점을 말해보시오.
- 부모님과 요즘 하는 이야기는?
- 연수원까지 오면서 어떤 생각을 했는가?
- 전 직장에서 구체적으로 어떤 일을 했는가?
- 자신의 강점은 무엇이고 그것을 기술보증기금에서 어떻게 활용할 것인가?
- 조직과 개인 중 어느 것이 더 중요하다고 생각하는가?
- 만약 상사로부터 부당한 대우를 받는다면 어떻게 할 것인가?
- 기술보증기금에 지원하게 된 동기가 무엇인가?
- 블랙컨슈머도 고객으로 보아야 한다고 생각하는가?
- 기술보증기금의 핵심가치 3가지 중 지원자를 잘 표현할 수 있는 키워드 한 가지와 관련된 경험을 말해보시오.
- 경제민주화란 무엇이고, 본인의 생각은 무엇인가?
- 학창시절 중 가장 기억에 남는 일은 무엇인가?
- 가장 기억에 남는 여행과 그곳에서 배운 교훈은?
- 동아리활동 경험에 대해 이야기해보시오.
- 성적이 좋은데, 대학원에 갈 생각은 없는가?

2 1차_직무적합성 면접(PT면접)

지원자 1명과 면접관 다수로 이뤄지는 발표와 질의응답으로 구성되는 면접이다. 시사 관련 주제도 나오기 때문에 기업, 비즈니스, 4차 산업혁명, 기술보증기금의 사업과 관련된 내용을 사전에 숙지하는 것이 좋다. 처음 보는 단어라도 문제지에 쓰인 뜻을 보고 차분히 생각해서 발표내용을 구상해야 한다.

기출문제
- 문화콘텐츠 보증에 대하여 발표하시오.
- 최신 IT기술을 기술보증기금 업무에 적용할 방안에 대하여 발표하시오.
- 문화콘텐츠(영화, 드라마, 게임, 캐릭터 등) 평가방안에 대하여 발표하시오.
- 대기업의 중소기업 기술탈취에 대해 어떻게 생각하는가?
- 금리인하로 인한 우리 정부의 앞으로의 방향은 어떠한지 말해보시오.
- 빅데이터에 3V가 있는데 4V, 5V의 V가 무엇인지 아는가?
- CAMP에서 베타는 어떻게 구하는가?
- 기술은 눈에 보이지 않는데, 어떻게 이를 증명할 것인가?

3 1차_토론면접

주어진 주제에 대해 한 조로 이루어진 4명의 지원자들이 토론하는 형식으로 진행된다. 주로 시사와 관련된 주제 및 창의력, 업무·전공에 관련한 주제가 주어진다. 자신의 주장을 강하게 밀어붙이기보다는 다른 토론자들의 의견을 경청한 후 덧붙이는 태도가 중요하다.

기출문제
- 연대보증에 대하여 찬반 여부를 토론하시오.

4 2차_임원면접

약 30분간 다대다로 이뤄지는 종합적합성면접으로 공통질문 2개와 개인질문 2개 정도를 물어보는 형식으로 진행된다.

기출문제
- 기금의 경제활성화 방안에 대하여 설명해보시오.
- 지원자가 생각하는 기술금융이란 무엇인가?
- 기술보증기금의 보증절차에 대해 설명해보시오.
- 지원자가 지원한 직무에서 가장 중요하다고 생각하는 점은 무엇인가?
- 조직융화와 전문성 중에 어떤 것을 중시하는가?
- 자신과 닮은 동물과 그 동물을 선택한 이유를 말해보시오.
- 진상고객이 왔을 때 어떻게 대처할 것인가?

기업별 최신기출문제

01 NH농협은행

1. 직무능력평가

01 다음 글의 내용에 대한 추론으로 적절하지 않은 것은?

> 지난해 경북 봉화군은 농기계임대사업소를 설치해 1,279농가에 6,135건의 농기계를 임대함으로써 농업의 인력난 해소와 더불어 농작업 편의성을 높였다.
>
> 올해는 무인안내기 이른바 '키오스크'를 설치한 농기계임대사업소를 새롭게 확장이전해 농업인 스스로 필요로 하는 농기계를 임대·출고·결제할 수 있는 편리한 서비스를 제공하고 있다. 이를 통해 농업인은 간편하게 농기계 임대를 진행할 수 있어 이전보다 대기하는 시간이 크게 감소했음은 물론 스마트폰 앱을 이용해 실시간으로 농기계 재고를 확인하고 예약할 수 있는 서비스까지 제공하고 있어 효율적 이용이 가능해졌다.
>
> 또한 KT인공지능(AI) 기술인 '보이스봇' 서비스를 도입해 분주한 농업인들이 휴일 및 야간에 구애받지 않고 24시간 전화 상담 및 예약을 가능하게 하고 있으며, 농업인들이 임대한 농기계를 안전하게 사용할 수 있도록 이에 맞는 교육도 제공하고 있다.
>
> 봉화군은 앞으로도 지역 내 농업인들이 필요로 하는 농기계를 추가구입해 지역 내 농업인들이 임대농기계를 편하게 이용할 수 있도록 힘쓸 것은 물론 경제적 어려움을 겪고 있는 농업인들에게는 저렴하게 임대할 수 있도록 하겠다고 밝혔다.

① 농업에 부족한 인력을 농기계가 대신하고 있어 농업에서 농기계의 사용은 불가피하다.
② 지난해에는 직원을 통해서만 농기계 임대가 가능해 농기계를 임대하기까지 많은 시간이 소요됐다.
③ 이전에는 실시간 재고확인이 어려워 농기계임대사업소에서 바로 임대가 어려운 경우가 발생했다.
④ 올해는 농기계임대사업소를 방문하지 않고도 임대농기계를 예약하고 현장에서 바로 사용할 수 있다.
⑤ 각 지역 농업환경 특성에 따라 필요로 하는 농기계가 다를 수 있다.

해설 농기계임대사업소를 직접 방문하지 않고 스마트폰 앱을 통해 실시간으로 임대농기계를 예약할 수 있지만, 임대한 농기계를 현장에서 바로 사용할 수 있도록 한다는 내용은 제시문에서 찾을 수 없다.

02 다음 글의 내용으로 적절하지 않은 것은?

> 사과를 포함해 일부 과일가격이 지속적으로 상승하는 가운데 농림축산식품부(농식품부)는 비록 올해 2월에는 눈·비가 자주 내린 기상상황 탓에 참외의 수확량이 적었지만, 최근 생육환경이 나아져 4월에 열린 과실량이 5월에 함께 공급될 것으로 예상돼 특히 5월부터는 참외 수확량이 작년 수준만큼 회복될 것으로 보인다고 했다.
>
> 또한 올여름 수박의 출하면적이 지난해와 비교해볼 때 소폭 상승해 생장기 기상상황이 안정적이라면 수박 공급량 역시 작년과 비슷할 것으로 판단된다고 했다. 이 밖에도 토마토의 경우 생육이 회복하고 있어 긍정적으로 전망되지만, 멜론의 경우 재배면적이 작년보다 감소해 공급량이 줄어들 것으로 예상되고 있다. 사과 역시 햇과일이 나올 때까지는 가격이 계속 상승세를 유지할 것으로 보이지만, 여름에는 사과보다는 비교적 참외와 수박이 소비되는 경향이 있어 사과보다는 참외와 수박의 가격이 체감물가로 이어질 것으로 보인다고 했다.
>
> 이에 농식품부는 제철 과일 및 채소의 생육관리를 위해 농업인 대상의 기술지도를 늘리고, 농작물 생장관리를 위한 영양제를 저렴하게 공급하겠다며 농가에서도 농산물의 생육관리를 위해 수박은 15℃ 이상으로, 참외는 30℃ 이하로 유지하는 등 각 과일 및 채소 재배환경에 맞는 적절한 온도조절과 환기에 신경 써달라고 당부했다.

① 5월에 비가 자주 내린다면 참외 수확량은 적을 것이다.
② 참외, 수박, 토마토, 사과의 경우 올해 긍정적인 전망이 예상되는 반면, 멜론의 경우 그렇지 않다.
③ 소비자 입장에서 사과의 체감물가는 증가할 것이다.
④ 과일 및 야채의 체감물가와 수확량은 반비례한다.
⑤ 여름 제철과일이라 하더라도 각 과일 생장기에 따른 적절한 재배온도는 다를 수 있다.

해설 참외, 수박, 토마토의 경우 지금 상황으로는 작년 수준만큼 수확량이 회복될 것으로 예상되는 반면, 멜론의 경우는 작년보다 재배면적이 줄어 그렇지 못할 것으로 보인다고 했으므로 제시문의 내용과 일치한다. 하지만 사과의 경우 햇과일이 나올 때까지는 지금 상황이 지속될 것으로 보인다고 했으므로 올해 긍정적인 전망이 예상된다고 보기 어렵다.

01 ④ 02 ②

03 다음 중 제시된 명제가 모두 참일 때 반드시 참인 명제는?

> • 갑과 을 앞에 감자칩, 쿠키, 비스킷이 놓여 있다.
> • 세 가지의 과자 중에는 각자 좋아하는 과자가 반드시 있다.
> • 갑은 감자칩과 쿠키를 싫어한다.
> • 을이 좋아하는 과자는 갑이 싫어하는 과자다.

① 갑은 좋아하는 과자가 없다.
② 갑은 비스킷을 싫어한다.
③ 을은 비스킷을 싫어한다.
④ 갑과 을이 같이 좋아하는 과자가 있다.
⑤ 갑과 을이 같이 싫어하는 과자가 있다.

해설 명제가 참이면 대우 명제도 참이다. 즉, '을이 좋아하는 과자는 갑이 싫어하는 과자이다'가 참이면 '갑이 좋아하는 과자는 을이 싫어하는 과자이다'도 참이다. 따라서 갑은 비스킷을 좋아하고, 을은 비스킷을 싫어한다.

04 다음은 2017~2023년 우리나라 지진 발생현황에 대한 자료다. 이에 대한 설명으로 가장 적절한 것은?

우리나라 지진 발생현황

구분	지진횟수	최고규모
2017년	42회	3.3
2018년	52회	4.0
2019년	56회	3.9
2020년	93회	4.9
2021년	49회	3.8
2022년	44회	3.9
2023년	492회	5.8

① 지진횟수가 증가할 때 지진의 최고규모도 커진다.
② 2020년에는 2019년보다 지진이 44회 더 발생했다.
③ 2017년 이후 지진 발생횟수가 꾸준히 증가하고 있다.
④ 2020년에 일어난 규모 4.9의 지진은 2017년 이후 우리나라에서 발생한 지진 중 가장 강력한 규모다.
⑤ 2023년에 발생한 지진횟수는 2017년부터 2022년까지의 평균에 비해 약 8.8배 급증한 수치다.

해설 2017~2022년 평균 지진 발생횟수는 (42 + 52 + 56 + 93 + 49 + 44) ÷ 6 = 56회다. 따라서 2023년에 발생한 지진은 2017~2022년 평균 지진 발생횟수에 비해 492 ÷ 56 ≒ 8.8배 증가했으므로 옳은 설명이다.

2. 직무상식평가

05 다음 중 농협의 인재상에 대한 설명으로 옳지 않은 것을 고르면?

① 시너지 창출가 : 개방적인 태도로 조직 및 조직원 간에 서로 존중하고 협동해 기관 전체의 성과가 최대로 발휘될 수 있도록 에너지를 끌어모으는 데 힘쓰는 인재

② 행복의 파트너 : 전문가다운 마음과 태도로 농업인과 고객을 가족과 같이 생각해 행복의 최고치를 제공하기 위해 힘쓰는 인재

③ 최고의 전문가 : 맡은 분야에서 최고의 지식을 쌓아 고객이 필요로 하는 정보를 필요한 때에 제공할 수 있도록 힘쓰는 인재

④ 정직과 도덕성을 갖춘 인재 : 진보적인 태도로 성실하고 명료하게 맡은 바 업무를 수행해 농업인과 고객은 물론, 임직원 및 이해관계자 모두에게 신망받는 인재

⑤ 진취적 도전가 : 다가올 미래에 대해 긍정적인 태도로 도전하고, 창의력에 기초해 새로운 비즈니스와 성장동력을 발굴하기 위해 꾸준히 힘쓰는 인재

> **해설** 농협의 인재상 중 '최고의 전문가'란 담당하고 있는 분야에서 최고의 전문가로 거듭나기 위해 지속적으로 자기계발에 힘쓰는 인재를 말한다.

06 다음 중 지니계수의 주요원리로 볼 수 없는 것은?

① 익명성   ② 객관성   ③ 독립성
④ 자립성   ⑤ 이전성

> **해설** 객관성은 지니계수의 주요원리와 관계가 없다.
> ① 익명성 : 지니계수를 구할 때 모집단의 정보를 외부 등에 공개하지 않는다.
> ③ 독립성 : 지니계수는 경제규모, 측정방식 등의 영향을 받지 않는다.
> ④ 자립성 : 지니계수는 모집단의 크기와 관계없이 계산이 가능하다.
> ⑤ 이전성 : 지니계수는 소득이 많은 사람으로부터 소득이 적은 사람으로의 소득의 이전을 나타낸다.

03 ③ 04 ⑤ 05 ③ 06 ②

07 다음 중 리카도의 비교우위론에 대한 설명으로 옳지 않은 것은?

① 생산비가 상대적으로 더 적게 드는 상품에 특화해 교역하면 이익을 얻을 수 있다고 본다.
② 한 나라가 두 상품 모두에 절대우위를 가지고 있다고 가정한다.
③ 국가 간 생산요소의 이동이 없는 것으로 가정한다.
④ 한 국가가 매우 희소하거나 없는 물품을 보유하고 있는 경우 우위를 갖는다.
⑤ 자유무역주의가 발달하는 계기가 됐다.

> **해설** 비교우위론은 애덤 스미스의 절대우위론의 한계를 극복하기 위해 리카도가 주장한 이론으로 한 나라가 두 상품 모두 절대우위에 있고, 상대국이 두 상품 모두 절대열위에 있어도 교역을 통해 상호이익을 얻을 수 있다고 본다. 반면 한 국가가 매우 희소하거나 없는 물품을 보유하고 있는 경우 우위를 갖는 것은 절대우위론에 대한 설명이다.

08 다음 중 우루과이라운드(Urguay Round)에 대한 설명으로 옳지 않은 것은?

① 관세무역 일반협정(GATT)의 문제점을 해결하기 위한 새로운 다자간 무역협정으로 1986년에 개최됐다.
② 각국의 보호무역 추세가 강화되는 계기가 됐다.
③ 세계무역이 GATT 체계에서 WTO 체계로 넘어가는 계기가 됐다.
④ 대표적으로 농산물 분야가 새롭게 포함돼 주요국가의 농산물 시장이 개방됐다.
⑤ 우리나라의 경우 제조업이 혜택을 보게 됐다.

> **해설** 우루과이라운드는 보호무역주의 완화와 자유무역 확대에 기여했다.

02 한국남동발전

1. 의사소통능력

01 다음 글의 주제로 가장 적절한 것은?

> 한동안 코로나19로 인해 마스크는 우리 생활의 필수품이 됐다. 마스크는 감염병으로부터 우리를 보호하는 역할을 했지만, 이로 인해 상대방의 표정과 입 모양이 가려진 탓에 의사소통의 걸림돌이 되기도 했다. 특히 마스크는 상대방의 의도나 감정이 드러나는 표정을 가리기 때문에 원활한 의사소통에 제약을 주기도 했다.
>
> 이러한 상황 속에서 흥미로운 사실 하나가 밝혀졌는데, 동양인은 상대의 감정을 눈을 통해 파악하지만, 서양인은 입을 통해 파악한다는 것이다. 즉, (_____)
>
> 이와 같은 동양인과 서양인의 의사소통 방식의 차이는 이모티콘에도 영향을 주었다. 예를 들어 우리나라의 경우 이모티콘으로 감정을 표현할 때 ^^, ㅠㅠ, ——,)(등의 사용처럼 눈에 그 감정을 담는 반면, 서양에서는 눈 모양은 그대로 둔 채 입 모양만 달리해 표현한다. 예를 들어 기분이 좋으면 :), 기분이 나쁘면 :(처럼 말이다.

① 동양인과 서양인이 얼굴 표정을 그리는 방식이 달랐던 것이다.
② 동양인보다 서양인이 마스크를 거부하는 이유가 여기에 있던 것이다.
③ 동양인과 서양인이 상대방에게 감정을 표현하는 방식이 달랐던 것이다.
④ 동양인과 서양인이 상대방의 감정을 파악하는 포인트가 달랐던 것이다.

해설 접속사 '즉'은 이전 글의 맥락을 설명하는 역할을 하므로, 빈칸 앞 문장에서 언급한 '동양인과 서양인은 상대방의 감정을 읽는 방식이 다르다'는 것과 유사한 의미의 내용이 이어져야 한다. 따라서 빈칸에 들어갈 내용으로 가장 적절한 것은 ④다.

02 다음 글에서 나타나는 화자의 태도로 가장 적절한 것은?

> 거친 밭 언덕 쓸쓸한 곳에
> 탐스러운 꽃송이 가지 눌렀네
> 매화비 그쳐 향기 날리고
> 보리 바람에 그림자 흔들리네
> 수레와 말 탄 사람 그 누가 보아주리
> 벌 나비만 부질없이 엿보네
> 천한 땅에 태어난 것 스스로 부끄러워
> 사람들에게 버림받아도 참고 견디네
>
> – 최치원의 '촉규화'

① 임금에 대한 자신의 충성을 드러내고 있다.
② 사랑하는 사람에 대한 그리움을 나타내고 있다.
③ 현실에 가로막힌 자신의 처지를 한탄하고 있다.
④ 사람들과의 단절로 인한 외로움을 표현하고 있다.
⑤ 역경을 이겨내기 위한 자신의 노력을 피력하고 있다.

해설 제시된 시는 신라시대 6두품 출신 문인 최치원이 지은 '촉규화'다. 최치원은 자신을 향기 날리는 탐스러운 꽃송이에 비유해 뛰어난 학식과 재능을 뽐내고 있지만, 수레와 말 탄 사람에 비유한 높은 지위의 사람들이 자신을 외면하는 현실을 한탄하고 있다.

- 최치원 : 신라시대 문인으로 12세에 당나라로 유학을 간 후 6년 만에 당의 빈공과에 장원으로 급제할 정도로 학문적 성취가 높았다. 그러나 당나라에서 제대로 인정을 받지 못했으며, 신라에 돌아와서도 6두품이라는 출신의 한계로 원하는 만큼의 관직에 오르지 못했다. '촉규화'는 최치원이 당나라 유학시절에 지은 시로 알려져 있으며, 자신을 알아주지 않는 시대에 대한 개탄을 담고 있다. 최치원은 인간 중심의 보편성과 그에 따른 다양성을 강조했는데, 신라의 쇠퇴로 인해 이러한 그의 정치적 이념과 사상은 신라사회에서는 실현되지 못하다가 이후 고려의 체제정비에 영향을 끼쳤다.

03 다음 글의 밑줄 친 단어와 같은 의미로 쓰인 단어를 〈보기〉에서 모두 고르면?

> 여름철 대표적인 보신음식으로 손꼽히는 구장은 일반적으로 보신탕이라고도 불린다. 각가지 양념과 채소에 <u>개</u>고기를 넣어 푹 끓인 이 국은 옛날부터 복날음식이라 하여 여름 더위를 이열치열로 이기기 위해 먹기 시작했으며, 영양학적으로도 개고기의 단백질 아미노산 성분비가 인간의 것과 유사한 탓에 특히 우리 몸에 흡수가 탁월해 아픈 사람의 몸보신으로 먹기도 했다.

─────── ● 보기 ● ───────
ㄱ. 육개장　　　　ㄴ. 입마개　　　　ㄷ. 개로
ㄹ. 개싸움　　　　ㅁ. 개장국

① ㄱ, ㅁ
② ㄹ, ㅁ
③ ㄴ, ㄷ, ㄹ
④ ㄴ, ㄹ, ㅁ

해설 제시문의 밑줄 친 '개'는 사람이 가축으로 기르는 포유류 동물을 말한다. 따라서 이와 유사한 의미로 쓰인 단어는 ㄹ과 ㅁ이다.
ㄱ. 육개장 : 얼큰하게 양념한 국에 삶은 소고기를 넣어 끓인 국이다.
ㄴ. 입마개 : 추위를 막거나 입을 열지 못하게 입에 씌우는 도구로 마스크의 역할을 하는 것이다.
ㄷ. 개로 : 스위치가 있는 회로에 연결된 전구의 불빛을 끄기 위해 회로를 여는 것을 '개로했다'고 말한다.
ㄹ. 개싸움 : 투견이라고도 불리며, 개끼리 싸움을 붙여 하는 경기다.
ㅁ. 개장국 : 보신탕의 다른 말로 개고기에 갖은 양념을 넣어 끓인 국이다.

2. 수리영역

04 1~200의 자연수 중에서 2, 3, 5 중 어느 것으로도 나누어떨어지지 않는 수는 모두 몇 개인가?

① 50개
② 54개
③ 58개
④ 62개

해설 1 ~ 200의 자연수 중에서 2, 3, 5 중 어느 것으로도 나누어떨어지지 않는 수의 개수는 각각 2의 배수, 3의 배수, 5의 배수가 아닌 수의 개수다.
- 1 ~ 200의 자연수 중 2의 배수의 개수 : 200 ÷ 2 = 100이므로 100개
- 1 ~ 200의 자연수 중 3의 배수의 개수 : 200 ÷ 3 = 66 … 2이므로 66개
- 1 ~ 200의 자연수 중 5의 배수의 개수 : 200 ÷ 5 = 40이므로 40개
- 1 ~ 200의 자연수 중 6의 배수의 개수 : 200 ÷ 6 = 33 … 2이므로 33개
- 1 ~ 200의 자연수 중 10의 배수의 개수 : 200 ÷ 10 = 20이므로 20개
- 1 ~ 200의 자연수 중 15의 배수의 개수 : 200 ÷ 15 = 13 … 5이므로 13개
- 1 ~ 200의 자연수 중 30의 배수의 개수 : 200 ÷ 30 = 6 … 20이므로 6개

따라서 1 ~ 200의 자연수 중에서 2, 3, 5 중 어느 것으로도 나누어떨어지지 않는 수의
개수는 = 200 - [(100 + 66 + 40) - (33 + 20 + 13) + 6]
= 200 - (206 - 66 + 6)
= 54(개)

05 다음 10개의 수의 중앙값이 8일 때 빈칸에 들어갈 수로 옳은 것은?

보기

| 10 | ( ) | 6 | 9 | 9 | 7 | 8 | 7 | 10 | 7 |

① 6
② 7
③ 8
④ 9

해설
- 나열된 수는 짝수개이므로 수를 작은 수부터 순서대로 나열했을 때 가운데에 있는 두 수의 평균이 중앙값이다.
- 빈칸의 수가 7 이하일 때 : 가운데에 있는 두 수는 7, 8이므로 중앙값은 (7 + 8) ÷ 2 = 7.5
- 빈칸의 수가 8일 때 : 가운데에 있는 두 수는 8, 8이므로 중앙값은 (8 + 8) ÷ 2 = 8
- 빈칸의 수가 9 이상일 때 : 가운데에 있는 두 수는 8, 9이므로 중앙값은 (8 + 9) ÷ 2 = 8.5

따라서 중앙값이 8일 때 빈칸에 들어갈 수는 8이다.

3. 전기

06 다음 중 비례추이를 할 수 없는 것을 〈보기〉에서 모두 고르면?

보기

ㄱ. 동손 ㄴ. 역률 ㄷ. 효율
ㄹ. 1차 출력 ㅁ. 2차 출력

---

① ㄱ, ㄴ, ㄹ ② ㄱ, ㄷ, ㅁ
③ ㄴ, ㄷ, ㅁ ④ ㄴ, ㄹ, ㅁ

해설 비례추이가 불가능한 것은 동손, 효율, 2차 출력이다.

07 다음 중 변압기 병렬운전 시 병렬운전이 불가능한 결선조합은?

① Y-Y와 Y-Y ② Y-Δ와 Δ-Y
③ Δ-Y와 Δ-Y ④ Y-Δ와 Δ-Δ

해설 변압기 병렬운전의 조건은 다음과 같다.
- 극성, 권수비, 1·2차 정격전압이 같아야 한다(용량은 무관).
- 각 변압기의 저항과 리액턴스비가 같아야 한다.
- 부하분담 시 용량에 비례하고 임피던스 강하에는 반비례해야 한다.
- 상회전 방향과 각 변위가 같아야 한다(3φ 변압기).
- 변압기의 결선조합은 다음과 같아야 한다.

가능	불가능
Y-Y와 Y-Y	Y-Y와 Y-Δ
Y-Δ와 Y-Δ	Y-Δ와 Δ-Δ
Y-Δ와 Δ-Y	Δ-Y와 Y-Y
Δ-Δ와 Δ-Δ	Δ-Δ와 Δ-Y
Δ-Y와 Δ-Y	-
Δ-Δ와 Y-Y	-

04 ② 05 ③ 06 ② 07 ④

한국사능력검정시험

기본편(제64회)

01 (가)에 들어갈 나라로 옳은 것은? [1점]

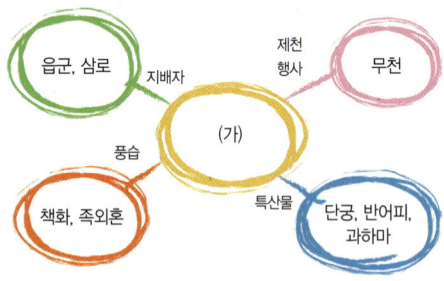

① 동예
② 부여
③ 삼한
④ 옥저

| 기출 태그 | #동예 #읍군 #삼로 #무천 #책화 #족외혼 #단궁 #과하마 #반어피 |

해설
① 동예는 철기문화를 바탕으로 함경남도와 강원도의 해안지역에 등장한 나라이며, 읍군이나 삼로라는 군장들이 각 부족을 다스렸다. 다른 부족의 경계를 침범하면 노비와 소, 말로 변상하게 하는 책화제도를 뒀으며, 10월에는 무천이라는 제천행사를 지내기도 했다. 특산물로는 단궁, 과하마, 반어피 등이 유명했다.

02 다음 사건이 일어난 시기를 연표에서 옳게 고른 것은? [2점]

> 진성왕 3년, 나라 안의 모든 주와 군에서 공물과 부세를 보내지 않아 창고가 텅 비어 나라의 재정이 궁핍해졌다. 왕이 관리를 보내 독촉하니 곳곳에서 도적이 벌떼처럼 일어났다. 이때 원종과 애노 등이 사벌주를 거점으로 반란을 일으켰다.
> ─ 『삼국사기』 ─

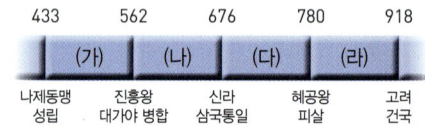

① (가)
② (나)
③ (다)
④ (라)

| 기출 태그 | #원종과 애노의 난 #사벌주 #진성여왕 #진성왕 #혜공왕 피살 |

해설
④ 통일신라는 어린 나이로 즉위한 혜공왕(36대)이 귀족들의 왕위다툼에 의해 피살당한 후 농민들이 봉기를 일으키는 등 큰 혼란에 빠졌다. 이는 진성여왕(51대) 때 무분별한 조세징수에 대한 반발로 폭발, 사벌주(상주)에서 일어난 원종과 애노의 농민봉기로 이어졌다 (889).

03 (가) 시기에 있었던 사실로 옳은 것은? [2점]

① 박위가 대마도를 정벌했다.
② 윤관이 별무반 설치를 건의했다.
③ 김윤후가 처인성전투에서 승리했다.
④ 김춘추가 당과의 군사동맹을 성사시켰다.

04 (가) 시기에 볼 수 있는 장면으로 옳은 것은? [3점]

> 기출 태그
> #별무반 #윤관 #고려 숙종 #여진 회유책
> #금의 사대요구 #인종 #이자겸 #현종

해설

- **고려의 여진 회유책** : 고려 태조 때부터 두만강과 압록강 유역에 거주하는 여진을 회유해 무역을 허락하고, 조공하게 했다. 이에 여진은 고려에 말·담비(모피)·활 등을 바치고, 의류·식량·농기구 등의 생활필수품을 답례로 가져갔다.
- **금의 사대요구 수용(1126)** : 여진은 세력을 확장해 만주를 장악하고 금을 건국했다. 이후 인종 때 거란을 멸망시킨 금이 고려에 군신관계를 요구하자 당시 권력의 정점이었던 이자겸은 금과의 무력충돌을 피하고자 그 요구를 받아들였다.
② 고려 숙종 때 여진이 고려의 국경을 자주 침입하자 윤관이 왕에게 건의해 신기군, 신보군, 항마군으로 구성된 별무반을 편성했다(1104).

> 기출 태그
> #무신정변 #정중부 #이의방
> #묘청의 난 #만적의 난

해설

- **묘청의 난(1135)** : 고려 인종 때 묘청을 중심으로 한 서경세력은 풍수지리설을 바탕으로 도읍을 서경으로 옮기고, 금을 정벌할 것을 주장했다. 묘청은 자신의 주장이 받아들여지지 않자 국호를 대위, 연호를 천개로 하여 서경에서 반란을 일으켰으나 김부식 등이 이끈 관군에 의해 진압됐다.
- **만적의 난(1198)** : 고려 최씨 무신정권 때 최충헌의 노비인 만적이 신분차별에 항거하며 반란을 도모했으나 사전에 발각돼 실패했다.
① 고려 중기 차별대우에 분노한 무신들이 정중부와 이의방을 중심으로 무신정변을 일으켜 의종을 폐위한 후 명종을 즉위시키고 정권을 장악했다(1170).

01 ① 02 ④ 03 ② 04 ①

05 (가)에 해당하는 사건으로 옳은 것은? [2점]

이곳은 유네스코 세계유산에 등재된 필암서원으로 인종의 스승이었던 김인후를 배향하고 있습니다. 그는 명종 즉위 후 왕의 외척들 간 권력다툼으로 (가) 이/가 일어나자 고향으로 돌아와 성리학연구와 후학양성에 힘썼습니다.

① 경신환국
② 기해예송
③ 병인박해
④ 을사사화

06 (가)전쟁에 대한 설명으로 옳지 않은 것은? [3점]

역사탐방 계획서
1. 주제 : (가) 의 격전지를 가다
2. 기간 : 2025년 ○○월 ○○일~○○일
3. 코스 : 진주 → 통영 → 부산

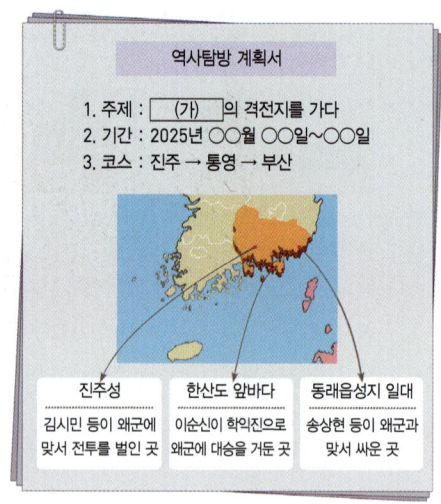

진주성	한산도 앞바다	동래읍성지 일대
김시민 등이 왜군에 맞서 전투를 벌인 곳	이순신이 학익진으로 왜군에 대승을 거둔 곳	송상현 등이 왜군과 맞서 싸운 곳

① 조헌이 금산에서 의병을 이끌었다.
② 임경업이 백마산성에서 항전했다.
③ 곽재우가 의병을 일으켜 정암진에서 싸웠다.
④ 신립이 탄금대에서 배수의 진을 치고 전투를 벌였다.

기출태그 #을사사화 #인종 #명종 #대윤
#소윤 #문정왕후 #윤임 #윤원형

해설
④ 조선 인종의 뒤를 이어 명종이 어린 나이로 즉위하자 명종의 어머니 문정왕후가 수렴청정(어린 왕 대신 정사를 돌보는 일)을 했다. 이로 인해 인종의 외척인 윤임을 중심으로 한 대윤세력과 명종의 외척인 윤원형 중심의 소윤세력이 대립하면서 을사사화가 발생했다. 이때 윤임을 비롯한 대윤세력과 사림들이 큰 피해를 입었다.

기출태그 #임진왜란 #조헌 #곽재우 #신립
#의병 #김시민 #이순신 #송상현

해설
조선 선조 때 왜군의 침입으로 임진왜란이 발발하자 조정에서는 신립을 삼도순변사로 임명해 이를 막게 했다. 신립은 충주 탄금대에서 배수진을 치고 맞서 싸웠으나 패배했다. 이에 전국 각지에서 왜군을 막기 위해 농민들을 중심으로 의병이 일어났다. 충청지방에서는 조헌이 의병을 모아 청주성을 되찾고 금산전투에서 활약했으며, 곽재우는 경상도 의령의 정암진에서 수천여 명의 의병을 이끌고 항전했다.
② 임경업은 병자호란 때 의주의 백마산성에서 항전했다. 이후 압록강에서 철군하는 청의 배후를 공격해 300여 명을 죽이고 포로로 끌려가던 백성을 구출했다.

07 밑줄 친 '변란'으로 옳은 것은? [2점]

① 갑신정변
② 신미양요
③ 임오군란
④ 임술농민봉기

08 다음 공고가 발표된 시기 일제의 정책으로 옳은 것은? [2점]

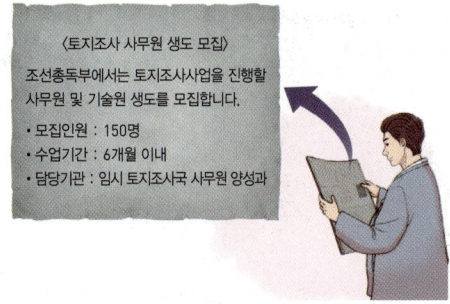

① 농광회사를 설립했다.
② 조선태형령을 시행했다.
③ 산미증식계획을 실시했다.
④ 화폐정리사업을 추진했다.

기출태그 #임오군란 #흥선대원군 #톈진 #별기군 #선혜청 #5군영 부활

해설
③ 신식군대인 별기군과의 차별대우에 분노한 구식군인들이 선혜청과 일본공사관을 습격하면서 임오군란이 발생했다. 흥선대원군은 이를 수습하기 위해 통리기무아문과 별기군을 폐지하고 5군영을 부활시켰으나, 민씨일파가 요청한 청군에 납치돼 중국 톈진에 억지로 머물러야 했다.

기출태그 #조선태형령 #토지조사사업 #무단통치 #토지조사령 #토지조사국 #헌병경찰

해설
1910년대 무단통치기에 조선총독부는 토지조사사업을 위해 토지조사국을 설치하고 토지조사령을 발표했다(1912). 이에 따라 일정기간 내에 토지를 신고하도록 하고, 그렇지 않은 토지는 총독부에서 모두 빼앗아 일본인에게 헐값으로 팔아넘겼다.
② 1910년대 무단통치기에 일제는 조선태형령을 시행해 곳곳에 배치된 헌병경찰들이 조선인들에게 태형을 통한 형벌을 가하도록 했다(1912).

05 ④ 06 ② 07 ③ 08 ②

09 (가)에 들어갈 내용으로 옳은 것은? [3점]

① 대성학교 설립
② 조선혁명선언 작성
③ 좌우합작위원회 결성
④ 한국독립운동지혈사 저술

10 밑줄 친 '이 섬'에 대한 설명으로 옳은 것은? [1점]

우리나라 동쪽 끝에 있는 이 섬은 1900년 대한제국 칙령 41호에서 우리 영토임을 분명히 했습니다.

① 정약전이 자산어보를 저술한 섬이다.
② 하멜 일행이 표류하다 도착한 섬이다.
③ 이종무가 왜구를 소탕하기 위해 정벌한 섬이다.
④ 안용복이 일본에 가서 우리 영토임을 확인받은 섬이다.

기출태그 #김규식 #좌우합작 #파리강화회의 #대한민국 임시정부 부주석 #신한청년당

해설
우사 김규식은 상하이에서 신한청년단을 조직하고 파리강화회의에 참석해 독립청원서를 제출했다. 또한 대한민국 임시정부의 임시헌장(5차 개헌)을 통해 부주석으로 임명되기도 했다. 해방 이후에는 남한만의 단독선거에 반대하며 김구와 함께 평양으로 가서 김일성과 남북협상을 전개했으나 큰 성과를 거두지는 못했다.
③ 광복 직후 모스크바 3국 외상회의의 결과에 따라 개최된 제1차 미소공동위원회가 결렬되자 이승만이 단독정부 수립을 주장했다. 이에 김규식, 여운형 등 중도세력들이 미군정의 지원을 받으면서 좌우합작위원회를 결성해 좌우합작 7원칙을 발표하는 등 좌우합작운동을 전개했다.

기출태그 #독도 #울릉도 #안용복 #조선 숙종 #대한제국 칙령 41호

해설
1900년 대한제국은 울릉도, 독도의 행정관리를 강화하기 위해 대한제국 칙령 제41호를 공포했다. 이를 통해 울릉도를 군으로 승격시키고 독도를 관할하게 해 우리 영토임을 명시했다.
④ 조선 숙종 때 동래에 살던 안용복은 울릉도와 독도를 왕래하는 일본 어부들을 쫓아낸 후 일본에 건너가 독도가 우리나라의 영토임을 확인받았다.

심화편(제61회)

01 (가)시대의 생활모습으로 옳은 것은? [1점]

> 강원도 양양군 오산리에서 (가) 시대 마을유적이 발굴 됐습니다. 약 8,000년 전에 형성된 집터에서는 (가) 시대를 대표하는 유물인 빗살무늬토기와 덧무늬토기를 비롯해 이음낚시, 그물추가 출토됐습니다.

① 주로 동굴이나 막집에 거주했다.
② 고인돌, 돌널무덤 등을 축조했다.
③ 명도전을 이용해 중국과 교역했다.
④ 농경과 목축을 통해 식량을 생산했다.
⑤ 비파형동검과 거친무늬거울 등을 제작했다.

02 다음 자료에 해당하는 국가에 대한 설명으로 옳은 것은? [2점]

> - 벼슬은 16품계가 있다. 좌평은 5명으로 1품, 달솔은 30명으로 2품, 은솔은 3품, 덕솔은 4품, 한솔은 5품, 나솔은 6품이다. 6품 이상은 관(冠)을 은으로 만든 꽃으로 장식했다.
> - 그 나라의 지방에는 5방이 있다. 중방은 고사성, 동방은 득안성, 남방은 구지하성, 서방은 도선성, 북방은 웅진성이라 한다.
> — 「주서」 —

① 골품에 따라 관등승진에 제한을 뒀다.
② 제가회의에서 국가중대사를 결정했다.
③ 지방장관으로 욕살, 처려근지 등이 있었다.
④ 위화부, 영객부 등의 중앙관서를 설치했다.
⑤ 왕족인 부여씨와 8성 귀족이 지배층을 이뤘다.

기출 태그 #신석기시대 #농경 #목축 #빗살무늬토기 #덧무늬토기 #양양 오산리 #이음낚시

해설
강원도 양양 오산리는 대표적인 신석기시대 유적지로 집터와 이음낚시, 그물추 등이 출토됐는데, 그릇의 표면에 점토 띠를 덧붙여 문양효과를 낸 토기인 덧무늬토기와 빗살무늬토기 등도 함께 발견됐다. 이를 통해 강가나 바닷가에 움집을 짓고 살면서 채집·수렵 생활을 했던 신석기시대 사람들의 생활상을 살펴볼 수 있다.
④ 신석기시대에는 농경생활의 시작으로 조·피 등을 재배했고, 가축을 기르는 목축을 통해 식량을 생산했다.

기출 태그 #부여씨 #8성 귀족 #고이왕 #16관등제 #6좌평제 #성왕 #5방

해설
백제 고이왕은 6좌평제와 16관등제를 정비해 중앙집권국가의 기틀을 마련했다. 성왕 때 이를 대대적으로 정비해 통치조직을 완비했으며, 방(方)이라는 최상위 행정단위를 만들고 전국을 동, 서, 남, 북, 중의 5방으로 나누어 통치했다.
⑤ 백제의 지배층은 왕족인 부여씨와 8성의 귀족으로 이뤄졌다.

09 ③ 10 ④ / 01 ④ 02 ⑤

03 다음 시나리오에 등장하는 왕의 업적으로 옳은 것은? [2점]

#36. 궁궐 안
왕이 분노에 찬 표정으로 대문예에게 말하고 있다.
왕 : 흑수말갈이 몰래 당에 조공했으니, 이는 당과 공모해 앞뒤로 우리를 치려는 것이다. 군대를 이끌고 가서 흑수말갈을 정벌하라.
대문예 : 당에 조공했다 해서 그들을 바로 공격한다면 이는 당에 맞서는 것입니다. 하루아침에 당과 원수를 지면 멸망을 자초할 수 있습니다.

① 장문휴를 보내 등주를 공격했다.
② 9서당 10정의 군사조직을 갖췄다.
③ 사비로 천도하고 국호를 남부여로 고쳤다.
④ 지방관을 감찰하고자 외사정을 파견했다.
⑤ 고구려 유민을 모아 동모산에서 나라를 세웠다.

기출태그 #발해 #무왕 #장문휴 #대문예 #흑수말갈 #등주 #산동반도

해설
① 발해 제2대 국왕인 무왕은 동생인 대문예를 보내 흑수말갈을 정벌하게 했지만, 대문예가 이를 거부하고 당에 망명해 양국관계가 악화됐다. 이에 무왕은 장문휴의 수군으로 당의 등주(산동반도)를 공격했다.

04 밑줄 그은 '문화유산'으로 옳지 않은 것은? [3점]

이것은 고려시대에 만들어진 나전 합입니다. 고려에 온 송의 사신 서긍이 솜씨가 세밀해 귀하다고 평가할 정도로 고려의 나전칠기 기술은 매우 뛰어났습니다. 이 나전 합을 비롯해 고려시대에는 다양한 문화유산이 만들어졌습니다.

나전 국화 넝쿨무늬 합

①
청동 은입사 포류수금문 정병

②
부석사 소조여래 좌상

③
청자 상감운학문 매병

④
월정사 팔각 구층 석탑

⑤
법주사 팔상전

기출태그 #법주사 팔상전 #목탑 #팔상도 #팔상전 #충북 보은 #목조건축

해설
국화 넝쿨무늬 합은 자개를 무늬대로 잘라 목심이나 칠면에 박아넣거나 붙이는 나전기법으로 만들어진 유물이다. 화장용 상자의 일부로 추정되며, 당시 고려 나전칠기 기법이 고스란히 반영된 유물로 평가된다. 일본에서 발견된 이 합은 정부의 노력으로 2020년 국내로 환수됐다.
⑤ 충북 보은군에 위치한 보은 법주사 팔상전은 우리나라 목조건축 중 가장 높은 건축물이자 현존하는 유일한 조선시대 목탑으로 국보 제55호로 지정돼 있다. 석가모니의 일생을 여덟 폭의 그림으로 나눠 그린 팔상도가 있어 팔상전이라고 불린다.

05 (가) 기구에 대한 설명으로 옳은 것은? [2점]

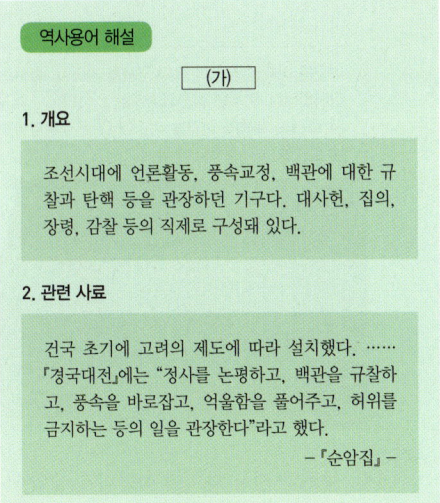

① 업무일지인 내각일력을 작성했다.
② 고려의 삼사와 같은 기능을 수행했다.
③ 은대(銀臺), 후원(喉院)이라고도 불렸다.
④ 임진왜란을 거치면서 국정 전반을 총괄했다.
⑤ 5품 이하의 관리임명 시 서경권을 행사했다.

기출 태그 #사헌부 #언론활동 #풍속교정
#규찰 #양사 #대간 #서경권

해설
⑤ 사헌부는 조선시대에 언론활동, 풍속교정, 백관에 대한 규찰과 탄핵 등을 관장하던 관청이다. 사간원과 함께 양사 또는 대간이라 불렸으며, 5품 이하 관리의 임명과 관련된 서경권을 행사했다.

06 다음 대화에 등장하는 왕의 재위시기에 있었던 사실로 옳은 것은? [3점]

(가) 임금이 궐내에 있던 기름 먹인 장막을 허적이 벌써 가져갔음을 듣고 노하여 이르기를, "궐내에서 쓰는 것을 마음대로 가져가는 것은 한명회도 못 하던 짓이다"라고 했다. …… 임금이 허적의 당파가 많아 기세가 당당하다는 말을 듣고 그들을 제거하고자 결심했다.

(나) 비망기를 내려, "국운이 안정돼 왕비가 복위했으니, 백성에게 두 임금이 없는 것은 고금을 통한 의리이다. 장씨의 왕후 지위를 거두고 옛 작호인 희빈을 내려 주되, 세자가 조석으로 문안하는 예는 폐하지 않도록 하라"고 했다.

(다) 임금이 말하기를, "송시열은 산림의 영수로서 나라의 형세가 험난한 때에 감히 원자(元子)의 명호를 정한 것이 너무 이르다고 했으니, 삭탈관작하고 성문 밖으로 내쳐라. 반드시 송시열을 구하려는 자가 있겠지만, 그런 자는 비록 대신이라 하더라도 용서하지 않을 것이다"라고 했다.

① (가) - (나) - (다) ② (가) - (다) - (나)
③ (나) - (가) - (다) ④ (나) - (다) - (가)
⑤ (다) - (나) - (가)

기출 태그 #환국 #조선 숙종 #경신환국 #기사환국
#갑술환국 #허적 #인현왕후 #송시열

해설
(가) 경신환국(1680) : 숙종 때 남인의 영수인 허적이 궁중에서 쓰는 천막을 허락 없이 사용한 문제로 왕과 갈등을 겪었다. 이후 허적의 서자 허견의 역모사건으로 첫 환국이 발생해 허적, 윤휴 등의 남인이 대거 축출되고 서인이 집권하게 됐다.

(다) 기사환국(1689) : 숙종은 인현왕후가 아들을 낳지 못하자 총애하던 희빈 장씨의 소생을 원자로 책봉했다(1688). 서인 송시열 등이 후궁의 소생을 원자로 정하는 것의 부당함을 주장하며 반대하자 숙종은 송시열의 관작을 삭탈하고 제주도로 유배시켜 사사(賜死)했다. 이로 인해 서인세력은 대거 축출되고 남인이 집권하게 됐다.

(나) 갑술환국(1694) : 서인세력을 중심으로 인현왕후 복위운동이 전개되자 남인인 민암 등이 서인들을 국문하다 오히려 숙종의 불신을 받게 돼 몰락하고 다시 서인이 집권하게 됐다. 이후 인현왕후가 복위되고 장씨는 다시 희빈으로 강등됐으며, 기사환국으로 사사된 송시열을 비롯해 김수항 등에게 작위가 내려졌다.

07 다음 자료에 나타난 사건에 대한 설명으로 옳은 것은? [2점]

> 진주 안핵사 박규수에게 하교하기를, "얼마 전에 있었던 진주의 일은 전에 없던 변괴였다. 관원은 백성을 달래지 못했고, 백성은 패악한 습관을 버리지 못했다. 누가 그 허물을 책임져야 하겠는가. 신중을 기해 혹시 한 사람이라도 억울하게 처벌받는 일이 없게 하라. 그리고 포리(逋吏)*를 법에 따라 처벌할 경우 죄인을 심리해 처단할 방법을 상세히 구별하라"고 했다.
>
> *포리(逋吏) : 관아의 물건을 사사로이 쓴 아전

① 홍경래, 우군칙 등이 주도했다.
② 남접과 북접이 연합해 전개됐다.
③ 삼정이정청이 설치되는 계기가 됐다.
④ 우정총국 개국 축하연을 이용해 일어났다.
⑤ 윤원형 일파가 정국을 주도한 시기에 발생했다.

08 (가) 사건 이후에 전개된 사실로 옳은 것은? [2점]

이곳은 어재연 장군과 그의 군사를 기리기 위해 조성된 충장사입니다. 어재연 장군의 부대는 (가) 때 광성보에서 로저스 제독이 이끄는 미군에 맞서 결사항전했지만 끝내 함락을 막지 못했습니다.

① 종로와 전국 각지에 척화비가 세워졌다.
② 평양관민이 제너럴셔먼호를 불태웠다.
③ 한성근 부대가 문수산성에서 항전했다.
④ 신유박해로 많은 천주교도가 처형됐다.
⑤ 오페르트가 남연군 묘 도굴을 시도했다.

기출 태그 #임술농민봉기 #진주 #백낙신 #박규수 #삼정이정청 #안핵사 #조선 철종

해설
③ 조선 철종 때 삼정의 문란과 경상 우병사 백낙신의 가혹한 수탈에 견디다 못한 진주지역의 농민들이 임술농민봉기를 일으켰다. 이에 안핵사로 파견된 박규수는 삼정이정청을 설치해 삼정의 문란을 해결하고자 했다.

기출 태그 #척화비 #신미양요 #어재연 #덕진진 #광성보 #흥선대원군 #로저스 제독

해설
제너럴셔먼호 사건을 구실로 미국의 로저스 제독이 함대를 이끌고 강화도를 공격해 신미양요가 발생했다(1871). 미군은 강화도 덕진진을 점거한 후 광성보로 진격했고, 조선군은 어재연을 중심으로 맞서 싸웠으나 수많은 사상자를 내며 패배했다. 이후 미국은 조선에 개항을 요구했으나 흥선대원군의 강력한 통상수교 거부정책으로 인해 함대를 철수했다.
① 병인양요와 신미양요를 극복한 흥선대원군은 외세의 침입을 경계하고 서양과의 통상수교 반대의지를 알리기 위해 종로와 전국 각지에 척화비를 세웠다(1871).

09 (가) 단체에 대한 설명으로 옳은 것은? [2점]

① 고종 강제퇴위 반대운동을 전개했다.
② 공화정체의 국민국가 수립을 목표로 삼았다.
③ 파리강화회의에 독립청원서를 제출했다.
④ 미군과 연합해 국내진공작전을 계획했다.
⑤ 만민공동회를 개최해 민권신장을 추구했다.

기출태그 #대한광복회 #박상진 #상덕태상회
#근대 국민국가 수립 #독립군 양성

해설
② 박상진은 공화정체의 근대 국민국가의 수립을 지향하는 대한광복회를 조직하고(1915) 초대 총사령으로서 독립군 양성에 힘쓰는 한편 친일파 처단활동도 함께 전개했다. '박상진 의사 옥중편지'는 대한광복회가 친일부호 처단사건 등으로 체포됐을 때의 상황을 보여주며, '상덕태상회 청구서'는 대한광복회의 비밀연락 거점지로서 활동한 상덕태상회의 실체를 파악하는 데 도움을 주는 자료로서 2022년 국가등록문화유산에 등록됐다.

10 다음 대화에 나타난 사건 이후의 사실로 옳은 것은? [3점]

당시 정부와 여당인 민주공화당이 3선개헌을 추진하자 학생들이 반대시위를 벌이는 모습이네요.

야당인 신민당과 재야세력도 3선개헌 반대 범국민투쟁위원회를 결성해서 이를 막아내려 했지요.

① 내각책임제 형태의 정부가 출범했다.
② 정부에 비판적이던 경향신문이 폐간됐다.
③ 최고통치기구인 국가재건최고회의가 구성됐다.
④ 평화통일론을 주장한 진보당의 조봉암과 간부들이 구속됐다.
⑤ 국회해산, 헌법의 일부 효력정지를 담은 10월 유신이 선포됐다.

기출태그 #박정희정부 #3선개헌 #10월유신
#민주화운동 #민주공화당 #신민당

해설
1967년 재집권한 박정희 대통령은 대통령 3선연임을 허용하는 헌법개정을 추진했다. 이에 야당인 신민당 의원들은 재야 인사들과 함께 범국민투쟁위원회를 결성하고 3선개헌 반대투쟁을 전개했다. 그러나 여당인 민주공화당 소속 의원 122명이 국회 별관에 모여 변칙적으로 개헌안을 통과시켰다(1969).
⑤ 3선에 성공한 박정희 대통령은 장기집권을 위해 유신 헌법을 선포하고 대통령에게 국회의원 1/3 추천임명권, 국회해산권, 헌법효력을 정지시킬 수 있는 긴급조치권 등 강력한 권한을 부여했다(1972).

이슈&시사상식
답변의 기술

면접에 자주 나오는
갈등관리능력에 대한 질문들!

갈등관리능력은 NCS(국가직무능력표준) 직업기초능력 중의 대인관계능력에 해당됩니다. 그래서 조직 내 모든 구성원들에게 가장 중요한 필요덕목이라 할 수 있습니다. 하지만 이 능력이 부족하면 성과창출은 물론이고, 지엽적 이기주의 상승, 불필요한 에너지 소모 등 부정적인 결과를 초래할 수 있습니다. 따라서 이번 칼럼에서는 갈등관리능력에 대한 예시질문과 답변에 대해서 집중적으로 살펴보겠습니다.

갈등관리능력이란 직장에서 업무를 수행하다가 관련자들 사이에 갈등이 발생했을 때 이를 원만히 조절하는 능력입니다. 이러한 측면에서 갈등관리능력은 조직 내 모든 구성원에게 가장 중요한 덕목이라 할 수 있습니다. 이를 크게 네 가지로 정리하면 아래와 같습니다.

갈등관리 덕목	내용
팀워크	상대방에 대한 배려심, 존중감, 경청, 교감능력은 원활한 협업을 가능하게 하고, 이는 곧 성과로 이어진다.
상호 이해관계	이해당사자 간 신뢰는 모든 관계의 기본으로서 실질적으로 업무를 수월하게 하고, 위기상황을 조기에 극복하는 데 이바지한다.
관계위기 관리	예상하지 못한 갈등에 감정적으로 대응하기보다는 차분하고 합리적으로 상황을 분석하고, 책임감을 느끼고 해결하고자 하는 태도가 중요하다.
조직문화 형성	긍정적이고 능동적이고 솔선수범이 일상인 조직문화에서는 갈등상황이 발생하더라도 좋은 방법으로 해결되는 경향이 있다.

위의 내용을 기반으로 실제 면접현장에서 나올 수 있는 질문과 답변들을 살펴보겠습니다.

Q. 귀하 스스로 생각하는 '좋은 구성원'은 어떤 모습이며, 자신은 그러한 팀원이 되기 위해 구체적으로 어떤 노력을 할 것입니까?

지원자가 팀워크에 대해 어떤 가치관을 따르고 있는지, 그리고 팀에 이바지하기 위해 어떤 태도와 노력을 해야 한다고 생각하는지 파악하는 질문입니다.

지원자A

저는 좋은 구성원이 되기 위해 열심히 노력하고 최선을 다할 것입니다. 맡은 일은 성실하게 수행하고, 팀원들과도 잘 지내도록 노력하겠습니다. 항상 긍정적인 태도를 유지하며 팀에 보탬이 되는 사람이 되고 싶습니다. 그리고 저는 제게 주어진 업무는 누구보다 빠르게 완수하고, 높은 성과를 내는 것에 집중할 것입니다. 개인의 역량을 최대한 발휘해 팀의 전체적인 성과를 끌어올리는 것이 좋은 구성원의 역할이라 생각합니다.

지원자A는 추상적이고 일반적인 표현만 반복했습니다. 내용 자체는 크게 어색하지 않지만 이 답변만으로는 면접위원이 지원자만이 가지고 있는 구체적인 행동특성을 파악하기 어렵습니다. 또한 개인의 역량 발휘만 강조했습니다. 이는 협업, 소통, 팀워크에 대한 의지가 부족한 것으로 인식될 수 있습니다.

지원자B

제가 생각하는 좋은 구성원은 자신의 역할에 깊은 책임감을 갖고, 동시에 팀원들이 어려움에 처했을 때 적극적으로 돕는 사람입니다. 저는 아르바이트로 카페에서 일할 때 이 점을 몸소 실천했습니다. 신입직원이 실수로 주문을 잘못 받아 고객불만이 발생한 일이 있었는데, 그때 내 일이 아니라고 외면하기보다는 먼저 나서서 사과를 드리고 신입직원을 도와 고객불만을 해소하기 위해 노력했습니다.

직장에서는 인간관계보다 목표와 성과를 최우선으로 삼아야 합니다. 그리고 그러한 목표나 성과는 혼자서 이룰 수 없습니다. 때문에 동료와의 '협업'이 중요합니다. 이런 관점에서 지원자B의 답변은 협업을 강조함으로써 조직원으로서의 자질을 구체적으로 드러낸 바람직한 답변이라 할 수 있습니다.

Q. 귀하는 새로운 사람들과 관계를 맺거나 새로운 팀에 합류했을 때 빠르게 적응하고 관계를 형성하기 위해 어떤 노력을 하는 편입니까?

이 질문의 의도는 새로운 환경에서 능동적으로 관계를 맺으려는 노력, 친화력, 그리고 신입직원으로서 긍정적인 자기인상을 위해 구체적으로 어떤 행동을 할 것인지 파악하고자 하는 데 있습니다.

지원자C

저는 새로운 환경에 처하면 다른 분들이 어떻게 하는지 지켜보는 편입니다. 업무에 대해 아는 것이 없으니 섣불리 먼저 말을 거는 게 실례가 될 수 있다고 생각하기 때문입니다. 하지만 선배님들께서 먼저 다가와 업무를 알려주시면 성심을 다해 배우겠습니다. 그렇게 시간이 지나다 보면 자연스럽게 친근한 관계가 된다고 생각합니다. 특히 저는 매우 밝고 낙천적이기 때문에 시간이 지나면 누구와도 잘 어울릴 수 있습니다. 직장 내에서도 금방 친해지고 잘 적응하겠습니다.

지원자C의 답변에서 가장 큰 문제는 스스로 관계를 시작하려는 노력이 부족하다는 것입니다. 특히 별다른 근거제시 없이 '밝은 성격', '잘 어울림', '적응을 잘함' 등 단순하고 막연한 장점을 열거만 해놓았습니다. 이런 경우 면접위원은 '그래서 어떻게 한다는 것인가?'라는 의문을 가질 수밖에 없습니다.

지원자D

저는 새로운 팀에 합류했을 때 자연스럽게 유대감을 형성하는 것을 중요하게 생각합니다. 서로의 전문성과 강점을 이해하고, 함께 성과를 만들어가는 과정에서 신뢰가 쌓인다고 믿기 때문입니다. 저는 학창시절 공모전 팀 활동을 위해 전공이 다른 팀원들과 협력한 경험이 있습니다. 초반에는 각자의 의견이 강해서 매우 어색한 분위기였습니다. 하지만 저는 각자의 주장을 내세우기보다 '우리의 목표는 공모전 수상'이라는 점을 계속 팀원들에게 상기시켰습니다. 그리고 구체적으로 팀원 각자의 강점을 파악해 역할을 분배했으며, 자주 브레인스토밍을 통해서 서로의 아이디어를 보완했습니다. 이 과정을 통해 시너지를 낼 수 있었고, 최종적으로 최우수상이라는 아주 뜻깊은 결과를 성취했습니다. 이런 경험을 바탕으로 저는 입사 후에도 조직의 목표 달성을 최우선으로 생각하고, 주위 동료분들과 업무적 협업을 통해 배우는 자세로 신뢰를 쌓으며, 능력을 발휘하도록 최선을 다하겠습니다.

지원자D는 '조직의 목표', '자연스러운 유대감' 등 직장에서 필요한 관계적 형성을 드러냈을 뿐만 아니라 '공모전 팀 활동'이라는 구체적 경험을 통해 자신이 조직 내에서 어떤 방식으로 갈등을 극복하고, 주도적으로 행동하는지를 잘 표현했습니다. 특히 '최종목표 상기', '강점파악 및 역할분배', '아이디어 보완소통' 등의 행동이 직장생활에서도 통용되는 덕목이라는 점에서 면접위원에게 좋은 인상을 줄 수 있습니다. 또한 성과를 명확하게 제시함으로써 자신이 앞으로 조직의 성과창출에 실질적으로 이바지할 것이라는 자신감을 답변 내내 잘 드러냈습니다.

> Q. 만약 귀하와 동료와의 관계가 (일시적으로) 나빠졌다면 귀하는 이 상황을 개선하기 위해 어떤 시도나 노력을 할 것이며, 그 과정에서 가장 중요하게 염두에 둔 것은 무엇입니까?

갈등이 발생했을 때 어떻게 해결할 것인가를 묻는 질문입니다. 대화시도, 중재요청 등 방법론뿐 아니라 끝까지 포기하지 않고 개선하겠다는 강한 의지나 타협·협상에 대한 유연한 태도를 표현하는 것도 좋은 답변이 될 수 있습니다. 부정적인 상황에서 감정적인 대응이 아니라 합리적이고 이성적인 의사소통이 가능하다는 것을 강조할 수도 있습니다.

지원자E

만약 동료와 관계가 나빠진다면 상대방이 저에 대해 잘 이해하지 못해 생긴 문제라고 생각합니다. 그런 상황에서 제가 먼저 억지로 나서서 행동을 하지는 않는 것이 좋을 것 같습니다. 시간이 지나면 자연스레 서로를 이해하고 관계가 나아질 것이라고 믿기 때문입니다. 그러나 그렇지 못한 경우이더라도 상대방과 관계가 나빠지면 제가 직접 나서기보다는 상사(또는 관리자)에게 보고해서 중재를 해달라고 요청할 것입니다. 특히 직장 내에서는 상급자의 지시나 지침이 우선이기 때문에 상사의 중재가 무엇보다 중요하다고 생각합니다.

지원자E는 관계악화의 원인을 대부분 상대방에게만 돌리고 있습니다. 확대해석하자면 "나는 잘못이 없고 상대방이 문제"라는 식의 태도입니다. 이는 자기성찰이나 자기반성의 측면에서 부족한 답변입니다. 또한 내 문제를 스스로 해결하기보다는 타인에게 의존하겠다는 태도를 보입니다. '지원자에게는 갈등을 해결할 만한 능력이 없다'고 비칠 수도 있습니다.

지원자F

질문과 관련하여 저의 경험담을 말씀드리겠습니다. 예전 직장에서 제 아이디어를 팀원이 감정을 실어 비판하면서 언쟁이 붙은 적이 있었습니다. 무시당했다는 느낌에 상처를 받은 저는 한동안 그 팀원과 서먹하게 지냈습니다. 하지만 시간이 지나고 그 팀원의 업무 스타일이 꼼꼼하고 보수적이며 평소 위기관리를 잘했다는 데 생각이 미치자 그가 제 아이디어를 비난하려 했던 것이 아니라 조직(팀)의 성공을 위해 진심으로 염려하고 있었다는 것을 깨달았습니다. 보통 다툼은 감정을 흥분시켜서 불편한 상황을 지속시키거나 악화시키곤 합니다. 이런 때는 감정이 가라앉을 시간을 갖는 것이 중요합니다. 그리고 나서 회피하기보다는 용기를 내어 직접 대화를 시도해야 합니다. 이것이 갈등극복과 관련해 제가 가장 염두에 두는 요소입니다.

지원자F는 문제가 발생했을 때 흥분을 가라앉힐 시간을 가진 후 문제를 회피하지 않고 직접 상대방과 대화를 시도해야 한다고 답했습니다. 이런 태도는 구성원으로서 꼭 필요한 미덕입니다. 답변의 구성 역시, 추상적이거나 관념적인 발언이 아니라 실제 직무에서 많이 발생할 법한 과거사례를 소개하며 면접위원의 공감대를 높였습니다.

> Q. 본인이 생각하는 '건전한 조직문화'란 무엇이며, 건전한 조직문화를 만드는 데 귀하는 어떤 역할을 할 수 있다고 생각하십니까? 만약 조직 분위기가 침체되거나 부정적인 상황이라면 귀하는 어떻게 대응하시겠습니까?

이 질문의 의도는 조직문화에 대한 지원자의 이해도와 함께 얼마나 적극적으로 조직문화에 이바지할 것인가를 파악하겠다는 것입니다. 그리고 어려운 상황에서 긍정적인 태도를 유지하는지, 주도적으로 문제를 해결하려 하는지를 확인합니다. 동시에 갈등을 해결하는 주체로서 책임감을 갖는지를 평가하려는 질문입니다.

지원자G

제가 생각하는 건전한 조직문화는 모든 구성원이 행복한 사회입니다. 서로에게 마음으로 대하면 불평불만 없이 항상 웃으면서 즐겁게 일할 수 있는 직장이 되리라 생각합니다. 저는 그러한 조직문화를 만들기 위해서 주변에 즐거운 행복바이러스와 웃음을 전파하도록 노력하겠습니다. 또한 건전한 조직문화는 회사의 경영진이나 관리자가 잘 정립하고 만들어주어야 한다고 생각합니다. 당연히 저는 그렇게 정립한 조직문화에 잘 맞춰서 따라갈 것입니다.

조직에서의 갈등상황은 언제나 존재합니다. '불평불만 전혀 없이 항상 웃는 조직문화'란 존재하기 어렵다는 의미입니다. 또한 '행복전파', '웃음전달'이라는 표현도 구체적인 경험을 통한 것이 아니어서 모호할 뿐 아니라 공수표처럼 느껴집니다. 결국 면접위원에게 '사회생활과 현실을 잘 이해하지 못한 지원자', 또는 '그에 대한 고민이 없는 지원자'로 평가받을 수 있습니다. 조직문화를 만드는 주체가 경영진이라는 태도 역시 '수동적이며, 조직의 구성원으로서 주인의식이 없는 지원자'로 보이게 할 수 있습니다.

지원자H

저는 문제가 발생했을 때 어떤 갈등에 대해 모두가 어떻게 함께 해결할까를 서로 고민하며, 각자의 입장에서 주도적으로 소통하는 것이 건전한 조직문화라고 생각합니다. 이러한 조직문화에 속한 모든 구성원은 갈등이 있다고 하더라도 서로 이해하며, 공동의 목표를 이룰 수 있다고 생각합니다. 그런 의미에서 저는 이런 조직문화를 만드는 데 일조할 수 있다고 자부합니다. 이와 관련된 경험이 있습니다. 대학교 졸업 공동작품을 준비하는 과정에서 팀원 한 명이 불가피한 개인적 사정으로 갑자기 불참하면서 진행에 큰 차질이 생겼습니다. 때문에 팀원들은 무척 당황했고, 일부는 화를 내는 등 갈등상황이 초래됐습니다. 이때 저는 '팀 전체의 목표를 달성하는 것이 무엇보다 더 중요하다'며 팀원들을 설득하고, 해결책을 찾고자 했습니다. 예를 들면 부재중인 팀원의 역할을 누가 맡을 것이며, 부족한 인원에 대한 로드를 어떻게 서로 분배할 것인가 등이었습니다. 이러한 노력과 협력을 통해 다행히 기한 내에 의미가 있는 작품을 완성할 수 있었습니다. 저는 이때 조직에서 어려움이나 갈등상황이 발생했을 때 단순히 누군가 한 사람의 책임을 넘어 공동의 해결과제로 인식하며, 어려운 상황에서도 제가 먼저 솔선수범해 해결에 참여해야 한다는 것을 배웠습니다. 이러한 경험을 바탕으로 만약 입사하게 된다면 능동적으로 노력해 건전한 조직문화를 위해 노력하겠습니다.

주도적인 문제해결과 긍정적인 상황판단의 태도는 건전한 조직문화를 지향하는 지원자의 자질입니다. 또한 대부분 업무가 기한이 정해져 있는 만큼 '공석 역할의 분배·부담' 등을 통해 목표를 기한 내에 이뤘다는 결론을 제시한 것은 면접위원에게 신뢰감을 주기에 충분합니다. 특히 구체적인 갈등상황에서 건전한 조직문화를 어떤 행동으로 솔선수범해 대처하느냐로 구체화한 점이 돋보입니다.

갈등관리능력이 탁월한 인적자원으로 구성된 조직은 의사소통이 원활하며, 갈등이 쉽게 해결됩니다. 그것은 조직에는 높은 업무효율성으로, 구성원에게는 스트레스 감소로 인한 높은 직무만족도로 나타납니다. 공기업이든 사기업이든 대다수 모든 기업들이 무엇보다도 중요하게 여기는 평가요소일 수밖에 없는 이유입니다.

필자 소개

안성수. 경영학 박사(Ph.D.)
리더십/인사컨설팅 및 채용 관련 콘텐츠 개발
NCS 채용컨설팅/NCS 퍼실리테이터/전문평가위원
공무원/공공기관 외부면접위원
인사/채용 관련 자유기고가

저서 〈NCS와 창의적 사고기법〉, 〈NCS직무가이드〉 외 다수

이슈&시사상식
직무분석

조직의 성장을 지원하는 든든한 기반
경영지원 : 인사관리, 재경

경영지원 직군 소개

경영지원이란?

기업이 핵심사업인 개발·생산·판매 활동에 온전히 집중해 지속적인 성과를 창출하고 미래를 향해 나아갈 수 있도록 전방위적으로 지원하는 기업의 핵심동력이자 든든한 조력자

경영지원 직군 내 주요업무

구분	주요업무
인사	인사관리, 인적자원개발, 노무, 총무
재무	재무회계, 관리회계, 세무회계, 자금, 투자자 관리(IR ; Investor Relations)
경영전략	전략기획, 사업운영, 경영관리
기타	기업홍보, 경영혁신, 정보전략, 법무

- **인사관리** : 기업의 핵심자산인 인적자원을 효율적으로 구성하고 운영. 인력운영, 채용, 조직관리를 비롯해 복리후생, 노사관계 등 '사람'과 관련된 업무를 총괄
- **인적자원개발** : 적합한 교육 프로그램을 기획하고 설계·운영하며, 그로 인한 성과를 분석
- **재경** : 매출·매입 관리를 통해 기업 재무의 효율화와 투명한 건전성 유지. 회계처리, 세무관리 등을 담당
- **전략기획** : 거시적 경제환경과 산업환경, 경쟁사, 사회적 트렌드, 재무환경을 종합적으로 분석해 동종업종 및 유관업종의 변화와 방향성을 예측하고 대응전략을 수립
- **기업홍보** : 위기관리(RM ; Risk Management), 대외홍보, 언론모니터링 등을 통해 기업의 메시지를 효과적으로 전달하고 위기상황에 대응

1. 경영지원 직군에 어울리는 사람은?

경영지원 직군은 많은 인문상경계 취업준비생들이 막연하게 생각하고 있는 직군 중 하나라고 할 수 있다. 그래서인지 해당 직군에 어떤 직무들이 있는지 제대로 알고 지원하려는 취업준비생들이 생각보다 많지 않다.

경영지원 직군은 기업의 스태프 조직으로 기업의 개발·생산·판매 활동에서 지속적으로 수익을 창출해 기업이 중장기적인 관점에서 안정적으로 존속할 수 있도록 지원하는 역할을 한다. 크게 인사, 재무, 경영전략과 기업홍보, 경영혁신, 정보전략 등 기타 지원업무를 하는 조직들로 구성된다.

경영지원 직군에서는 어떤 직무라 할지라도 그 기업의 전체적인 그림을 볼 수 있는 마인드와 기업의 운영방침, 중장기 전략 등에 대한 관심을 요구한다. 또한 그 기업이 속한 업종 및 관련 업종, 사회와의 연관관계에도 관심이 있어야 한다. 경영지원 직군은 영업, 마케팅이나 개발, 생산 등 현업부서 대비 채용 규모가 현격히 적으며 신입 채용규모는 더더욱 적은 편이다. 이번에는 경영지원 직군 내에서 상대적으로 신입 채용규모가 큰 몇몇 직무 중 인사관리와 재경 직무를 중심으로 살펴보고자 한다.

2. 인사관리 직무에 대한 이해

인사관리 직무는 효율적인 인적자원 구성 및 운영으로 회사의 수익 극대화에 기여한다. 이러한 인사관

리 업무에는 어떤 내용이 있는지 이해하기 쉽도록 하나씩 살펴보자.

인력운영

모든 기업들은 매년 하반기에 차년도 경영계획을 수립한다. 인력운영에서는 차년도 경영을 위해 매출과 수익을 올리기 위한 필요인력을 부서별·직급별로 산출하게 된다. 물론 이때 인건비도 감안해 최적의 인력규모를 계산하게 된다.

채용

신규로 채용해야 할 인력규모가 결정되면 결과에 따라 담당자는 채용규모를 구체화해 실행한다.

평가 및 보상

인사관리 담당자는 기존인력과 신규인력 모두 공정한 잣대에 맞춰 각 부서장들이 부서원들을 평가한 결과를 토대로 직급별로 상대평가해 최종평가를 산정한다. 이를 통해 성과가 좋은 구성원들에게는 더 높은 보상이 주어진다.

급여 및 복리후생

급여담당은 단순히 급여를 지급하는 활동만 하지 않는다. 급여담당은 통상임금 등에 대한 이슈를 고려해 경영진, 근로자 모두에게 설득이 가능한 급여 테이블을 구성하고 적용시킨다.

조직관리

조직관리 담당자는 인력운영 담당자와 함께 전사적 측면에서 가장 시너지를 낼 수 있는 효율적인 조직도를 그려가며 인력 재배치를 함께 진행한다.

제도기획

인사관리 담당자는 제도기획에서 탄력근무제 등 변화되는 시대의 흐름에 따라 기업의 조직문화를 고려해 업무특성에 맞는 기업의 규칙을 만들어 나간다.

3. 필요 역량과 자질 및 핵심 키워드

인사관리 직무는 누구나 할 수 있지만, 아무나 할 수는 없다고 한다. 무슨 뜻일까? 일반적인 직무스킬은 누구나 배워서 할 수 있다. 하지만 임직원의 감성을 이해하고 보다 좋은 조직문화를 형성해 모두의 만족도를 높이는 것은 지식을 습득한다고 해서 가능한 문제가 아니다. 인사관리 직무를 제대로 수행하기 위해서는 기본적으로 사람을 좋아하고, 사람에 대한 고민이 많아야 한다.

필요 역량과 자질
- 기업에 대한 충성도(로열티) 및 업종에 대한 이해
- 철두철미한 보안의식 및 경청의 마인드
- 각 부서의 분위기에 녹아들 수 있는 융화력
- 엑셀, 피벗테이블, 함수 등 데이터 가공 및 활용 능력
- 사람을 존중하고 아낄 수 있는 따뜻한 인간미
- 업무 가능 수준의 어학능력(글로벌 사업장 보유 시)

인사관리 직무 지원자 핵심 키워드
- 적재적소
- 융화력
- 공정성
- 타인의 내면을 이해하는 능력
- 엑셀 데이터 활용능력

4. 인사관리 직무에 지원하기 위한 사전 준비항목

인사관리 직무에 지원하고자 할 때 준비해야 할 사전 항목은 다음과 같다. 어떤 것들이 있는지 잘 살펴보고 본인의 핵심역량을 뒷받침할 구체적인 사례를 준비하도록 하자.

사전 준비항목
- 지원 기업의 주요 경영진 및 임직원 현황 검색
- 지원 기업의 인재상이 왜 요구되는지에 대한 구체적인 이유 검색
- 직급과 직책의 차이에 대한 이해
- 최근 인사·노사 관련한 이슈 및 언론기사 탐독, 해당 이슈에 대한 팩트와 본인 의견 정립
- 진중한 사람이라는 것을 어필할 사례 준비
- 경청을 통해서 상대방의 고민과 내면을 이해해본 사례 준비
- 인사관리, 조직관리 및 채용 관련 혁신사례 기사 및 서적 탐독(네이버의 '인사쟁이 카페' 등 참조)
- 피벗테이블, 함수 등 인사데이터 관리를 위한 엑셀 활용능력 배양
- 향후 포부 설명을 위한 정보수집

5. 재경 직무에 대한 이해

기업의 설립목적은 무엇일까? 바로 이윤창출을 바탕으로 영속적으로 운영하는 것이다. 그렇다면 기업은 어떤 프로세스로 이윤을 창출할까? 제조업을 예로 든다면 '개발 - 생산 - 판매'와 같은 일련의 활동을 통해 이윤을 창출하는데, 기업이 이윤을 내기 위한 과정에서 매출과 매입이 발생한다. 이러한 프로세스를 효율적으로 관리해야만 투명하고 건전한 재무구조를 갖출 수 있으며 나아가 사업 경쟁력을 강화시킬 수 있다. 바로 이런 '매출과 매입을 관리하는 직무'가 재경이라고 볼 수 있다. 재경 직무의 경우 기업의 규모와는 별개로 아래와 같은 세부 직무들로 구성된다.

재무회계(경리)
- 외부 회계보고 : 외부 정보이용자(투자자 등)의 경제적 의사결정에 유용한 정보 제공
- 출납업무를 기본으로 결산업무를 통해 재무제표를 작성, 기업의 재무흐름에 대해 내·외부 이용자들에게 다양한 정보 제공

관리회계
- 내부 경영진 보고 : 내부 정보이용자(경영진)의 관리적 의사결정에 유용한 정보 제공
- 원가정보 및 기업 경영지표(수익성, 성장성, 안정성 등) 관련 업무
- 경영진의 경영계획 수립 및 사업의 주요 의사결정 시 기준이 되는 정보 제공

세무
- 기업의 사업활동에 의해 발생된 제세 납부 관련 업무
- 세무비용의 감소와 대내외 투명성 제고

자금
- 합리적인 자금 조달 및 관리를 통한 회사 유동성 확보
- 금융비용 절감에 기여

투자자 관리(IR ; Investor Relations)
- 회사와 투자자 간 공식 의사소통 창구로서 주주 및 기업가치 증대에 기여
- 내부적으로는 투자자의 요구와 관심사항을 경영진에게 전달
- 외부적으로는 투자자에게 적정 정보를 제공해 기업가치와 이미지 및 기업의 신뢰도 증대

6. 필요 역량과 자질 및 핵심 키워드

재경 직무는 매출·매입과 같은 기업의 재무를 관리하는 직무로 업무의 효율화와 투명한 업무 건전성을 동시에 유지해야 하는 직무다. 따라서 업무처리 능력과 꼼꼼함을 갖춘 사람에게 어울리는 직무라고 볼 수 있다.

필요 역량과 자질
- 회계와 관련된 명확한 이론지식
  - 회계 관련 전문서적 및 기업결산보고서를 직접 분석할 수 있는 수준
  - IFRS(국제회계기준)에 대한 구체적 이해
- 경영 전반에 관한 흐름을 재무적 측면에서 이해할 수 있는 능력
- 회계처리를 위한 시스템 운영 및 다양한 서식·신고 서류작성 스킬
- 회계 관련 정보를 내·외부 정보이용자들에게 효과적으로 설명할 수 있는 PT 스킬
- 서식, 시스템, 서류 등 정보를 분석해 예산 및 자금 계획을 수립하는 분석력
- 돈을 돌같이 볼 수 있는 정직성
- 숫자 하나에 기업의 사활이 달린 직무라는 것을 명심하는 도덕성 및 신뢰성
- 원활한 커뮤니케이션 능력(사내, 대외 금융기관 접촉)

재경 직무 지원자 핵심 키워드
- 회계학
- 경영학
- 세법
- 재무제표 작성 능력
- 꼼꼼함
- 정직성
- 분석력

7. 재경 직무에 지원하기 위한 사전 준비항목

고급 자격증을 취득할수록 기업에서 선호하는 것은 사실이다. 하지만 신입 재경담당자로서 일반적으로 가장 필요하고 기초가 되는 것은 '재경관리사' 자격증과 'ERP(Enterprise Resource Planning)'라고 봐야 한다. 재경관리사 시험에 나오는 문제유형의 경우 실제로 기업 재경담당자들이 처리하는 업무 전부라고 봐도 무리가 없다. 또한 요즘 거의 모든 기업들이 ERP를 활용하고 있기 때문에 실무에서 가장 필요한 것은 ERP를 다루는 스킬이라고 볼 수 있다.

사전 준비항목

❶ 경력 및 정보
- 재무 관련 인턴 경험
- 실제 기업에서의 프로세스 능력 습득
- 감사보고서, 반기보고서, 분기보고서 등 기업 재무제표 분석(금융감독원 내 전자공시시스템, 포털사이트 내 금융정보 확인)

❷ 자격증
- 국가공인 : 재경관리사
- 전산관련 : ERP 재무회계모듈 or 관리회계모듈
- 전문자격 : CTA(세무사), CPA(공인회계사)
- 국제자격 : AICPA(미국공인회계사), CMA(관리회계사), FRM(재무위험관리사), EA(미국세무사), CFA(공인재무분석사) 등
- 세무관련 : 기업회계, 세무회계

구글도 모르는 직무분석집

취업준비 왕초보부터 오버스펙 광탈자까지! 취업 성공사례로 알아보는 인문상경계 및 이공계 직무에 대한 모든 것을 총망라했다.

저자 류정석
CDC취업캠퍼스 대표로서 15년간 대기업 인사팀 외 다양한 부서에서 근무한 경험을 바탕으로 직무 중심의 취업전략을 제공한다.

심층 취업컨설팅 문의 ceo@cdcjob.co.kr

낱개가 아닌 덩어리로!
구조화 표현

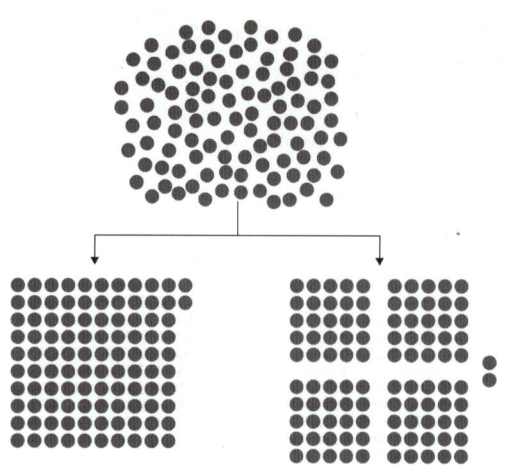

그림 제일 위쪽에 산발적으로 흩어져 있는 점들이 모두 몇 개인지 세어보라고 하면 어떨까요? 아마 쉽게 맞추기 어려울 것입니다. 반면 왼쪽 아래 점의 개수는 좀 더 쉽게 셀 수 있습니다. 가장 쉽고 빠른 방법은? 오른쪽 아래처럼 덩어리로 묶어서 보여주는 것이죠. 102개의 점이 명확하게 보이지 않나요?

이 같은 점의 배열은 보고서 내용을 기술하는 세 가지 방식을 비유적으로 표현해놓은 것입니다. 각각 '서술식', '개조식', '구조화' 표현을 의미하지요. 서술식 표현은 주로 책이나 논문에서 쓰는 방식으로 문장을 상세히 길게 쓰는 것을 말합니다. 반면 개조식은 기업이나 기관에서 주로 사용하는 방식으로 문장을 2줄 이하로 간결하게 쓰는 방법입니다. 이 중 보고서 문장 기술방법으로 가장 고도화된 표현은 바로 구조화 표현이라고 할 수 있습니다. 낱개의 문장 대신 크게 묶은 덩어리를 보여주는 방식입니다.

서술식 표현

배우자 선택 시 고려사항 A
내가 원하는 이상형의 조건은 외모나 키도 고려해야 하고, 성격이나 친구관계도 좋아야 하고, 직업이랑 경제적인 능력은 있는지, 모아둔 돈은 좀 있는지도 중요함. 마지막으로 건강이랑 종교는 있는지도 고려대상임.

위와 같은 방식을 서술식 표현이라고 합니다. 장황해서 읽기도 어렵고 이해하기 힘들죠.

개조식 표현

배우자 선택 시 고려사항 B
- 외모는 어떠한가
- 키는 몇인가
- 성격은 어떠한가
- 경제적인 능력은 있는가
- 몸은 건강한가
- 종교는 있는가
- 직업은 무엇인가
- 친구관계는 어떠한가

여기서 한발 나아간 방식이 바로 개조식 표현입니다. 단문으로 짧게 끊어 쓰고, 문장 앞에 번호나 글머리 기호를 붙이는 방식이죠. 이렇게 쓰면 조금 더 깔끔해 보이고, 보는 사람도 편하게 느낍니다. 하지만, 문장이 너무 많고 나열돼 있다 보니 기억하기 어렵습니다.

구조화 표현

> **배우자 선택 시 고려사항 C**
> 1. 외적인 부분
>   - 외모는 어떠한가
>   - 키는 몇인가
>   - 몸은 건강한가
>
> 2. 사회성 부분
>   - 성격은 어떠한가
>   - 종교는 있는가
>   - 친구관계는 어떠한가
>
> 3. 경제적인 부분
>   - 경제적인 능력은 있는가
>   - 직업은 무엇인가

마지막으로 구조화 표현입니다. 낱개가 아니라 덩어리로 표현하는 방식입니다. 공통된 내용들을 묶어서 상위 카테고리로 정리한 다음 큰 틀을 보여주는 것이죠. 상위에 있는 큰 틀을 먼저 제시하고, 이 틀을 상대방 머릿속에 자리잡게 한 후에 세부정보들을 설명해나가면 상대방이 이해하기도 쉽고, 기억하기도 쉽습니다.

세세한 내용 이전에 '외적인 부분', '사회성 부분', '경제적인 부분'이 한눈에 들어오지 않나요? 우리 뇌는 인지적 구두쇠에 비유됩니다. 구두쇠는 뭘 잘 안 쓰고 아낀다는 단어죠. 그렇다면 인지적 구두쇠는? 뇌가 생각하거나 사고하는 데 뇌의 에너지를 아낀다는 뜻입니다.

그럼 상사의 입장으로 돌아가 보겠습니다. 이전 편에서 우리의 상사들은 어떤 사람들이라고 했죠? 아무것도 안 하는 사람 같지만, 생각보다 바쁘고 머릿속이 꽉 차 있는 사람이라고 했습니다. 따라서 내가 내민 보고서의 내용이 길고 복잡하다면 상사의 뇌는 자연스레 인지적 구두쇠 성향을 발동합니다. 보고서의 내용을 보기 위해 에너지를 쓰는 것을 포기해버리는 거죠. 결국 시간과 노력을 들여 보고서를 작성한 내 영혼은 탈탈 털릴 위기에 처하게 됩니다.

이때 영혼탈출을 방지할 수 있는 가장 좋은 방법이 구조화된 표현을 쓰는 것입니다. 상사는 내 기획서를 읽고 싶어하지 않습니다. 보고 싶어합니다. 딱 봤을 때 한눈에 내용이 파악되길 원합니다. 구조화된 표현으로 그림 그리듯이 내용을 전달하는 방법이 가장 효과적인 이유입니다.

신입사원 비법서

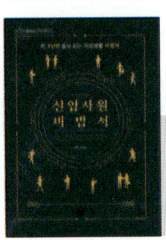

입사 후 모든 게 낯선 신입사원들을 위해! 첫 직장생활 3년간 활용하면 좋은 내용으로 알차게 구성한 신입사원 기본 입문서

저자 임영균
한국능률협회와 캐논 코리아 등에서 약 15년간 기획 업무를 담당했으며, 현재는 대기업에서 기획서 관련 컨설팅과 강의활동을 하고 있다.

최신자격정보

맞춤형화장품 조제관리사 소개!

뷰티 전문가

맞춤형화장품 조제관리사란?

맞춤형화장품 조제관리사 자격시험은 화장품법 제3조 4항에 따라 맞춤형화장품의 혼합·소분업무에 종사하고자 하는 자를 양성하기 위해 실시하는 국가전문자격시험입니다.

맞춤형화장품이란 소비자 요구에 따라 제조·수입된 화장품을 덜어서 소분하거나 다른 화장품 내용물 또는 원료를 추가·혼합한 화장품을 말하는데, 맞춤형화장품 조제관리사는 맞춤형화장품 기업체 및 판매장에서 소비자의 취향 등을 고려해 선택된 화장품의 내용물 또는 원료들을 혼합하는 업무, 화장품 내용물을 소분해주는 업무를 담당합니다.

특히 맞춤형화장품 판매업자는 자격증 취득 의무가 없으나, 맞춤형화장품 판매업을 운영하기 위해서는 자격증을 취득한 맞춤형화장품 조제관리사를 반드시 채용해야 합니다.

Q 응시자격과 시험과목은?

맞춤형화장품 조제관리사는 응시자격과 인원에 제한이 없습니다. 합격하기 위해서는 전 과목 총점(1,000점)의 60%(600점) 이상을 득점하고, 각 과목 만점의 40% 이상을 득점해야 합니다. 문항별 배점은 난이도별로 상이하며, 구체적인 문항배점은 비공개입니다.

과목	문항유형	과목별 총점	시험시간
화장품법의 이해	선다형 7문항 / 단답형 3문항	100점	120분 (09:15~11:15)
화장품 제조 및 품질관리	선다형 20문항 / 단답형 5문항	250점	
유통화장품의 안전관리	선다형 25문항	250점	
맞춤형화장품의 이해	선다형 28문항 / 단답형 12문항	400점	

 ## 맞춤형화장품 조제관리사는 어떤 역할을 하나요?

맞춤형화장품 조제관리사는 고객 요구에 맞춘 화장품 개발을 비롯해 맞춤형화장품 판매장에서 혼합업무와 소분업무를 담당하는 만큼 ▲ 스파센터 ▲ 뷰티클리닉 ▲ 스킨케어·화장품 브랜드 기업 ▲ 뷰티교육기관 등 다양한 곳에 취업할 수 있으며, 관련 창업도 가능합니다. 뷰티산업의 성장과 소비자 수요증가로 관련 취업시장은 더욱 커질 전망입니다.

 ## 맞춤형화장품 조제관리사, 정말 유망한가요?

아모레퍼시픽과 LG생활건강 등이 각 연구소를 통해 개인 맞춤형 화장품 시장의 문을 두드리고 있으며, e커머스인 CJ온스타일도 최근 관련 시장에 뛰어들었습니다. 이런 분위기는 시장규모 전망치에도 그대로 반영되고 있는데, 식품의약품안전처에 따르면 글로벌 맞춤형 뷰티시장 규모는 2019년에는 6억 5,500만달러(약 8,095억원)에 불과했으나, 2025년 40억달러(약 5조원)까지 성장할 것으로 전망됩니다. 개인의 기호와 취향이 소비의 중요한 기준이 된 데다 향이나 제형, 기피 원료 등을 원하는 대로 선택할 수 있는 점 때문으로 전문가들은 분석하고 있습니다.

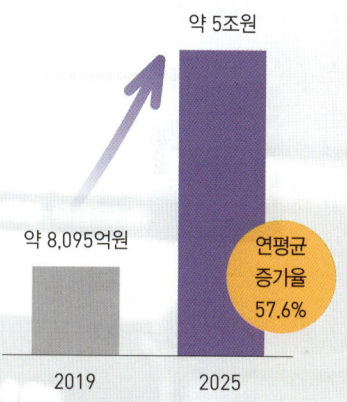

2025년 맞춤형화장품 조제관리사 시험일정

맞춤형화장품 조제관리사 자격시험은 식품의약품안전처 주관하에 실시하며, 시험 공고 및 시행 등 세부운영은 국가 및 민간 자격시험 등을 전문적으로 운영하는 대한상공회의소에 위탁해 진행하고 있습니다. 2025년부터 상·하반기 연 2회 실시하며, 하반기 시험은 9월로 예정돼 있습니다.

회차	접수기간	시험일자	합격자발표
9회	5.1 ~ 5.7	5.24(토)	6.24(화)
10회	8.28 ~ 9.3	9.20(토)	10.21(화)

맞춤형화장품 조제관리사 단기합격

출제기준에 따라 한국화장품전문가협회의 수석 강사진들이 중요내용으로 구성한 '핵심이론', 시험에 자주 나오는 이론 및 현장에서의 노하우를 정리한 '전문가의 한마디', 수험생들이 문제를 풀며 시험의 출제경향을 파악하고 실전감각을 향상시킬 수 있도록 복원한 '기출복원문제'를 수록했습니다.

상식 더하기 +

생활정보 톡톡!	**154**
초보자를 위한 말랑한 경제	**156**
유쾌한 세계사 상식	**158**
세상을 바꾼 세기의 발명	**160**
지금, 바로 이 기술	**162**
잊혀진 영웅들	**164**
발칙한 상상, 재밌는 상식	**166**
일상을 바꾸는 홈 스타일링	**168**
문화가 산책	**170**
3분 고전	**172**
독자참여마당	**174**

푹푹 찌는 여름철 불청객
냉방병 주의보

무더위에 에어컨 무작정 틀었다간 냉방병 찾아와

폭염과 열대야가 이어지면서 에어컨은 24시간 가동이 필요한 '생존템'이 됐습니다. 하지만 에어컨을 너무 믿었다가는 '냉방병'이라는 복병을 만날 수 있어 주의해야 합니다. 무더위를 피하기 위한 냉방이 오히려 건강을 해칠 수 있기 때문입니다.

냉방병은 말 그대로 에어컨으로 과도하게 냉각된 실내환경에 오래 노출되면서 발생하는 신체이상을 의미합니다. 두통, 근육통, 소화불량, 기침, 권태감 등 일상생활을 방해하는 다양한 증상이 있습니다. 이정아 서울아산병원 가정의학과 교수는 "냉방병은 실내외 온도차가 5℃ 이상 벌어질 때 자율신경계가 적절히 반응하지 못하면서 발생한다"며 "냉방으로 실내 습도가 낮아지며, 호흡기 점막을 건조하게 해 감기와 유사한 증상을 동반하기도 한다"고 말했습니다.

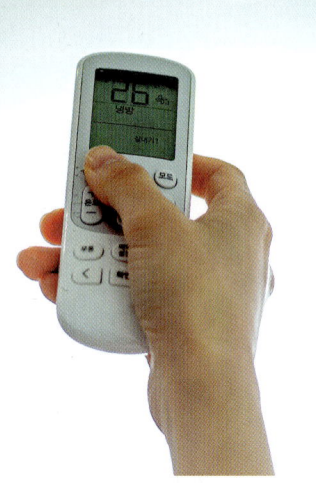

온도차 과도하게 일어나지 않도록 해야

과도한 냉방에 의한 건강이상을 가볍게 여겨서는 안 됩니다. 냉방병 증상을 오래 방치하면 심한 경우 폐렴까지 걸릴 수도 있기 때문인데요. 냉방병을 피하는 첫걸음은 '온도차 조절'입니다. 외부와 실내의 온도차가 5°C를 넘지 않도록 유지하는 것이 핵심이죠. 일반적인 경우 실내온도는 여름철 적정기준인 24~27°C를 지키는 것이 좋습니다.

다음으로 중요한 것은 환기입니다. 무더위를 막기 위해 창문을 닫고 에어컨만 틀어놓는 경우가 많은데, 이럴수록 실내유해물질은 더 많이 쌓이게 마련입니다. 페인트, 가구, 복사기 등에서 배출되는 휘발성 유기화합물이나 먼지는 환기를 통해서만 빠져나갑니다. 창문을 열 수 없는 고층건물이라면 중앙환기시스템을 적절히 활용해야 합니다.

냉방병 방지를 위해 평소 면역력 관리해야

이미 냉방병 증상이 나타났다면 무리하지 말고 휴식을 취하며 체온유지를 우선해야 합니다. 실내온도를 조금 높이고 수분을 보충하면 대부분은 수일 내 호전됩니다. 필요에 따라 두통, 근육통 등 증상에 맞는 대증치료 약물도 도움이 될 수 있습니다. 하지만 38°C 이상의 고열, 지속되는 기침, 심한 근육통 등의 증상이 동반된다면 단순 냉방병이 아닐 수 있습니다. 이런 냉방병을 막는 가장 근본적인 방법은 결국 면역력 관리입니다. 과로, 수면부족, 불규칙한 생활은 자율신경계를 무너뜨려 냉방병을 더 쉽게 유발합니다. 더위에 지치더라도 실내 스트레칭이나 짧은 산책 등을 꾸준히 실천해야 하는 이유입니다.

연일 이어지는 기록적 폭염…
온열질환 조심하세요!

올해 기록적인 혹서 탓에 온열질환자가 통계 집계 이래 가장 빠르게 늘면서 온열질환 대비 필요성도 커지고 있습니다. 의료계에 따르면 두통이나 어지럼증, 피로감은 단순히 더위 탓이 아니라 열사병으로 이어지는 경고일 수 있으므로 각별한 주의가 요구되는데요. 김윤정 서울아산병원 응급의학과 교수는 "온열질환을 막으려면 낮에는 야외활동을 피하고, 목이 마르지 않더라도 주기적으로 물을 마셔야 한다"고 강조했습니다.

온열질환은 몸을 과도하게 움직이거나 고온다습한 환경에 장시간 노출돼 몸이 스스로 열을 식힐 수 없을 때 발생합니다. 가장 심각한 형태인 열사병의 경우 중심체온이 40°C를 넘어가는데, 항상성 열조절 체계가 무너지고 중추신경계에 이상이 생깁니다. 이때 신속한 응급처치 없이 계속해서 더위에 노출되면 혈압이 떨어지고 전신 염증반응이 악화돼 심하게는 사망에 이를 수 있습니다.

폭염 속 갑작스러운 어지러움이나 두통, 피로감은 단순히 더위에 따른 일시적인 현상이 아닐 수 있으므로 주의해야 합니다. 관련증상이 생기면 즉시 냉방이 가능한 곳으로 이동해야 하죠. 시원한 곳에서 휴식을 취하고, 수분을 충분히 섭취해야 합니다. 환자발생 시 가능하면 환자 옷을 벗겨 체온을 낮춰주는 것이 좋습니다.

환경을 지키는 가격표
탄소세

지난 5월 22일(현지시간) 유럽의회가 탄소국경조정제도(CBAM) 개정안을 통과시켰습니다. 관련 법안은 2026년부터 본격적으로 적용될 예정인데요. 내년부터는 철강, 알루미늄, 시멘트 등 고탄소 제품을 수입하는 기업은 제품에 내재된 탄소배출량에 상응하는 CBAM 증서를 구입해야 합니다. 이는 온실가스 감축을 무역의 기준으로 삼겠다는 선언이기도 한데요. 기후위기 대응이 선택이 아닌 '비용'이 되는 시대가 온 것입니다.

탄소세는 온실가스 배출을 억제하기 위해 '오염에 비용을 묻는' 방식으로 설계된 제도입니다. 최근에는 기후위기 대응을 넘어 무역질서를 새로 짜는 기준으로까지 확대되고 있습니다. 실제로 여러 나라가 자국의 탄소세 제도를 강화하는 동시에 자국 생산품뿐만 아니라 수입품의 탄소배출량까지 고려하는 움직임을 보이고 있는데요. 이런 흐름은 기후대응을 둘러싼 논의가 더 이상 환경정책에만 머무르지 않고 경제·산업정책과 긴밀히 연결되고 있다는 뜻이기도 합니다. 특히 우리나라처럼 제조업 비중이 높은 국가들은 이러한 변화에 민감할 수밖에 없습니다. 기업들은 탄소감축 기술도입과 생산전환 압박에 직면하고 있으며, 그 여파는 소비자의 부담으로 이어질 가능성이 큽니다. 탄소세가 이제 환경보호의 수단을 넘어 글로벌 경쟁력과 지속가능성의 기준으로까지 부상하고 있다는 의미입니다.

탄소세는 누가 얼마나 부담하나요?

탄소세는 말 그대로 온실가스를 배출하는 만큼 세금을 부과하는 제도인데요. 주로 석탄, 석유, 천연가스 등 화석연료를 많이 쓰는 산업이 주요 대상입니다. 전기를 만드는 발전소, 철강이나 시멘트처럼 대규모 에너지를 소비하는 공장들이 대표적이죠. 세금은 '이산화탄소 1톤(t)당 얼마' 이런 식으로 매겨지는데, 그 단가는 나라에 따라 다릅니다. 예를 들어 스웨덴은 1t당 150달러 이상으로 매우 높은 수준입니다. 우리나라는 아직 '배출권거래제'를 중심으로 운영되고 있어서 직접적인 탄소세는 시행되지 않았지만 향후 도입 가능성이 계속 커지고 있습니다. 문제는 탄소세가 온실가스 배출이 많은 기업일수록 더 많은 세금을 부담하게 만드는 만큼 제품가격 상승으로 이어질 수 있어 소비자에게도 영향을 미친다는 것입니다. 환경보호와 기업의 경제적 부담 사이에 적절한 균형이 필요한 이유입니다.

탄소세로 걷은 돈, 어디에 쓰일까?

탄소세는 기업에게 부담이 되는 '벌금'처럼 느껴지기도 하지만 단순히 걷고 끝나는 세금은 아닌데요. 대부분의 국가는 탄소세를 통해 확보한 재원을 다시 기후대응과 에너지 전환정책에 투자하는 방식으로 운용하고 있습니다. 예를 들어 탄소세 수입은 태양광·풍력 같은 재생에너지 확대, 전기차 충전 인프라 구축, 저소득층의 에너지비용 지원 등에 쓰일 수 있습니다. 우리와 같은 일반시민에게도 장기적으로 돌아오는 혜택이 있는 셈이죠. 또 일부 국가는 탄소세 수입을 국민에게 현금으로 되돌려주기도 합니다. 캐나다의 경우 '탄소세 리베이트 제도'를 운영 중인데, 가구별로 일정 금액을 환급해줘서 세금부담을 상쇄할 수 있습니다. 이런 제도는 탄소세에 대한 거부감을 줄이고 사회적 수용성을 높이는 역할을 합니다.

결국 탄소세는 기후위기에 대응하기 위한 비용이자 친환경 사회로 전환하기 위한 투자금이라고 볼 수 있는데요. 어떻게 걷고, 어떻게 쓰는지가 제도에 대한 신뢰와 체감효과를 결정하는 만큼 세금의 투명한 운용과 함께 명확한 목적설정이 이뤄져야 할 것으로 보입니다.

탄소세란?
환경세의 일종으로 정부가 기업이나 소비자에게 탄소배출량에 따라 정해진 세율로 부과하는 세금

배출권거래제(ETS)

❶ 개념
: 온실가스 총 배출량에 상한을 설정해 배출권을 할당하고, 그 범위 내에서 기업 간 배출권을 사고팔 수 있도록 허용하는 제도

❷ 작동방식
: 온실가스 배출 사업장을 대상으로 정부가 연단위로 배출권 할당 → 할당 범위 안에서 온실가스 배출 → 여분 또는 부족분은 사업장 간 거래 가능

국가별 탄소세 현황

❶ 핀란드
: 1990년 세계 최초 탄소세 도입. 연료의 종류에 따라 차등부과. 2035년까지 국가 탄소중립 달성 목표

❷ 스웨덴
: 2025년 기준 톤당 약 150달러로 전 세계에서 가장 높은 수준의 탄소세 부과. 탄소세 도입 이후 GDP 83% 증가, 탄소 35% 저감 성공

❸ 캐나다
: 소비자용 연료세와 산업용 탄소가격제 이중구조(과거)
→ 2025년부터 연방 차원의 소비자 탄소세를 폐지하고 산업부문 탄소세는 유지

이슈&시사상식
세계사

진짜 아메리카 퍼스트맨은 **바이킹**

한 사람에게는 작은 한 걸음이지만, 인류에게는 위대한 도약이다.

-닐 암스트롱(Neil Armstrong)

세계사에서 큰 분기점을 꼽을 때 '대항해시대의 개막'과 그 결과로서의 '신대륙 발견'을 빼놓을 수 없다. 이 때문에 1492년 글로벌 촌놈에 불과했던 콜럼버스는 신대륙을 발견한 유럽인으로 여전히 소개된다. 하지만 콜럼버스가 도착했을 때 이미 그 땅에는 인디언들이 살고 있었다. 그러니 새로운 땅이라는 의미의 '신대륙'이라 할 수 없는데도, 게다가 정작 콜럼버스는 죽을 때까지 자신은 인도에 간 것으로 여겼는데도 '신대륙 발견'이라고 하는 것은 그야말로 유럽 중심의, 유럽인 멋대로의 해석이라고 할 수밖에 없다.

아메리카의 최초 유럽인은 콜럼버스가 아니다

아메리카가 유럽인들에게 신대륙이었다손 치더라도 오류는 또 있다. 바로 콜럼버스가 유럽인으로서 아메리카에 처음으로 발자국을 남긴 퍼스트맨이 아니라는 것이다. 주인공은 레이프 에릭손(Leifr Eiríksson, 970~1025)이라는 바이킹. 그는 그린란드를 발견한 붉은 머리 에릭 에릭손의 아들로 그가 아메리카 대륙에 도착한 것은 콜럼버스보다 400여 년 전인 1021년이었는데, 도착지점은 지금의 캐나다 동쪽에 있는 섬 뉴펀들랜드였다.

이 같은 사실은 1960년 캐나다 뉴펀들랜드의 '랑스 오 메도즈'라는 어촌마을에서 고대 스칸디나비아식 건축물의 흔적과 바이킹 유물이 발견되면서 입증됐다. 그와 동시에 바이킹 서사시에 등장하는 빈란드(Vinland, 풀의 땅)가 실은 이곳 뉴펀들랜드, 크게는 아메리카 대륙이었다는 가설에 힘이 실렸다.

2021년에는 해당 지역에서 발견된 나무에서 도끼로 추정되는 쇠날에 절단된 흔적을 발견했고, 흔적이 새겨진 시기를 1021년으로 특정했다. 그리고 아메리카 대륙 곳곳에 있는 당대의 유적에서 철기유물이 발견되지 않는다는 점을 근거로 쇠날 흔적이 에릭손 등 바이킹들이 남긴 것으로 추정됐다.

에릭손의 탐험은 기록으로도 남아 있다. 13세기 아이슬란드 서사시 '그린란드 사가'와 '붉은 머리 에릭 사가'가 그것이다. 이에 따르면 에릭손은 동료 35명과 함께 나무가 많은 땅을 찾아 출항했다. 나무가 많은 땅을 목표로 했던 것은 당시 그린란드가 초원지대여서 나무도 숲도 없었기 때문이었다. 농사나 목축은 가능했지만, 배를 만들 목재도 추위를 견디게 해줄 땔감도 구하기 어려웠던 것이다. 아무튼 이들의 배는 서쪽으로 헬룰란드(오늘날 래브라도반도)와 마크란다(오늘날 배핀섬)를 지나 이틀을 더 항해해 마침내 새로운 땅(뉴펀들랜드)에 상륙했다. 그리고 그 땅에 새 이름을 부여했다. '빈란드'였다.

이들은 겨울을 그곳에서 보내고 그린란드로 돌아왔고, 다음 해에는 에릭손의 동생(토르발드 에릭손)이 그 땅으로 갔다. 하지만 토르발드는 이때 원주민의 공격을 받아 사망하고 말았다. 이후에도 바이킹들은 여러 번 그 땅으로 향했고 정착촌을 건설하기 위해 노력했지만, 그때마다 원주민의 공격을 받으면서 결국 포기하고 말았다고 한다. 이후 변방의 역사로 남았고, 그마저도 부실한 기록 때문에 바이킹의 신대륙 발견과 정착촌 건설을 위한 노력은 오랜 기간 유럽 주류들에게 전설로 치부됐다. 그러는 사이 서인도제도에 도달한 콜럼버스가 600년을 넘어 지금까지도 퍼스트맨으로 명성을 날리고 있는 것이다.

그런데 에릭손이 몸으로 바다를 건넜다면 머리만으로 신대륙의 존재를 주장했던 사람이 있다. 에릭손과 동시대를 살았던 수학자이자 지리학자이며 천문학자였던 아부 라이한 알 비루니라는 페르시아 사람이다. 그는 계산만으로 지구가 둥글다는 것과 지구의 크기를 알아냈으며, 더 나아가 유라시아 대륙 반대편에도 그만큼 거대한 대륙이 존재해야 균형이 맞을 것으로 예측했다. 물론 이는 사실판단 오류이기는 하다. 증거 없는 추정에 의한 가설이니까.

한편 미국정부는 1964년부터 10월 9일을 '레이프 에릭손의 날'로 지정해 기념하고 있다.

알아두면 쓸데 있는 유쾌한 상식사전 -사라진 세계사편-

내가 알고 있는 상식은 과연 진짜일까?
단순한 호기심에서 출발할 수 있는 많은 의문들을
수많은 책과 연구 자료를 바탕으로 파헤친다!

저자 조흥석
아폴로 11호가 달에 도착하던 해에 태어났다.
유쾌한 지식 큐레이터로서
'한국의 빌 브라이슨'이라 불리길 원하고 있다.

거스름의 미학
펌프

1854년 8월 말 빅토리아 여왕 때 영국, 런던의 사망자가 폭발적으로 증가했다. 특히 소호 지역 인근에서는 단 2주 만에 550명이 사망했다. 1년여 전부터 1만명을 죽음으로 이끈 콜레라가 더운 날씨와 함께 기세를 올린 것이라 여겼다. 그런데 한 지역을 중심으로 사망자가 급증한 것에 의문을 가진 사람이 있었다. 존 스노우(John Snow)라는 의사였다.

스노우는 관청으로부터 소호 지역의 사망확인서를 받아 사망날짜와 원인, 결정적으로 사망자의 주소를 확인한 후 사망자 대부분이 브로드 거리 근처에서 발생했다는 사실을 알아챘다. 그리고 문제의 그 동네를 돌아다니며 물었다.

물을 어디서 길어다 먹었는가?

그 결과 콜레라 유행 초기에 사망한 56명 중 두 명을 제외한 모든 이들이 브로드 거리 중심에 있는 펌프의 물을 마셨다는 것이 드러났다. 타지역 사망자들도 이 펌프와 연관이 있었다. 그들은 소호의 물이 깨끗하다는 생각에 일부러 찾아와 그 물을 마셨다. 아이들은 이 지역을 거쳐 학교를 오가던 중에 문제

손잡이가 없는 브로드 거리의 펌프

의 펌프 물을 마시면서 피해를 입었다. 스노우는 현장조사를 바탕으로 얻은 결과를 행정관청에 제출했다. 1854년 9월 7일이었다. 다음 날 행정기관은 스노우의 의견을 받아들여 그 펌프에서 손잡이를 제거했다. 물을 먹지 못하도록 하기 위해서였다. 그러자 브로드 거리 인근의 콜레라 발병빈도가 뚝 떨어졌고, 마침내는 콜레라가 종식됐다.

다소 억울한 면이 없진 않지만, 콜레라 창궐의 한 요인이었던 펌프(pump)는 본래 액체나 진흙·시멘트 따위에 물을 섞어 만든 현탁액을 이동하는 데 쓰는 장치다. 펌프에 대한 가장 오래된 기록은 기원전 250년경 아르키메데스가 고안했다는 '스크루 펌프(Archimedean Screw Pump, 나선양수기)'다.

그리스의 고대도시 시라쿠사 출신인 아르키메데스가 당대 지중해 동부의 정치·경제·문화 중심지였던 알렉산드리아에서 공부할 때였다. 나일강에서 나무보트를 타고 여가를 보내던 중 강가에서 나무통에 물을 담고 있는 한 무리의 사람들을 보게 됐다. 이유를 물어보자 "강바닥이 낮고 농지가 높아서 물을 이렇게 길어다 줘야 한다"는 대답을 들었다. 그날 이후 그는 '물을 낮은 곳에서 높은 곳으로 흐르게 해야 한다'는 데 집중했고, 마침내 커다란 나선모양의 원통을 고안해냈다. 나선양수기였다. 축을 돌리면 축에

중세에도 사용된 나선양수기

연결된 나선이 물을 길어 올리는 구조인 나선양수기는 고대 그리스와 로마에서 청동으로 제작돼 농업용수를 제공하는 데 큰 역할을 담당했다.

펌프는 주로 농업용 관개시스템에 사용돼 식량생산을 증대시킴으로써 인구증가를 가능하게 했다. 또한 근대화·도시화를 거치면서 식수공급, 하수처리, 난방시스템 등 도시 생활환경 개선에 중요한 역할을 했다. 산업혁명 이후에는 공장, 발전소, 정유시설 등 다양한 산업분야에서 핵심적인 기계장치로서 발전을 가속화시켰다. 펌프의 원리와 구조 역시 다른 기계장치의 설계와 제작에 응용되며 전체적인 기술발전에 이바지했다. 오늘날에도 펌프는 시스템의 효율성과 안전성에 직접적인 영향을 미치는 까닭에 지속적인 연구와 개발이 이뤄지고 있다.

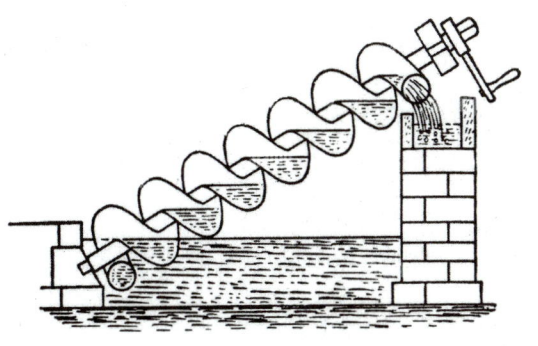

아르키메데스의 나선양수기 구조

이슈&시사상식
지금,이기술

초고령사회, 돌봄 대안이 될까?
돌봄로봇

최근 정부조사에 따르면 노인돌봄 현장에서는 극히 일부만 노인 돌봄로봇을 활용 중인 것으로 나타났다. 최근 국민건강보험공단이 장기요양기관 시설장 445명에게 물은 결과 75.7%가 돌봄로봇을 들어본 적 있다고 답했으나, 이들 중 3.9%만이 돌봄로봇을 도입했다고 응답했다. 돌봄로봇은 정부가 초고령화에 대응하고자 고령자 대상 첨단기술 투자를 늘리겠다며 발표한 집중육성분야 중 하나다. 의료·돌봄수요가 폭발적으로 늘 것을 대비해 전통적 대응방식 외에도 로봇 등 첨단기술을 활용해야 한다는 게 정부의 판단이다.

지난해 우리나라의 65세 이상 인구비중이 전체인구의 20%를 넘어서며 비로소 초고령사회에 접어들었다. 국민 다섯 중 한 명이 노인이 된 나이든 사회에서 주목 받고 있는 것은 이른바 '에이지테크(AgeTech)'다. 노년층(고령자)을 위한 기술(Age + Technology)을 뜻하는 신조어로 고령자의 건강, 안전, 독립적 생활, 사회적 소통을 지원하기 위해 개발된 기술·제품·서비스 전반을 포괄하는 개념이다.

향후 노인에 대한 돌봄수요가 급증할 것으로 예상돼 이러한 에이지테크의 기술개발과 보급이 서둘러 이뤄져야 하는 상황이다. 보건복지부에 따르면 돌봄이 필요한 노인인구가 빠르게 증가하는 반면 돌봄인력이 이를 따라잡지 못하면서 20년 후엔 100만명 가까운 요양보호사가 추가로 필요할 것이란 전망이 나오기도 했다. 정부는 돌봄수요를 완화할 방법으로 에이지테크 기술을 활용할 방침인데, 이 에이지테크의 한 갈래가 이번 호에 소개할 AI 돌봄로봇이다.

손주처럼 다정한 말벗 돼주는 돌봄로봇

노인을 위한 돌봄로봇은 노인의 신체적 보조, 정서적 위안, 안전관리, 건강모니터링 등을 수행하는 로봇을 말한다. 현재 독거노인 가정 등에 보급되는 돌봄로봇은 어린아이, 반려견 등 친근하고 작은 형태의 인형 모습을 하고 있다. 이 로봇들에는 자체 인공지능(AI) 시스템이 탑재돼 사람의 말에 반응하고 능동적으로 서비스를 제공할 수 있다.

돌봄로봇에는 센서가 내장돼 있어 노인의 심박수나 혈압 등을 측정해 그날의 컨디션을 체크한다. 머리와 귀, 손을 만지면 치매예방을 위한 회상놀이(과거의 경험을 떠올리며

이야기하거나 사물 등을 이용해 소통하는 놀이), 종교말씀 등 다양한 프로그램이 재생된다. 하루에 몇 번 자신의 머리를 쓰다듬거나 손을 잡아달라고 해 노인이 악력을 키울 수 있도록 돕기도 한다. 또한 정해진 시간에 약을 먹을 수 있도록 안내하고, 생성형 AI 기술을 도입해 양방향으로 자유로운 대화를 할 수 있어 노인들의 다정한 말벗이 돼준다. 잠은 잘 잤는지, 식사는 잘 했는지, 오늘 기분은 어떠한지 등 여러 주제에 대해 질문하고 답변내용을 바탕으로 건강관리 리포트를 작성해 맞춤형 건강관리를 제공하는 데 사용한다.

무엇보다 가장 중요한 기능은 특정시간 동안 로봇이 노인의 움직임에 변화를 감지하지 못하면 지정된 보호자·관리자에게 알림을 보내 안부를 확인하도록 돕는 것이다. 아울러 로봇이 응급기관이나 관제센터와 연결돼 있어 장기간 노인의 활동감지가 안 될 경우 신변에 위험 또는 변화가 있다고 판단하고 의료인력이 현장에 출동하기도 한다. 최근 증가하고 있는 노인 고독사 문제에 대처할 방편이 될 수도 있다.

보편화되려면 공공재처럼 지원돼야

유용하게 쓰일 수 있는 돌봄로봇이지만 여전히 한계점은 있다. 먼저 가장 큰 문제는 비용이다. AI 돌봄로봇 '효돌'의 경우 시장가격은 100만원 정도다. 여유가 된다면 개인이 구매할 수 있을 만한 가격으로 호되게 비싸지는 않으나, 생활이 어려운 독거노인이나 기초생활수급자들에게는 부담이 크다. 그래서 이러한 돌봄로봇들은 복지용구로서 정부로부터 급여지원을 받아 저렴하게 구입할 수 있다.

현재 돌봄로봇 급여사업은 시범단계로 예비급여 지원만을 받고 있는 상황인데, 돌봄로봇이 보편적으로 활용되기 위해서는 이러한 공적급여 연계나 정부보

AI 돌봄로봇 '효돌'

조금 지원이 필수적이라는 게 중론이다. 그래서 일각에서는 돌봄로봇을 공공재로 다뤄야 한다는 주장도 나오고 있다.

구입비용 외에도 서비스 운영비용 문제가 존재한다. 돌봄로봇과 비슷한 유형인 '돌봄스피커'는 로봇의 형태는 아니나 AI로 음성인식을 할 수 있어 간단한 대화를 나누거나 이를 통해 노인의 응급상황을 파악할 수 있다. 그런데 이를 모니터링하는 관제센터 운영에 많은 비용이 들어가고, 돌봄스피커로 제공되는 음원 이용료도 만만치 않은 상황이다.

로봇이 노인들의 건강정보와 생활습관 등을 수집하다 보니 이러한 개인정보가 유출되거나 오남용될 수 있다는 지적도 있다. 자칫하다간 노인 개인을 감시하고 통제하는 수단이 될 수도 있다는 말이다. 그래서 돌봄로봇의 보편화에 앞서서 이러한 문제를 해결할 법적·기술적 장치가 튼튼하게 마련돼야 한다는 목소리가 높다. 아울러 첨단기기를 다루는 데 서툰 노인들에 대한 사용안내와 교육도 치밀하게 이뤄져야 한다.

내 투쟁에 한 점 후회도 없다
이화림 지사

2024년 개봉 32일 만에 천만영화가 된 '파묘'의 감독은 주인공들의 이름에 대해 "독립기념관에 갔는데 잘 모르는 독립운동가들이 너무 많더라. 그분들의 이름을 어감을 고려해 되살리려 했다"고 했다. 주인공 이름이 실제 독립운동가들의 이름이라는 말이다. 임시정부 국무위원 등을 지낸 김상덕, 독립협회에서 활동한 고영근, 광복군에서 활동한 오광심이 주인공들의 이름으로 되살아났다. 그리고 그 가운데에는 한인애국단과 조선의용군의 전사였던 이화림도 있다.

의거 후 연행되는 윤봉길 의사

1932년 4월 29일 아침이었다. 중국 상하이 훙커우 공원에서는 일왕의 생일인 천장절(天長節) 기념행사 겸 일제의 상하이 침공승리 기념식 준비가 한창이었다. 그런데 코트를 입은 사내와 양장 차림의 여인이 기념식장 입구에 나타났다. 사내는 도시락과 물통을 들고 행사장 안으로 유유자적 들어갔고, 여인은 사내가 들어가는 것을 확인한 후 골목으로 사라졌다.

기념식이 시작됐다. 모두의 시선이 요인들이 늘어선 단상으로 향한 사이 사내 윤봉길이 단상 쪽으로 나아갔다. 그리고 단상을 향해 물병을 힘껏 던졌다. 물병이 단상에 부딪히는 순간 폭음과 함께 식장이 아수라장이 됐다. 상하이 일본인 거류민단장과 상하이 파견군 사령관 시라카와가 즉사했고, 중장 노무라는 눈을 잃었다. 패전 후 미주리함에서 일본 외무대신 자격으로 항복문서에 조인했던 시미게쓰 당시 주중공사 등 수십명은 중상을 입었다.

윤봉길이 검문검색을 뚫고 행사장 안으로 들어갈 수 있도록 돕고 사라진 여인은 사흘 전 백범 김구 선생 앞에서 애국단원으로서 선서했었다. 원래 계획은 두 사람이 부부로 변장해 행사장에 들어가는 것이었다. 두 사람은 사전답사를 하며 거사지점까지 잡아 놓았다. 그러나 마지막에 김구 선생이 만류했다.

두 사람을 다 잃을 순 없다.

김구 선생이 윤봉길과 더불어 잃어서는 안 된다며 거사를 막은 이는 스물일곱 살의 한인애국단원 이화림이었다. 이화림 지사는 평양 출신으로 일찍이 독립운동에 뛰어든 두 오빠의 영향으로 열네 살에 3·1만세운동에 참여했고, 성인이 되어서는 군산과 청진에서 유아원 교사로 일하면서 조선공산당에 가입(1927)해 비밀 지하활동을 했다. 그러다 1930년 오빠들과 마찬가지로 중국 상하이로 망명해 독립운동에 본격적으로 몸을 던졌다. 그런 그의 마음에는 망명을 앞뒀을 때 그의 어머니가 눈물 대신 건네준 시가 있었다.

**나는 죽을지언정
굴복하지 않고 영원히 앞으로 나아가리라.
비록 내가 죽을지라도 나의 영혼은
영원히 인간 세상에 존재할 것이다.
내가 조국을 위해 죽는다면
일백번이라도 죽을 수 있다.**

부상자를 치료하는 이화림 지사

이화림 지사
(1905.1.6.~1999.2.10)

상하이로 간 이화림 지사는 김구가 만든 한인애국단에 가입해 김구의 비서이자 단원으로서 정탐 임무와 특수작전을 수행했다. 훙커우 의거 석 달 전 일왕에게 수류탄을 던질 계획이었던 이봉창 의사의 속옷에 폭탄 주머니를 달아준 이도 이 지사였다. 하지만 이 지사는 윤봉길·이봉창 의사의 의거 후 한인애국단을 떠났다. 단독 의거가 아닌 조직적인 무장투쟁만이 독립을 쟁취할 수 있는 수단이라고 믿었기 때문이었다.

이후 이 지사는 약산 김원봉이 이끌던 의열단의 추천으로 광저우 중산대학에 입학, 신분을 감추기 쉬운 의대에서 간호학을 전공했고, 1938년 10월 김원봉이 조선의용대(후에 조선의용군)를 창건하자 부녀대(부녀복무단) 부대장을 맡았다. 대장은 김원봉의 부인 박차정이었다. 조선의용군은 좌파연합인 조선민족전선 산하의 한인 군사조직으로 적을 상대로 한 선전 및 포로신문 활동을 했을 뿐만 아니라 전투에도 참여했다. 그 속에서 이 지사도 항일여전사로서 박차정처럼 일본군 진지 50m 근방까지 침투해 치열하게 선무공작과 전투를 수행했다. 또한 대학에서의 전공을 살려 중국 전역을 돌며 항일투쟁의 최전선에서 독립투사들을 치료하는 일을 맡았다.

그러던 중에 조국이 해방됐다. 그러나 대부분의 좌익계열 지사들이 그러했듯 조국으로 돌아오지 않았다. 대신 다롄에서 의사로 일하면서 연변조선족자치주 위생국장 같은 중국 공직을 맡으며 조선족을 위해 살았다. 그러다 6·25전쟁이 발발하자 중국정부에 차출돼 북한군 소속 의무병으로 전쟁에 참여해야 했다. 이 때문에 이 지사는 평생 고국으로 돌아오지 못하고 끝내 중국에서 이방인으로 남았다.

그렇게 세월에 잊히던 1991년 '경향신문'은 다롄의 시립 양로원에서 말년을 보내던 85세의 이 지사를 찾아 소개했다. 인터뷰에서 이 지사는 평생을 돌보는 이 하나 없이 살았지만 "젊음을 불사른 항일독립투쟁에 대해 한 점의 후회도 없다"고 했다. 또한 좌익이라는 이유로 '백범일지'에서조차 그의 이름을 지웠던 김구에 대해서도 "조국독립이라는 목표는 똑같았다"는 말로 과거 동지에 대한 애정을 드러냈다. 그리고 8년 후 이화림 지사는 전 재산을 조선인 어린이를 위해 써달라고 기부한 후 쓸쓸히 생을 마감했다. 독립운동가로서 대한민국정부의 인정을 받지 못한 채였다.

이슈&시사상식
재밌는 상식

갈등의 증폭, 전쟁의 촉발
판결의 무게

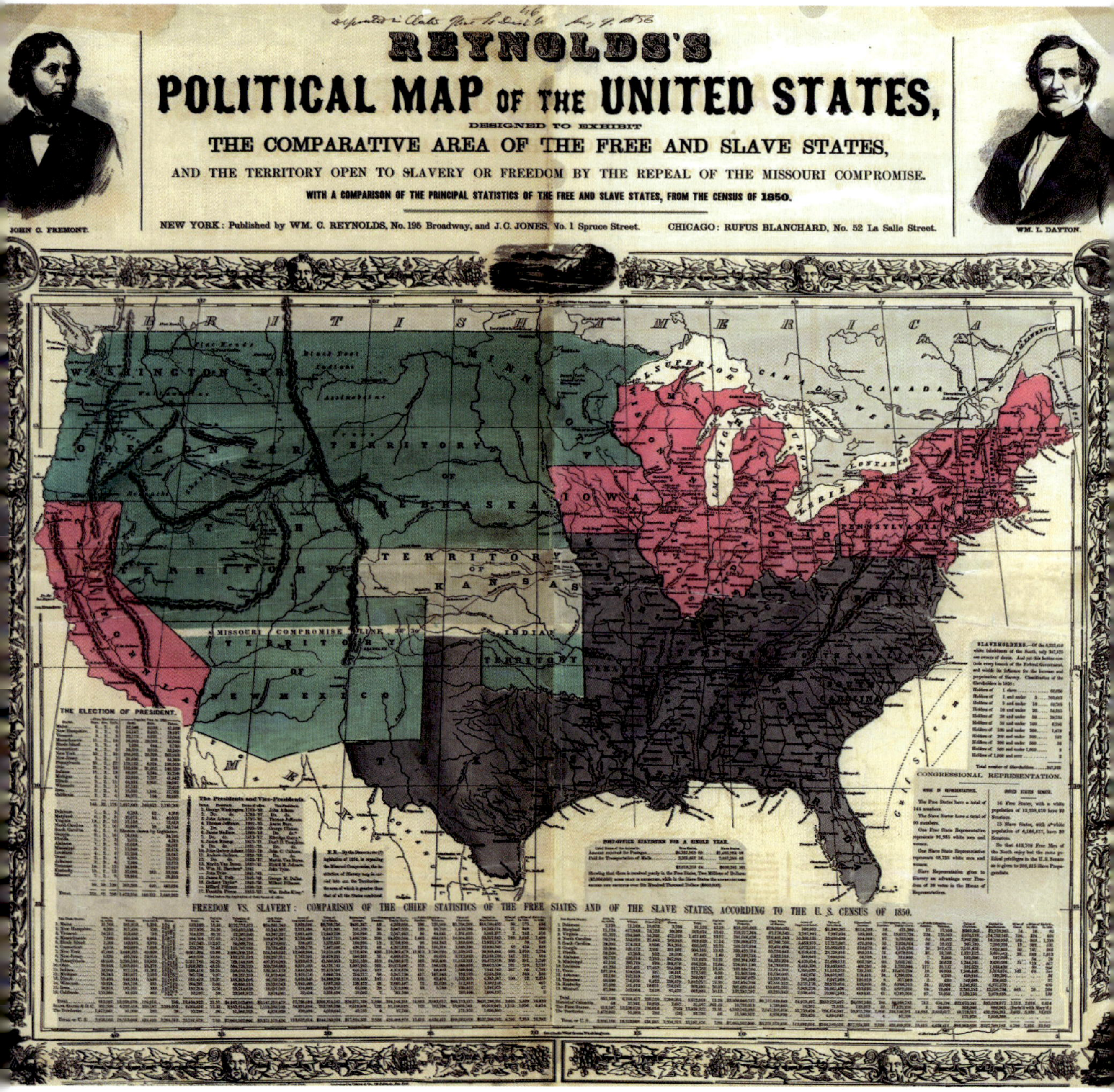

노예제를 두고 둘로 나뉜 미국 북부와 남부(1856년 미주리 타협, 왼쪽 중간 하얀선)

과거 미국에는 노예제가 있었다. 무려 400만명의 노예가 물건처럼 거래됐다. 주인이 된 자는 노예를 다치게 해도, 심지어 죽여도 벌을 받지 않았다. 노예 대부분은 납치하거나 속여서 끌고 온 아프리카 흑인들이었다. 그런데 유럽에서 건너온 '자유·평등·박애' 열풍이 불었다. 1848년 혁명의 여파였다. 군주제 타파와 독립된 민족국가 수립을 목표로 이탈리아에서 시작된 혁명은 1년 동안 유럽 50개 이상의 국가에 영향을 끼쳤다. 비록 수만명이 학살당하고 더 많은 사람이 망명길에 오르면서 진압됐지만, 그 정신은 대서양을 건너 미국에까지 바람을 일으키면서 '노예제 폐지'에 대한 주장으로 이어졌다.

훼손된 로저 타니 동상(메릴랜드주 아나폴리스)

그런데 노예제 폐지를 두고 찬반이 충돌하면서 전쟁 위기에 몰렸다. 이에 의회는 위도 36도 30분선을 기준으로 자유제를 찬성하는 북부와 노예제를 고수하는 남부로 나누고 이 선을 중심으로 일종의 완충지대를 만들었다. 이런 와중에 주인을 따라 북쪽에서 오랜 생활을 한 노예 드레드 스콧이 주인 사후 '자유주(북쪽)에도 오래 살았으니 나도 자유인이다. 자유를 달라'며 미망인을 대상으로 소송을 걸었다. 재판은 승소와 패소를 거듭하다 연방대법원까지 올라갔고, 1857년 3월 6일 연방대법원은 판결을 내렸다.

판결문은 "흑인은 미국 헌법상 '시민'이 아니다. 따라서 미국 시민에게 보장되는 모든 권리를 행사할 수 없다"로 시작했고, 심지어 "미국 헌법은 개인의 사유재산권을 보장하고 있으며, 노예는 사유재산에 포함된다. 따라서 미국 북부에서 노예를 사유재산으로 소유하는 것을 금지하면 헌법 위반"이라고 명시했다. 북부를 무시한 채 미국 전체에서 노예제는 합법이라고 선언한 것이다. 훗날 밝혀진 바에 따르면 1857년 당시 취임을 앞두고 있던 제임스 뷰캐넌 대통령이 이 재판의 주심이자 당시 대법원장이었던 로저 타니를 비롯한 대법원 판사들에게 편지를 보내 "취임 전 노예제 합법화 판결"을 지시했다고 한다.

이렇듯 의회를 무시한 행정부와 사법부의 결탁은 오히려 1860년 링컨 대통령 탄생의 동력이 되고 말았다. 여기에 링컨에 대한 폭동과 암살 시도마저 실패하자 남부는 링컨 취임 한 달 만에 연방탈퇴와 전쟁을 선언하고야 만다. 남북전쟁의 시작이었다. 그로부터 4년 동안 미국은 지옥을 경험했다. 이 전쟁으로 군인 70만명, 민간인 30만명 등 100만명이 넘는 미국민이 사망했다. 민의를 대신하는 의회를 무시한 두 권력의 결탁이 부른 비극이었다.

역사가들은 남북전쟁 발발의 가장 큰 계기로 드레드 스콧 소송에 대한 타니 대법원장의 판결을 꼽는다. 이를 증명하듯 타니 대법원장은 살아 있을 때는 그의 비리를 폭로하는 책이 출판돼 손가락질을 받았고, 죽은 후에는 동상이 훼손되고 철거되는 수모를 당했다. 2020년에는 워싱턴DC 국회의사당에 설치돼 있던 흉상마저 철거됐다. 결탁과 협잡으로 전쟁을 일으킨 대가치고는 너무 가벼운 것 아닐까?

이슈&시사상식
홈 스타일링

하루의 시작과 끝을 품는 공간
침실

하루를 시작하고 마무리하는 침실은 휴식을 통해 심신의 안정을 느낄 수 있도록 가급적이면 불필요한 요소를 최소화하는 것이 좋다. 단정한 침실은 그 자체로 회복의 공간이 되며 하루의 리듬을 차분하게 정돈해준다.

복잡함은 덜고 여백으로 완성하는 침실

만약 침실이 다른 공간을 겸해야 한다면 물건이 보이지 않게 문이 달린 가구나 서랍에 수납한다. 수집품이나 장식품이 있다면 눈에 보이도록 진열해 힐링 포인트를 만들어도 좋다. 다만 다른 생활용품과 뒤섞이지 않아야 지저분해 보이지 않는다.

화장대가 있다면 물건이 보이지 않도록 안쪽에 수납해야 깔끔하다. 다만 기초화장품처럼 자주 쓰는 물건은 바구니에 담아 정돈한다. 면봉, 머리끈, 화장품 샘플과 같이 작은 물건이 많다면 미니서랍이나 미니 정리함을 추가해도 유용하다. 자주 사용하는 드라이기를 매번 꺼내고 다시 넣는 게 번거롭다면 개별전원 콘센트에 코드를 꽂아둔 채 바구니에 담으면 된다. 눈에 띄지 않는 화장대 측면이나 하부에 드라이기 거치대나 드라이기를 걸 수 있는 고리를 부착하면 더 깔끔하고 간편하게 정리할 수 있다.

생활패턴에 맞춰 침대 주변 정리하기

수납공간을 확보하기 위해 사용하는 수납형 침대의 벙커에는 다른 계절옷이나 여분의 이불, 이사할 때

까지 꺼낼 필요 없는 큰 짐을 보관한다. 만약 수납형 침대가 아니라면 프레임 하부 높이에 맞춰 언더베드 리빙박스나 정리함을 배치해 수영복, 스키복 등 계절용품이나 이불을 보관해도 좋다. 침대 아래 정리함이 드러나 공간의 통일성을 해친다면 스커트 매트리스커버로 깔끔하게 가릴 수 있다.

침대 서랍은 부족한 옷방 수납을 보완해 속옷, 양말, 홈웨어를 수납하기 적절하다. 내부가 한눈에 다 보이기 때문에 거실장을 대신해 의약품이나 생활용품을 수납해도 좋다. 또한 침대에서 자주 사용하는 전자기기나 책, 안마용품 등을 수납하면 바로 꺼내서 쓰기 편하다. 책상 대신 침대 옆에 좌식테이블을 뒀다면 테이블에서 자주 사용하는 노트북, 스터디용품, 취미용품을 수납해도 좋다.

안경이나 수시로 사용하는 핸드폰 충전기처럼 침대 근처에 둬야 편한 물건이 있다. 그래서 침대 옆에 협탁과 멀티탭을 두거나 전기코드나 USB를 연결할 수 있는 침대 프레임을 사용하기도 한다. 다만 머리 위에 전자제품 선이 너무 많으면 침실 무드를 해칠 뿐 아니라 주변이 어수선해져 휴식을 방해한다.

멀티탭 선은 최대한 눈에 띄지 않도록 침대와 맞닿은 벽을 따라 이동시키고 시선이 닿지 않는 침대 하부나 보관함에 넣는 것을 권장한다. 전선이 바닥으로 흘러나오지 않도록 정리하면 청소가 한결 수월해진다. 멀티탭을 바닥에 두고 사용하는 것이 불편하다면 보관함에 담아서 헤드보드에 올리거나 침대 측면에 부착하면 눈에 띄지 않고 사용하기도 편하다. 고정용 클립이나 벨크로 테이프 등을 활용하면 설치도 간단하고 깔끔하게 마무리된다. 협탁에 둘 때는 위에 올리지 말고 협탁 내부에 넣거나 협탁 하부 또는 뒤쪽에 고정하는 편이 좋다. 눈에 띄는 자리에 둬야 한다면 장식품이나 패브릭으로 가리거나 바구니에 넣어 자연스럽게 숨기자.

셀프 홈 스타일링

누구나 손쉽게 해볼 수 있는 인테리어 가이드북! 변화를 시도하고 싶지만 저마다의 이유로 망설이는 사람들에게 맞춤형 솔루션을 제공한다.

저자 심지혜
실내디자인 전공 후 인테리어 회사에서 공간기획 및 브랜딩 일을 한다. 유튜브 채널 '심지썸띵'을 통해 시작한 홈 스타일링 활동을 병행하고 있다.

영화와 책으로 보는 따끈따끈한
문화가 소식

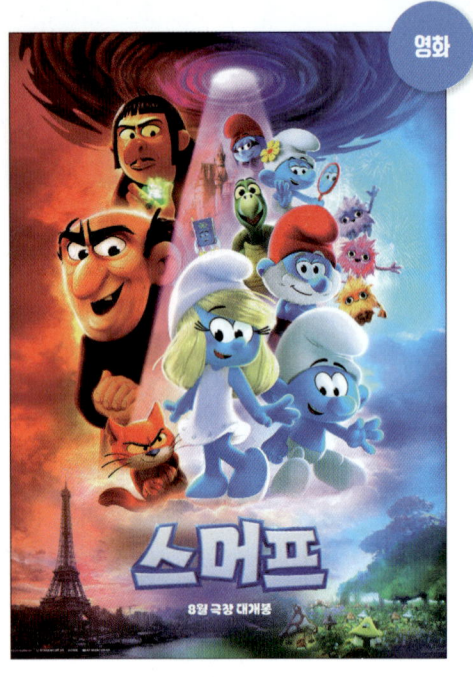

영화

뮤지컬

스머프

1958년 만화를 시작으로 다양한 미디어 믹스가 이어지고 있는 〈스머프〉가 올해 8월 부분 실사화를 포함한 애니메이션 영화로 등장한다. 매일 파티를 여는 스머프 마을에서 어느 날 '파파 스머프'가 납치당하자 주인공 '그냥 스머프'와 친구들이 현실세계로 와서 악당 '가가멜'과 맞선다. 작중 인플루언서 스머프가 등장하고 가가멜의 동생인 '라자멜'이 고양이 사진이 지겹다며 형을 '차단'하는 등 소소한 설정이 시대변화에 맞춰 적용됐다. 인기 팝 가수 리한나가 '스머페트'를 더빙하고 OST에 참여했으며, 국내 더빙에서는 유명 개그맨 박명수가 12년 만에 가가멜 역을 맡았다.

장르 애니메이션, 모험　　**감독** 크리스 밀러
주요 출연진 리한나, 제임스 코든 등
개봉일 2025.08.06

노트르담 드 파리 오리지널 내한공연

〈노트르담 드 파리〉 오리지널 프로덕션이 9월 국내를 찾는다. 빅토르 위고의 원작소설을 바탕으로 제작된 〈노트르담 드 파리〉는 2005년 첫 내한공연 당시 국내에서 120만명, 전 세계적으로는 23개국 1,500만명의 관객을 사로잡으며 프랑스 뮤지컬의 대표적인 작품으로 손꼽힌다. 특히 이번 공연은 '프롤로'의 초연 배우인 '다니엘 라부아'가 국내 관객 앞에 서는 마지막 무대가 될 수도 있어 팬들의 관심이 집중되고 있다. 〈노트르담 드 파리〉 프렌치 오리지널 내한은 원어로 공연되고 한국어 자막이 무대에 설치된 자막기를 통해 제공될 예정이다.

장소 세종문화회관 대극장
주요 출연진 다니엘 라부아, 안젤로 델 베키오 등
날짜 2025.09.03~2025.09.27

이탈리아 국립 카포디몬테 미술관 19세기 컬렉션

이탈리아 남부 최대 규모의 국립 미술관인 카포디몬테 미술관의 19세기 나폴리 컬렉션 77점이 국내에 전시된다. 19세기 나폴리는 군주제에서 이탈리아 통일로 이어지는 역사적 전환기를 겪었고 이 시대 속에서 화가들은 이탈리아 남부가 겪은 사회변화와 사람들의 삶을 회화로 기록했다. 유화·파스텔·수채화 등의 작품은 신고전주의, 낭만주의, 사실주의를 거쳐 서민과 하층민의 삶을 있는 그대로 담아내려는 베리즈모(Verismo)까지 다양한 미술사조를 구현하고 있다. 나폴리의 정서와 풍경이 19세기 회화를 통해 펼쳐지며, 관람객들에게는 '나폴리를 보고 죽어라'라는 괴테의 명언을 직접 느낄 수 있는 기회가 될 것이다.

장소 마이아트뮤지엄   **날짜** 2025.08.01~2025.11.30

마음이 정리가 된다

연애 및 결혼 관련 방송에 출연하며 인물들의 심리를 날카롭고 정확하게 분석해 화제가 된 작가는 인간의 감정과 심리를 둘러싼 고통에 대해 이성(理性)의 힘을 활용해 삶의 균형을 되찾는 방법을 제시한다. 이 책에는 감정을 정확히 정의하는 것부터 시작해 자신의 내면을 알아가고 부정적 감정을 극복함으로써 삶의 전환을 이끌어내는 구체적 방법이 소개돼 있다. 20개의 감정별 사례분석과 30개의 실습도구를 거치며 독자는 내면의 부정적인 면을 다스리고 더 성숙한 자아를 찾아가게 된다. 인간이라면 누구나 겪는 마음의 문제를 다루고 싶다면 이 책이 소개하는 여정을 따라가 변화를 모색하는 것을 생각해볼 만하다.

저자 임철웅   **출판사** 트로이목마

세상을 움직이는 10가지 방정식

수학자로서 강연과 기고 등 대중적으로 활발히 소통하는 저자는 '수학적 관점'만큼 현실세계를 파악하는 데 유용한 것이 없다고 이야기한다. 이 책은 숫자 또는 데이터에서 패턴이나 경향을 추출해 복잡한 이론을 다수의 사례를 통해 풀이한 대중교양서다. 개인적 인간관계부터 업무와 연구에 이르기까지 수학적 사고는 삶을 더 나은 방향으로 안내하는 도구가 된다. 그런데 숫자에 치중하다 만약 윤리문제를 마주하게 되면 어떻게 할까? 작가는 이에 대해 '도덕적 직관'을 강조하며 '공동체의 선'을 목적으로 수학을 도구로 사용할 때 더 나은 세상을 만든다고 주장한다. '삶의 공식'을 찾는 독자에게 이 책이 힌트가 될 것이다.

저자 데이비드 섬프터   **출판사** 흐름출판

이슈&시사상식 / 3분 고전

내 인생을 바꾸는 모멘텀
박재희 교수의 마음을 다스리는 고전이야기

나아가고 물러날 때를 알아야 한다
덕미위존(德微位尊) - 〈주역(周易)〉

세상을 살다 보면 해서는 안 될 것이 참으로 많습니다. 들어서는 안 될 이야기도 있고, 보아서는 안 될 일도 있습니다. 가서는 안 될 곳도 많고, 올라가서는 안 될 자리도 있습니다. 특히 고위 공직자에게는 그 직위에 맞는 인격과 능력이 필요한데, 공직자로서 사회적 책임과 지위에 따른 능력에 치명적인 결함을 가지고 있다면 그 지위에 있어서는 안 됩니다.

'주역'에서는 자신이 가지고 있는 능력과 도덕성에 비해 너무 높은 자리에 오르려 하거나 너무 큰일을 도모하려 하면 반드시 큰 화를 입을 것이라고 강조합니다. 모두 자신의 위치와 관련해 분수에 넘어서는 행동을 해서는 안 된다는 것입니다. 특히 아무리 높고 좋은 자리가 있어도 자신의 능력과 도덕성을 스스로 비춰 보아 내 역량을 넘어서는 자리라면 스스로 사양하고 물러나는 혜안과 결단이 필요하다는 이야기입니다.

나아가고 물러남이 분명하다면 인생에 화를 당하는 경우가 없을 것입니다. 하지만 물러나야 할 때 굳이

> 德微而位存 智小而謀大
> 덕미이위존 지소이모대
> 無禍者鮮矣
> 무화자선의
>
> 인격은 없는데 지위는 높고,
> 지혜는 작은데 꿈이 너무 크면
> 화(禍)를 입지 않는 자가 드물다.

기를 쓰고 자리를 보전하려고 하는 것은 순리를 거스르는 일이고, 화를 자초하는 일입니다.

내 그릇의 용량을 정확히 알고 살아야 합니다.

德	微	位	尊
덕 덕	미세할 미	자리 위	높을 존

이야기로 읽는 고사성어

출전 /《맹자(孟子)》〈공손추(公孫丑)〉상(上)

발묘조장(拔苗助長)

중국 춘추시대, 송(宋)나라에서 있었던 일입니다. 어느 마을에 성격이 유달리 급한 농부가 살았습니다. 그는 모내기를 마친 후 매일매일 논에 나가 벼 상태를 확인 했습니다. 그런데 심어놓은 모가 빨리 자라지 않는 것 같아 애가 탔습니다.

"다른 집 논의 벼는 쑥쑥 자라고 있는데, 모내기한 지가 언젠데 아직도 이 모양이지? 이러다 올해 농사가 다 망하는 것 아닐까?"

속상한 마음에 벼 포기를 잡고 이리저리 살펴보다가 잘못해서 조금 당기고 말았습니다. 농부는 아차 싶어 얼른 손을 뗐습니다. 그런데 당겨진 만큼 벼가 자란 것처럼 보이는 것이었습니다. 그래서 옆의 벼도 살짝 뽑아 올렸습니다. 농부는 무릎을 탁 쳤습니다.

"이렇게 하면 되겠다."

농부는 곧바로 몸을 구부리고 벼 포기를 하나씩 하나씩 조금 뽑아 올렸습니다. 자란 듯 보이는 벼를 보는 마음이 너무 벅차서 몸이 고된 줄도 모를 정도였습니다.

날이 저물고 더는 일하기 어려울 정도로 힘들어졌을 때 논의 모든 벼는 조금씩 뽑혀 올려진 상태가 됐습니다. 농부는 뻐근한 허리를 펴며 뿌듯하게 제 논을 바라봤습니다.

"왜 이렇게 늦으셨어요?"

집에 돌아오자 농부의 늦은 귀가를 걱정하던 아내가 물었습니다.

"그럴 만한 일이 있었다오. 오늘은 정말 힘들었지만, 고생한 만큼 보람도 크지. 우리 논에 있는 벼들이 한 뼘은 더 자랐으니까 말이오."

아내가 깜짝 놀라 물었습니다.

"한 뼘이나요? 모내기한 지가 며칠 안 됐는데 그럴 리가 없잖아요."

그러나 농부는 껄껄 웃으며 답했습니다.

"벼가 자라는 걸 내가 도와줬다오. 옆 논을 보니까 우리 벼가 덜 자라지 않았겠소? 그래서 내가 벼를 하나씩 하나씩 조금 뽑아 올렸지. 그랬더니 옆 논의 벼보다 키가 커졌다오. 키가 커진 만큼 수확도 일찍 할 수 있을 거요."

다음 날 농부는 아내와 함께 논으로 갔습니다. 어제 자신이 노력한 결과를 보여주기 위해서였습니다. 하지만 그들이 본 것은 키가 자란 벼가 아니라 고개를 숙이고 말라 죽어 있는 벼뿐이었습니다.

맹자가 제자인 공손추에게 해준 이야기입니다. 맹자는 대장부가 되기 위한 조건으로 호연지기(浩然之氣)를 말합니다. 그러면서 호연지기를 기를 때는 도의(道義)에 맞아야 하고 기(氣)만을 목적으로 해서는 안 된다고 했습니다. 더불어 기를 기르는 데 지나치게 나태해서는 안 되지만, 그렇다고 벼를 뽑아 올리듯 억지로 서둘러서도 안 된다고 했습니다.

가을의 결실은 봄과 여름이 있어야만 가능합니다. 봄과 여름의 과정을 거치지 않은 풍성한 가을이란 존재할 수 없습니다. 이처럼 모든 일에는 과정이라는 것이 존재합니다. 과정은 단순히 시간일 수도 있고, 내 노력일 수도 있습니다. 이 말은 당장 결과가 없다고 실망할 필요가 없다는 의미이기도 합니다.

어제와 오늘에 성과가 없다고 조급해하거나 실망하지 마세요. 오늘이 내일을 만들고 내일이 모레를 만든다고 합니다. 그 내일이 오늘보다 낫고 그 모레가 내일보다 낫기 위해서는 시간도, 노력도 필요하다는 것을 잊지 마세요.

拔	苗	助	長
뺄 발	싹 묘	도울 조	길 장

독자참여마당

완전 재미있는 낱말퀴즈

가로

① 고위공직자를 수사하기 위해 임명하는 독립검사
③ 고생 끝에 즐거움이 온다는 의미의 사자성어
⑤ 심장의 전기적 활동을 측정·기록하는 검사
⑦ 고속도로에서 자동차 전용도로와 일반도로가 만나는 지점으로 순화어는 나들목
⑨ 열차나 지하철, 선박, 항공기 따위의 기관을 다루거나 조종하는 사람

세로

② 초·중·고 교육과정을 마치지 못한 사람들에게 정규학교 졸업자와 동등한 학력을 인정해주는 시험
④ 감히 그런 마음을 품을 수 있겠냐는 의미의 한자숙어
⑥ 초롱꽃과의 여러해살이풀로 뿌리는 식용하고, 한방에서는 길경이라고도 함
⑧ 죽음의 이유
⑩ 신문사 소속으로 사건·현상을 취재하고 기사를 작성하는 언론인

참여방법: 문제를 보고 가로세로 낱말퀴즈를 풀어보세요. 낱말퀴즈의 빈칸을 채운 사진과 함께 <이슈&시사상식> 209호에 대한 감상평을 이메일(issue@sdedu.co.kr)로 보내주세요. 선물이 팡팡 쏟아집니다!
❖ 아래 당첨선물 중 받고 싶으신 도서와 이름, 주소, 전화번호를 함께 남겨주세요.

<이슈&시사상식> 208호 정답

¹제					
²헌	법	재	판	³소	
절				나	
			⁴기	⁵시	⁵감
⁸자	취				탄
양		⁶선	전	포	고
⁷분	리	수	거		토

참여해주신 모든 분들께 감사드립니다.
당첨되신 분에게는 개별적으로 연락드립니다.

당첨선물

정답을 맞힌 독자분들 중 가장 인상적인 감상평을 남기신 분께는 <날마다 도시락 DAY>, <가볍게 읽는 부동산 왕초보 상식>, <냥꽃의 사계정원>, <미국에서 기죽지 않는 쓸만한 영어 : 일상생활 필수 생존회화> 등 푸짐한 선물을 드립니다!
❖ 참여하실 때는 반드시 희망 도서를 하나 골라 기입해주세요.

퀴즈와 실전, 유익한 이슈

 박X용 (세종특별자치시)

〈이슈&시사상식〉을 읽으며 평소 잘 알지 못했던 사회·경제 이슈들을 쉽게 이해할 수 있어서 매우 유익했습니다. 특히 중간중간 퀴즈뿐만 아니라 실전문제도 함께 수록돼 있어 단순히 읽는 데서 그치지 않고 직접 문제를 풀어보며 내용을 확인할 수 있었던 점이 좋았습니다. 퀴즈와 실전문제 덕분에 기사의 핵심내용을 다시 한 번 점검할 수 있었습니다. 평소에는 시사 관련 글이 다소 어렵게 느껴졌는데, 이렇게 문제형식으로 접근하니 흥미도 높아지고 이해도 더 잘 되는 것 같았습니다.

공부하는 데 큰 도움이

 김X혁 (경기 의정부시)

뉴스는 보통 포털기사나 유튜브로 보는 편이다. 그런데 그런 콘텐츠는 단편적인 현상만 담다 보니 사건의 인과관계가 궁금해지는 경우가 많았다. 그런 궁금증으로 목이 마르던 차에 발견한 잡지가 〈이슈&시사상식〉이었다. 처음 느낀 것은 필요한 시사정보들로 쏙쏙 정리했다는 것이었다. 하나의 사건이나 현상을 소개할 때도 그 배경과 현황, 전망까지 제공해주는 데다가 글이 대단히 객관적이고 구체적이다. 그러다 보니 읽어 나가다 보면 한동안 놓쳤던 새 상일들이 단번에 정리가 된다.

많은 이슈를 객관적으로

 곽X영 (서울 도봉구)

취업준비를 하는 사람들에게 필독서라고 해서 〈이슈&시사상식〉을 보게 됐는데, 생각 외로 많은 이슈를 접할 수 있어서 일단 놀랐고, 내용이 알차서 또 한 번 놀랐습니다. 또 지루할 틈 없는 예쁜 디자인과 다양한 사진들 때문에 내용을 쉽고 편하게 이해할 수 있었습니다. 포털은 기사들이 넘쳐서 무엇을 선택해 읽어야 하는지 혼란하기만 한데 〈이슈&시사상식〉은 그런 고민이 필요하지 않아서 시간을 아낄 수 있다는 데 큰 장점이 있는 것 같습니다.

다양한 읽을거리

 방X영 (부산 영도구)

학생으로서 취업을 준비하는 입장에서 챙겨야 할 것들이 너무 많다. 채용정보, 자격증 일정, 면접 준비 등을 일일이 찾아 정리하려면 여간 수고로운 것이 아니다. 그런데 〈이슈&시사상식〉은 학생과 취업준비생을 위한 구성이 정말 좋다. 각종 입사시험, 토익시험 같은 취업 관련 일정들부터 기업별 기출문제까지 정리돼 있어 일일이 찾아보는 수고를 덜 수 있다. 요즘같이 취업하기 어려운 시기에 알찬 구성으로 내용이 정리되어 있으니 고마운 마음마저 든다.

독자 여러분 함께해요!

〈이슈&시사상식〉은 독자 여러분의 리뷰를 기다리고 있습니다. 분야·주제 모두 묻지도 따지지도 않습니다. 채택된 리뷰는 다음 호에 수록됩니다.

참여방법 ● 이메일 issue@sdedu.co.kr
당첨선물 ● 가장 인상적인 리뷰를 남기신 분께는 〈날마다 도시락 DAY〉, 〈가볍게 읽는 부동산 왕초보 상식〉, 〈냥꽃의 사계정원〉, 〈미국에서 기죽지 않는 쓸만한 영어 : 일상생활 필수 생존회화〉 등 푸짐한 선물을 드립니다!

❖ 참여하실 때는 반드시 희망 도서를 하나 골라 기입해주세요.

나눔시대

함께 배우고 성장하는 배움터! (주)시대고시기획 시대교육(주) 입니다.
앞으로도 희망을 나누는 기업으로서 더 큰 나눔을 실천하겠습니다.
나눔은 행복입니다.

재외동포재단, 경인교육대학교
한국어능력시험 관련 교재 기증

장병 1인 1자격,
학점 취득 지원

전국 야학 지원
청소년, 어린이 장학금 지원

〈이슈&시사상식〉, 전국 도서관
및 희망자 나눔 기증

"〈이슈&시사상식〉을 함께 나누세요!"

대학 후배들이 하루의 대부분을 보내고 있을 동아리 사무실에
〈이슈&시사상식〉을 선물하고 싶다는 선배의 사연에서
마을 도서관에 〈이슈&시사상식〉이 비치된다면 그동안 아이들과 주부들이 주로 찾던 도서관을
온 가족이 함께 이용하게 될 것 같다는 바람까지…

양서가 주는 감동은 나눌수록 더욱 커집니다. 저희 〈이슈&시사상식〉도 힘을 보태겠습니다.
기증 신청 및 추천 사연을 보내주세요. 사연 심사 후 희망 기증처로 선정된 곳에 1년간 〈이슈&시사상식〉을 무료로 보내드립니다.

★ 보내주실 곳 : 이메일 issue@sdedu.co.kr
★ 희망 기증처 최종 선정은 2025 나눔시대 선정위원이 맡게 됩니다. 선정 여부는 개별적으로 알려드립니다.

시대에듀

각종 자격증, 공무원, 취업, 학습, IT, 상식부터 외국어까지!

이 시대의 모든 **합격**을 책임지는 **시대에듀**

 보장! 각종 '자격증' 취득 대비 도서

각 분야의 전문가들과 집필! 각종 기능사·기사·산업기사 및 국가자격·기술자격, 경제·금융·회계 분야 자격증 등 각종 자격증 '취득'을 보장하는 도서!

직업상담사 2급

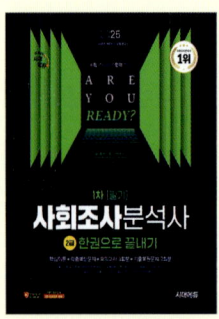
사회조사분석사 2급

스포츠지도사 2급

사회복지사 1급

영양사

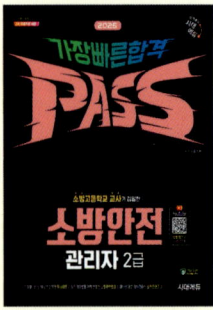
소방안전관리자 2급

화학분석기능사

전기기능사

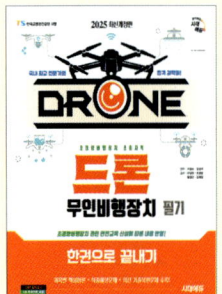
드론 무인비행장치

운전면허

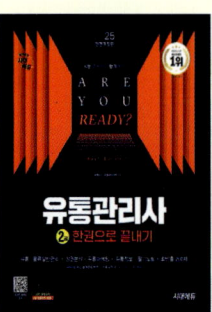
유통관리사 2급

텔레마케팅관리사

"100만명 이상 수험생의 선택!"

독자의 선택으로 검증된 시대에듀의 명품 도서를 소개합니다.

 보장! 각종 '시험' 합격 대비 도서

각 분야의 1등 강사진과 집필! 공무원 시험부터 NCS 및 각종 기업체 취업시험, 중졸·고졸 검정고시와 같은 학습 관련 시험 및 매경테스트, 그리고 IT 관련 시험 및 TOPIK, G-TELP, ITT 등의 어학시험 등 각종 시험에서의 '합격'을 보장하는 도서!

지텔프(G-TELP)

NCS 기출문제

SOC 공기업

대기업·공기업 고졸채용

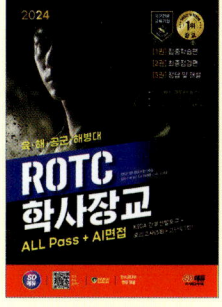
ROTC 학사장교

육군 부사관

한국사능력검정시험

영재성 검사

일본어 한자

토픽(TOPIK)

영어회화

엑셀